セブン-イレブンとヤマト運輸の
IT戦略分析

向 正道［著］

業界リーダーが
持続的競争力を
つくるメカニズム

中央経済社

はじめに

「ITは競争優位に寄与するのか？」
「ITによって獲得した競争優位は持続するのか？」

　本書は，ITや情報システムに関わる多くの実務家，研究者が持つ根本的な問いにチャレンジする。そして，情報システム投資の企画に携わったことのある者が時に感じる「経営者にIT投資の必要性を理解してもらえない」というモヤモヤした閉塞感を少しでも解消できればと思う。

　本書を貫く概念は「高密度化」である。「高密度化」の概念は，博士論文の最終段階で指導教官である早稲田大学の根来龍之教授と作り上げた概念である。「高密度化」を構成する要素については，博士論文を執筆する以前の研究段階で，断片的ではあるが，いくつかの論文の中に現われてきた。ただ，的確な言葉として表現することができなかった。ITと競争優位の関係を資源ベース論，ビジネスシステム論のアプローチから研究してきた成果が最終段階で一つの言葉として浮かび上がってきたものである。

　「高密度化」とは，詳細は本文で述べるが，データをリアルタイムに連結するという情報システムの機能的役割と，様々な領域の経営戦略論で述べられている整合性（フィット）概念を併せ持つ概念である。本書では，「高密度化」をITと競争優位の間にある不透明な関係を説明するための有力な構成概念として，ある企業がITによってどのように競争優位を維持しているのか，そのメカニズムを明らかにしていく。

■「高密度化」概念が生まれるまで——実務者，研究者としてのジレンマ

　本書は，学術書に位置付けられるが，執筆者自身は長年実務家として，企業の情報システムの整備や中期的なシステム化計画に携わってきた経験を持つ。企業全体の情報システムを設計したことのある実務者は頻繁に出くわすが，サ

イロ化された情報システム群の間でのデータの不整合をどのように解消していくかは，難易度も高く，かつよくある設計上の課題である。ただ，設計者の課題解決に向けた努力にもかかわらず，情報システム間のデータ整合性が解決されたからと言って，それによって会社の何が良くなるのか説明することはさらに難しい組織内の課題となる。おそらく個別の小さな効果を例示していくことはそれほど難しくない。ただ，これら効果を束ねて会社全体を見た場合，経営者に情報システム投資の意義を説明することはかなりの困難を伴う場合がある。情報システム設計者にとって情報システム間のデータ整備は基本的な要件であるにもかかわらず，情報システムと距離のある経営者や事業部門の方には，その必要性がまったく理解されないことがある。本書は，このような情報システムに実務家が持つモヤモヤ感，つまり「良い情報システムの設計」と経営との関係を紐解こうという，十数年来の思いが研究のきっかけとなっている。

もう一つのきっかけは，学術的な研究を始めたころの違和感である。現在，企業や社会の隅々にまでITが導入されている。そのこともあり，ITと競争優位の関係については多数の研究成果がある。つまり，本研究を始めたころは，先人となる研究者から，ITと競争優位の関係について，ある程度納得のいく答えが提示されていると考えていた。

約10年前，早稲田大学商学研究科（現早稲田大学ビジネススクール）の社会人コースに入学し，学術的な文献に触れる機会も多くなった。しかし，これら文献の主張は実務家の期待とは違い，ITは競争優位には貢献しないというものであった。確かにITの使い方の上手い下手はある。ただ，統計的な手法による研究からは，「ITそのものと競争優位は無関係である」という主張が繰り返されるだけであった。より正確に言うと，「ITにお金を使ったからといって，いつもライバル企業に対する優位性がもたらされるわけではない」という主張である。ITの活用に見識のある方には，すでに認識のある話かもしれない。

統計的な結果が大多数の企業の姿だとすると，企業が行うIT投資の多くは無駄とは言わないまでも，競争力実現のために始めた取り組みが徒労に終わっているのかという疑問が生じる。いまだ研究者として若輩であるが，これら統計的な手法から導かれた主張は，手法そのものが持つ限界かもしれないと批判

的にとらえていた。例えば，これらの研究では，「要素」，「要素間の結合」，「成果」という，いわゆる「システム」としての視点が抜けているのではないか。

ITをうまく使うにはビジネスとしての仕組みが必要であり，仕組みは情報システムによって支えられている。具体的には，情報システムはビジネスシステムをある側面から見たものであり，企業の中の，人，物，金の流れを情報によってコントロールする役割を持っている。つまり，情報システムが，目的となる成果に対して各要素をつなぎ合わせ，そして再現性のあるビジネスのシステムを形作ることで安定的に成果を生み出す。

これまでの統計的な研究では，競争力を構成する要素は特定できても，このようなビジネスを構成する複雑要素の組み合わせとしてのシステム的視点からのアプローチが抜けているのではないか。**そこで，統計的な手法に頼らず，つまり複雑なビジネスシステムを記述することによって，ITと競争力の関係を明らかにしていくアプローチが必要**ではないかと考えた。

実務者としての情報システムのデザインを行う際にも，本システム的アプローチはとても役に立つアプローチであると考えている。多くの企業にとって，自社の強みを競争力につなげていくことは重要な課題となる。わが社にはノウハウがあると言っても，それが繰り返し業務の成果に現れなければ意味がない。長年，コンサルティングを仕事としている経験から，インプットを高いアウトプットに変換する複合的な技術や知識であるノウハウをうまく活用するとは，企業が持つ資源を特定し，より効果的・効率的な業務の流れを設計すること。つまり，ある期間情報システムで流れを固定してしまうことで繰り返し成果を生むことができる（もちろん，固定することでまったく環境変化に対する柔軟性が失われてしまうとまずいが）。情報システムによってノウハウを繰り返し成果に結びつけることができれば，その時代のITが持つ本来の能力を最大化できると考える（本書では方法論を述べることを目的とはしていないが，興味のある方はあわせて拙著『経営・事業・ITの三者で進める ITマネジメントの新機軸』も参考にしてほしい）。

多くの社会科学の研究により，統計的なアプローチで強みや断片的なノウハウを要素として明らかにしてきたが，要素を組み合わせたシステムまで明らか

にすることはできなかった。企業にとって，要素としての強みの組み合わせ方，もしくはメカニズムのユニークさによって，安定的かつ優位な成果を生み出す可能性が開かれていると考える。ここで要素間の矛盾のなさ，つまり**「整合性（フィット）」と情報システムの本来の役割である情報の結合が，企業のビジネスシステムの優位性を評価する際の重要な視点である**というのが，本書で一番伝えたい主張である。

■**本書の構成**

本書では，IT，情報システム，競争優位に対する先行研究の検討を踏まえて高密度化概念を示す。その後，情報システムと競争力に関する論点を設定したうえで，事例分析を通じて情報システムと競争優位の関係について命題を構築していくという研究の流れをとっている。

第1章では，改めて本書を始めるにあたっての問題意識を述べたうえで，本書の目的を述べる。あわせて，本書で主張するキー概念である「高密度化」の概要を述べるとともに，研究対象となる「情報システムに依存度の高い業界」を定義する。

第2章では，IT・情報システムの言葉の定義，およびIT・情報システム利用の歴史的変遷を確認する。初期のホストコンピュータが導入された時代から現代のインターネットが世界に張り巡らされた時代を振り返ると，ITの低価格化が企業への普及を促し，1990年代からのITの戦略的活用，また近年の競争の激化につながっていることがわかる。先行研究のレビューや事例の分析において，ITの普及と活用についての歴史観を確認しておきたい。

第3章では，先行研究のレビューを進める。これまでの研究成果の蓄積によりITや情報システムに関して様々な視角から研究がなされている。視角の違いは，IT・情報システムがもたらす経済性，競争優位との関係，また情報システムの整備方針等，研究領域の多様性として現れている。ただし，領域をまたがる研究成果がうまく接合されているとは言い難い。本書では，情報システムの設計方法論が示す情報システムの機能的優位性に関する議論と，資源ベース論やビジネスシステム論が主張する競争優位に関する議論に着目する。

お互いの研究の目的が，直接間接を問わず，優れた業績や競争優位の実現に関する議論であるにもかかわらず，両者の知見は遠く距離を置いている状況にある。そのことが，企業で広く情報システムが利用されているにもかかわらず，業績や競争力に対する情報システムの貢献が不透明になっている理由の一つであると考える。本章では「IT→情報システム（ITインフラ）→ITを活用したビジネスの仕組み→競争力」の体系から，情報システムの設計方法論とITと競争優位研究と，それぞれの研究領域のレビューを行うことで，研究領域間の接合点の確認を行い，「高密度化」概念の構築に向けた議論を進める。

第4章では，本書の目的である，「情報システムへの依存度の高い業界で競争力を維持している企業の性質」を明らかにするために，先行研究の理解と課題を踏まえて論点の設定を行う。具体的には，まず，情報システムに依存度の高い企業における，ビジネスプロセスの高密度化と競争力の歴史的な関係を明らかにする（論点1）。次に，高密度化の文脈の中で，企業はどのように先進的なITを活用することで，競争力を高めているのか議論を行う（論点2）。最後に，ITの導入自体は模倣可能にもかかわらず，ビジネスプロセスが高密度化されていく過程を通じて，リーダー企業がどのように競争優位を維持しているのか議論を深める（論点3）。

第5章では，本書で事例研究を進めるにあたり，事例研究の有効性と限界について確認する。具体的には，本書では，複数の資源，活動，情報システムを構成要素として，ビジネスプロセスの変化と競争力の複雑な関係を示していく必要がある。このような，複雑な説明変数の関係を時系列で追跡するために，事例研究は適した研究手法であることを述べる。さらに，先行する分析手法を概観し，本研究のためのビジネスプロセスの分析手法を設計する。

第6章では，研究対象となる企業の選定と調査方法について述べる。本書では，製品やサービスの改善・革新のために継続的に情報システム投資を行っている業界で，常に業界のリーダーである企業，セブン-イレブン・ジャパン（コンビニエンスストア事業），ヤマト運輸（宅配事業）の2つの企業を代表事例として選定する。

続く，**第7章**ではセブン-イレブン・ジャパン，**第8章**ではヤマト運輸の事例の記述および考察を行う。事業の内容，競争環境の確認を行ったうえで，情

報システムの歴史的変遷,および競争力に直接寄与するビジネスプロセスと資源,情報システムの関係について詳細な記述を行う。両事例とも,2000年前後から新たなITの採用面でライバル企業に後れを取る場合も見受けられる。それでも,ビジネスプロセスの優位性を通じて高い競争力を実現している。資源および情報システムがビジネスプロセスを通じてどのように競争力に関係しているかの情報システム世代別に事例の記述を進める。

第9章では,第7章,第8章の情報システム,ビジネスプロセスの考察を通じ,高密度化や先進的なITの活用を含めた3つの論点について議論を進める。先行研究では,ITによる競争優位は一時的であると述べられてきたが,高密度化の過程を分析すると,事例企業においては先進的なITの採用に特徴があることがわかる。2つの業界における代表事例の分析を通じ,リーダー企業がITを用いてどのように競争優位を持続しているのか命題の提示を行いたい。

第10章では,本研究で得られた結論をまとめる。本書では,単に情報システムの導入によってビジネスプロセスが高密度化していくことを述べたいわけではない。リーダー企業において,競争優位を維持するために新たに出現するITの利用方法など,高密度化の経路に特徴があることを示している。本書で得られた命題は,これからのデジタル化社会に多くあてはまる内容であると考える。研究成果の貢献と限界を示すにとどまらず,学術書の範囲にとどまらない実務的なインプリケーションについても述べていきたい。

目　次

はじめに・1
■「高密度化」概念が生まれるまで ―実務者，研究者としてのジレンマ・1
■本書の構成・4

第1章 ビジネスプロセスの「高密度化」と競争優位 ─ 1

1.1. ITと持続的競争優位の関係は，それほど明らかになっていない・1
1.2. 情報システムへ依存度の高い業界と「高密度化」・4
　1.2.1. 情報システムへの依存度の高い業界とは・4
　1.2.2. 「高密度化」概念とは・6
　1.2.3. 「高密度化」概念を通して何が分かるのか・8

第2章 ITの低価格化と普及がITを戦略実現のツールに変えた ─ 13

2.1. IT，情報システムに関する基本的な定義・13
2.2. 企業におけるIT，情報システム利用に関する歴史的変遷・14
　(1) 1960年～：ホストコンピュータの時代・14
　(2) 1980年～：オープン化の時代 ― 機器とソフトウェアの普及・15
　(3) 1995年～：インターネットの時代 ― ネットワークの普及・16

第3章 IT・情報システムと競争優位に関する学術的見解 —— 21

3.1. ITの経済的効果についての説明は難しい・21
3.2. ITと競争力の関係について学術的研究はどのように進められてきたか・22
3.3. 情報システム設計方法論の戦略論的側面・26
 3.3.1. IT, 情報システムの整備をどのように進めるべきか — 企業システムの全体アーキテクチャ論・26
  (1) ITポートフォリオとIT投資の最適化問題・26
  (2) IT投資と戦略のアライメント・27
  (3) 企業情報システムの整備アプローチ・28
 3.3.2. 情報システムやITインフラの機能的優位性 — 個別技術要素のアーキテクチャ論・29
  (1) ITインフラのフレキシビリティ・30
  (2) データの組織間利用範囲・31
 3.3.3. 情報システム部門の組織能力の重要性・32
  (1) 各種団体が示す情報システム部門のベストプラクティス・33
  (2) 変化に対応できる情報システムの開発方法論・34
  (3) 情報システム部門の能力が企業の競争力を高める・35
3.4. 競争優位研究のIT・情報システム側面・37
 3.4.1. 資源ベースアプローチから見たIT・37
 3.4.2. 資源の組合せに対する視角・40
  (1) 資源の組合せとケイパビリティ・41
  (2) 資源の組合せとビジネスシステム・42
  (3) ビジネスシステムと情報システム・44

       3.4.3. 情報システムはビジネスプロセスの競争力を
              向上させる・44
          (1) ビジネスプロセスと競争力・45
          (2) ビジネスプロセスと情報システムの関係・46
          (3) 情報システムはどのようにビジネスプロセスの
              競争力を向上させるのか・47
       3.4.4. 激しい環境変化に対する組織能力の研究・49
          (1) ダイナミックケイパビリティとは・49
          (2) ITとダイナミックケイパビリティに関する実
              証研究・52
    3.5. 学術的見解の小括・54
          (1) 先行研究レビューの小括・54
          (2) 研究手法の設計と事例研究に向けて・57

第4章 | ITと競争力の関係を紐解く論点 ──── 65

   4.1. 議論を始めるにあたり・65
   4.2. 本書における論点とは・66
      (1) 論点1：ビジネスプロセスの高密度化と競争力
          の関係・66
      (2) 論点2：変化の速い先進的ITに対するビジネス
          プロセスの変化・68
      (3) 論点3：リーダー企業における高密度化の過程
          と競争優位の持続・69

第5章 ビジネスプロセス分析手法の提案 ── 71

5.1. 事例研究（ケース・スタディ）の選択・71
5.2. 事例分析手法の設計・72
 5.2.1. 既存のビジネスシステム分析方法とその限界・72
  (1) ビジネスシステム分析手法・72
  (2) 差別的システムによる競争力の分析・73
 5.2.2. ビジネスプロセス分析手法の提案・75
  (1) ビジネスプロセス分析手法・75
  (2) ビジネスシステム分析手法との関係・76
 5.2.3. ビジネスプロセス分析手法の詳細設計・78
  (1) ビジネスプロセスの選定と競争力を構成する業務指標・79
  (2) 業務機能，資源（資源セット）の記述単位・79
  (3) 歴史的分析の単位・80

第6章 事例企業の選定 ── 83

6.1. 事例企業の選定・83
6.2. 調査方法・84

第7章 セブン-イレブン・ジャパン
── 連続的な変化が生む競争力 ── 87

7.1. セブン-イレブン・ジャパンの事業の概要・87
 (1) フランチャイズ中心の運営・89

(2) 荒利分配方式による利益重視の経営・89
　　　(3) ドミナント出店（高密度集中出店）・90
　　　(4) 共同配送システム・90
　　　(5) チームMD
　　　　（メーカー・ベンダーとの商品共同開発）・91
　　　(6) 直接コミュニケーション
　　　　（経営者の情報発信）・92
　　　(7) 様々な生活サービスの提供・93
7.2. セブン-イレブン・ジャパンの競争環境・93
7.3. セブン-イレブンにおける世代別ビジネス
　　プロセス・99
　　　7.3.1. セブン-イレブンにおけるビジネスプロセス
　　　　　　分析の枠組み・99
　　　7.3.2. ～1985年：CVSシステム確立期・99
　　　7.3.3. 1985年～2000年：サービス多様化と利便性の
　　　　　　追求期・103
　　　7.3.4. 2000年～：他CVSチェーンとIT面での競争
　　　　　　期・108
　　　7.3.5. 情報システムの再構築に関わる組織的活動
　　　　　　について・113
7.4. セブン-イレブンにおけるビジネスプロセスの変化と
　　競争力・116
　　　7.4.1. 情報システムによるリアルタイム結合・116
　　　7.4.2. セブン-イレブンにおける「仕組」の形成と
　　　　　　競争力・118
　　　(1) ～1985年：CVSシステムの確立期・118
　　　(2) 1985年～2000年：サービスの多様化と
　　　　利便性の追求期・120

　　　　(3) 2000年〜：他CVSチェーンとのIT面での
　　　　　　競争期・123
　　　　(4) 資源セットと仕組の時系列変化のまとめ・125
　　7.4.3. 資源結合がもたらす価値と模倣・代替困難性
　　　　について・129
　　　　(1) 大規模店舗網，大規模DWH，大規模IT
　　　　　　インフラ・129
　　　　(2) 外部の企業との協力関係・130

第8章　ヤマト運輸
── ITを用いた変革による競争力の形成 ──── 143

8.1. ヤマト運輸の事業の概要・143
8.2. ヤマト運輸の競争環境・145
8.3. ヤマト運輸における世代別ビジネスプロセス・149
　　8.3.1. ヤマト運輸におけるビジネスプロセス分析の
　　　　枠組み・149
　　8.3.2. 〜2000年：「配送網」による競争優位期／第2次
　　　　NEKOシステム〜第4次NEKOシステム期（1980
　　　　年〜1999年）・151
　　8.3.3. 2000年〜2005年：資源セットの変革期／第5次
　　　　NEKOシステム期（1999年〜2005年）・155
　　8.3.4. 2005年〜：「配送網」＋「配送情報」による競争
　　　　優位の構築期／第6次NEKOシステム〜第7次
　　　　NEKOシステム（2005年〜）・158
　　8.3.5. 情報システムの再構築に関わる組織的活動に
　　　　ついて・163
8.4. ヤマト運輸におけるビジネスプロセスの変化と
　　競争力・165

8.4.1. 情報システムによるリアルタイム結合・165
8.4.2. ヤマト運輸における仕組の形成と競争力・167
　(1) ～2002年:「配送網」による競争優位期・167
　(2) 2002年～2005年:資源セットの変革期・168
　(3) 2005年～:「配送網」+「配送情報」による競争優位の構築期・169
　(4) 資源セットと仕組の変化・173
8.4.3. 資源結合がもたらす価値と模倣・代替困難性について・174

第9章 高密度化を通じてリーダー企業はいかに競争力を高めてきたのか ―― 183

9.1. 論点1:ビジネスプロセスの高密度化と競争力・183
　(1) セブン-イレブンにおける高密度化の進展・184
　(2) ヤマト運輸における高密度化の進展・189
　(3) 高密度化と競争力形成における情報システムの役割・190
9.2. 論点2:変化の速いITに対するビジネスプロセスの変化・193
　(1) 先進的ITは高密度化の過程でどのように利用されているのか・194
　(2) 高密度化データをハブとした複線化の構造・198
9.3. 論点3:リーダー企業における高密度化の過程と持続的競争優位・200
　(1) セブン-イレブンにおける課題の連鎖・201
　(2) ヤマト運輸における課題の連鎖・205
　(3) 高密度化に伴う連鎖的課題の先行的取り組みが競争優位を持続・209

第10章 まとめ
――「高密度化」概念によって何が得られたのか ―― 211

    10.1.「高密度化」概念の結論は何か・211
    10.2.「高密度化」概念をどう使うか・213
        10.2.1. 研究者に向けて・213
        10.2.2. 経営者・実務者に向けて・214
    10.3.「高密度化」概念には限界もある・215
    10.4.「高密度化」概念はどこまで発展できるか・218

あとがき・220
参考文献・223
Appendix・233
   a. セブン-イレブン・ジャパンの参考資料・233
   b. ヤマト運輸の参考資料・234
   c. セブン-イレブンにおける世代別情報システム・235
   d. ヤマト運輸における世代別情報システム・237

索　引・243

第 1 章 ビジネスプロセスの「高密度化」と競争優位

　本章では，まず本書のキー概念となるビジネスプロセスの「高密度化」を提示する。現段階では，ITと持続的競争優位について多数の学術的研究成果があるが，これら研究成果をもってしても，ITと持続的競争優位の関係についてはそれほど明確な解が提示されているとは言えない。このような背景のもと，本書の研究目的を示したうえで，「高密度化」とはどのような構成概念[1]か，まずはその概要を示したい。

1.1. ITと持続的競争優位の関係は，それほど明らかになっていない

　経営環境の変化に伴い，それまでの事業の前提としていた経営資源や事業の仕組みの有効性が崩れていくと，他社に対する競争優位を維持していくことが困難となる。その要因の1つにITの進化がある。ITは，新しい技術が次々と出現するだけでなく，コモディティ化のスピードも速い。コンピュータの処理能力の向上だけでなく，ネットワークの高速化も著しい。そして，クラウドサービスに見られるように，それまで自社で構築しなくてはならなかったものがサービスとして広く利用できるようになっている。

　企業にとって，このようなITの進化は機会であると同時に脅威にもなる。また，このような機会や脅威は等しく競合企業にも与えられる。ある優位性を実現できたとして，ITの進化自体が速いこともあり，新たなITの出現により競争優位は一時的なものとなりやすいと言われている（Brynjolfsson and McAfee, 2008）。

　このようにITの進化のスピードが速まり環境変化の激しさが増すことは，ITに対する事業の依存度が高い企業ほど，業界内で競争優位を持続することには様々な困難を伴うと考えられる。その中，少数ではあるが，ITを駆使し

て業界でリーダー的な地位を維持している企業がある。このような企業がどのように競争力を維持しているのかという問題意識が本研究の出発点の1つとなっている。

　もう1つ，本研究の問題意識を付け加えるとすれば，企業活動において情報システムが広く活用されているにもかかわらず，ITと競争優位に関する研究と情報システム設計方法論の知見がうまく組み合わされておらず，情報システムが持つ機能的役割がどのように企業の競争力と関係するのか不透明な点にある。

　ITと競争優位の関係については，資源ベース論のアプローチからいくつかの研究がなされている。資源ベース論は，ある企業の持つ「資源[2]」が価値あり希少な時に競争優位がもたらされ，さらに「資源」が模倣困難な場合，競争優位が持続するという考え方である（Barney, 1991等）。ITの戦略的活用の成果を検証するために，IT資産は資源ベース論でいう「資源」になり得るか多数の研究がなされている。これら研究の結論として，「IT資産の大きさと持続的な競争優位とは無関係である」というのが共通的な見解となっている。その理由としてITは模倣が可能であることが挙げられており，IT単独では一時的な競争優位となると説明されている（Clemons and Row, 1991; Mata et al., 1995等）。先行研究では，持続的な競争優位との直接的因果関係においては，ITとIT以外の他の資源が組み合わされる必要があることが述べられている（Powell and Dent-Micallef, 1997; Ray et al., 2004等）。

　他方，ビジネスシステム論において，競争優位は，戦略に対する資源や活動の組み合わせの整合性（対戦略，対構成要素間）からもたらされると述べられている（Porter, 1996; Kaplan and Norton, 2004; 根来, 2004等）。これら先行研究では，組み合わされた資源や活動が矛盾なく機能することが競争優位をもたらすと述べられている。近年，戦略を実現するために，ITは必要な要素であると考えられているが（Davenport, 1992; Hammer and Champy, 1993等），この「整合性（フィット）」が具体的にどのように実現されているのか，また，その中でITや情報システムがどのような役割を持っているのか具体的に示されているわけではない。

IT ＋ （IT以外の）資源 ➡ 持続的な競争優位
ただし，ITや情報システムの役割は？

　異なる視点として，情報システムおよびその構成要素であるITインフラ（情報システム群で共通的に利用される基盤部）等の「ITを用いて構築された構造物」の整備方針（情報システムの設計方法等）について，方法論を中心とした規範的研究がなされている。このような構造物に対する代表的な議論として，構造物の機能的優位性，例えばITインフラのフレキシビリティが，経営環境変化への対応や施策の先行性に対し，構築期間やコスト面で優位性を生むため，間接的に企業の業績や競争に優位性をもたらすという議論がなされている（Duncan, 1995; Broadbent and Weill, 1997等）。ただし，後述の先行研究のレビューで示すように，これら方法論は情報システムやITインフラの機能的優位性の説明に留まり，構造物の機能的優位性と競争優位との関係を示すことを目的として，議論されているわけではない。

情報システム・ITインフラの機能的優位性
　➡　業績・競争優位への間接的貢献
機能的優位性がもたらす競争優位への貢献はどのように？

　これら2つの研究領域間では，レビュー論文を除き，先行研究間でお互いの参照関係は少ない。理由として，ITそのものか，情報システムのような構造物なのか，というように研究対象の違いがあるだけでなく，例えば資源ベース論では，VRIN[3]に代表される資源の属性によって直接企業の競争優位を説明しようとしているのに対し，設計方法論の議論では，構造物の機能的優位性によってある時点の競争面の優位性を間接的に説明しようとしていることが挙げられる。同じITに関する研究領域ではあるが，両研究領域で接合点が少ないのは，この説明変数や被説明変数の違いがあるためであろう。資源の属性の1つに構造物の機能的優位性を置くことができるというように，変数間の接点はあるものの両研究領域間の知見がうまく接合されているわけではない。そのた

め，企業活動において情報システムが広く活用されているにもかかわらず，情報システムと競争優位との関係，また競争優位の持続については説明に困難を伴うこととなる。

　本書では，「企業の情報システムは，企業活動における業務機能をデータによりリアルタイムに結合する」という情報システムの本来的な機能的役割に着目する。この情報システムの機能的役割によって，各業務機能，さらにそこで利用される資源がビジネスプロセスを通じてより整合性をもって組み合わされることになる。本書では，この情報システムの機能的役割を「高密度化」という構成概念を用い，業界をリードする企業がどのように競争力を高め，またどのように得られた競争力が維持されるのかを明らかにしていくことを目指している。

　　　高密度化(業務機能のリアルタイム結合＋資源・業務機能の整合的組み合わせ)
　　➡　　　競争力の持続

1.2. 情報システムへ依存度の高い業界と「高密度化」

　本書の目的は，「情報システム[4]への依存度の高い業界で競争力を維持している企業の性質を明らかにすること」である。ある特定の企業のみが情報システムへの大規模な投資を行い競争優位を実現している業界，つまり単純に情報システムのある／なしで競争優位性が実現されるのではなく，競合する企業も含め上位の企業が情報システム投資を繰り返している業界で，長く競争優位にあるリーダー企業を研究対象とする。

1.2.1. 情報システムへの依存度の高い業界とは

　本書の研究対象となる「情報システムへの依存度の高い業界」とは，「製品やサービスの改善・革新のために，リーダー，およびそれに準じる企業が継続的に情報システム投資を行っている業界」のことを言う。例えば，リアルビジネスにおいては，銀行，証券，コンビニエンスストア，物流等が挙げられる。

このような「情報システムへの依存度の高い業界」ではいくつかの特徴を持つ。

まず，事業を進めるために大量のデータを処理しなくてはならないケースが多い。例えば金融業など，商品自体が情報システムで成り立っている業界を典型的なケース[5]として，交通機関や鉄鋼業界など，早い段階からコンピュータの導入を進めてきた業界がある。本書の事例でも取り扱うコンビニエンスストアや宅配業界においても，小口の商品・サービスを扱っているため，同様に事業の運営上大量のデータを処理する必要があり，事業開始後早い段階からコンピュータが導入され，情報システムが整備されている。

その中でも，本書では競争力を高めるために，情報システムが不可欠な要素となる業界を対象とする[6]。例えば，業務スピード向上のために情報システムによって業務機能間でデータを効率的に伝達していかなくてはならないケースや，製品・サービスの差別化のためにデータ分析を通じて個々の業務の精度を向上させる必要があるケースのように，競争力を高めるために情報システムが不可欠な要素となる業界を対象とする。本書で取り上げるセブン-イレブンやヤマト運輸も，機会損失を最小に収めるために，また，届け先顧客に確実に配達するために，情報システムが不可欠な要素となっており，競争力を維持するために情報システムの大規模な刷新が繰り返されている。

さらに，このような業界の特徴として，大規模な情報システムへの投資が必要となるだけでなく，進化の早いITを利用しているため，競争力を維持するためには継続的な情報システムへの投資が必要となる。有効なITの取り込みの遅れは他社に対して不利な立場となる可能性もあるため，新たなITを取り込みつつ，適切に情報システムの整備を進めていく必要がある。

本書では，このような情報システムの依存度の高い業界の中で，リアルビジネスを持ち[7]，創業以来，高い競争力を維持するリーダー企業を研究対象としている。業界内で競争優位にあると言われている企業の「競争力」と「情報システム」の関係を分析することで，情報システムの依存度の高い業界で，ある企業が高い競争力を維持している理由を明らかにしていく[8]。

1.2.2.「高密度化」概念とは

　本書の議論を展開するにあたり，予め結論を示しておくとすれば，
　　「情報システムへの依存度の高い業界で競争力を維持している企業では，
　　競争力に直接的な影響を及ぼすビジネスプロセス上の業務機能が，情報シ
　　ステムによってリアルタイムに結合される範囲を経路的に拡大している。
　　このような高密度化の性質を持つことで，企業の高い競争力が維持されて
　　いる」
ことを示すことである。
　ここで，「高密度化」とは，「情報システムによるリアルタイム結合」と「資源・活動セットの内部整合性」，「ビジネスプロセスの業務指標の戦略・経営環境に対する外部整合性」の両整合性に関わる概念である。また「情報システムによるリアルタイム結合」とは，「入力されたデータが正確かつリアルタイムにビジネスプロセスを構成する業務機能[9]で利用できること[10]」を言う。
　ここで，本書における「高密度化」の定義を行うとすれば，
　　「競争力を構成するある業務指標に対して直接的な影響を及ぼすビジネス
　　プロセスにおいて，情報システムによってリアルタイムに結合される業務
　　機能の範囲が内部整合性を維持しながら経路的に拡大していくこと」
となる。
　この時，高密度化された領域の内部では，「業務機能がリアルタイムに結合」されているだけでなく，「資源・活動の整合性（戦略との整合と資源・活動間の整合性）」が成立した状態にある。つまり，「高密度化」は，後述の先行研究で述べる，ビジネスシステム論で言う戦略，および構成要素間の整合性（フィット）と，情報システム設計方法論のリアルタイム結合が同時に実現されている状態のことを言う。さらに，時間的な推移の中でリアルタイムにかつ整合性をもって結合された範囲が拡大していくことを言う。
　具体的なイメージとして示すとすれば，**図1-1**のようになる。
　これまで，競争力と（資源としての）ITの関係については，先行研究にて論じられてきたが，多くが統計的な手法を用いた研究手法を採用しており，ITは独立した変数として扱われてきた。そのため，競争優位にITおよびIT以

第1章 ビジネスプロセスの「高密度化」と競争優位

図1-1 情報システムによる高密度化

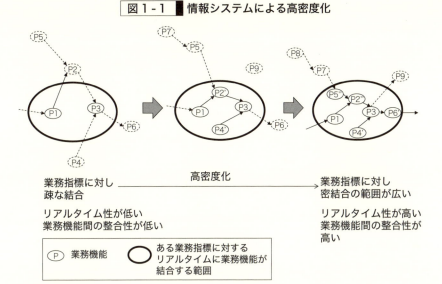

出所：筆者作成

外の複数の資源が関係していることが示されているが，これらITを含めた資源群がどのように組み合わされて競争力を形成しているのか複雑なメカニズムを明らかにすることは難しかった。また，これら課題に対し，資源群の組合せを論じたビジネスシステム論においても，資源・活動の要素間の整合性について述べられてはいるが，この整合性を実現するために，ビジネスプロセスの構成要素である情報システムの機能的役割がどのように関係するのかについては，議論が行われてこなかった。

一方，情報システムは，業務で利用する情報をコード化しデータに置き換えることによって，データの入力を効率化すると同時に業務機能間でデータの伝達精度を高める働きを持つ。そして，大量のデータを処理・集計・検索することにより，後続の業務の正確性を増したり，業務上の意思決定を支援するデータを提供したりしてきた。また，ネットワーク網の普及と通信容量の拡大により，データを広くリアルタイムに伝達することで，業務機能間の連携スピードを増すことができる。ただし，情報システム設計方法論においては，このような情報システムやITインフラの役割が，競争力とどのように関係を持つのか

示されているわけではない。

　本書では，情報システム[11]のこのような技術要素をもとに，ビジネスプロセス上の業務機能をリアルタイムに結合するという機能的役割を議論のベースに置き，資源がビジネスプロセスを通じて組み合わされていることに着目する[12]。そして，ITと競争優位に関する研究と情報システムの方法論の間にある溝を埋めるために，ビジネスプロセスを主体となる分析要素に置き，先行研究では接近が難しかったいくつかの論点について事例の考察を進める。

1.2.3. 「高密度化」概念を通して何が分かるのか

　本書では，これら両研究領域を接合し事例の分析を進めるために，同時に分析手法の設計も進めている。先行研究のレビューで明らかになるように，個々の業務機能や業務機能から利用される資源はビジネスプロセスを通じて組み合わされることで，ビジネスプロセスの成果として現れる。企業の競争力は，競争力を構成するいくつかの業務指標に分解することができるため，高い競争力を持つ企業はどのようなビジネスプロセスを持ち，またどのように業務機能や資源が組み合わされることで業務指標を高めているのかを明らかにすることで，競争力を説明する要素群を，より再現性をもって記述することができる。また，情報システムはビジネスプロセスを構成する業務機能間で情報の伝達を効率化する役割を持ち，情報システムへの依存度の高い企業においては，競争上，ビジネスプロセス上の業務機能の結合に情報システムが深く関与していることが想定される。情報システム，ビジネスプロセス，資源の関係を示す分析手法を設計することで，事例企業において，ビジネスプロセスと資源の組み合わせとの関係，また複数資源が組み合わされたビジネスプロセスと競争力との関係について明らかにしていく。

　また，本書では，研究目的となる「情報システムへの依存度の高い業界で競争力を維持している企業の性質」を，ビジネスプロセスの「高密度化」に説明を求め，後ほど詳細を述べるが，3つの論点を設定し議論を進めていく。

　1つ目の論点では，以降の議論の基礎となる高密度化と競争力の関係を示す。事例企業のように情報システムへの依存度が高い企業においては，情報システ

ムの刷新を通じてビジネスプロセス上の業務機能がリアルタイムに結合されていく範囲が広がっていくことが想定される。まず，競争力を構成する業務指標に対してどのようにビジネスプロセスが高密度化されているか考察を行う。

2つ目の論点では，変化の速いITに対し，競争力あるビジネスプロセスがどのように変化しているのかを論じる。近年の進化の早いITは，IT自体が環境変化をもたらす場合があると同時に，ITのコモディティ化により競争優位は一時的なものとなりやすいといわれている。企業は，このような変化の早いITをどのように取り込み競争力を高めているのか議論を行う。

3つ目の論点では，情報システムへの依存度の高い業界において，リーダー企業の競争優位がなぜ持続するのかを論じる。急速な経営環境の変化に対する競争優位の持続についてはダイナミックケイパビリティ論の立場からいくつかの議論がなされている。ただし，ダイナミックケイパビリティ論は，多くの研究者が注目しているところであるが，具体的な事象をもとに議論を進めている研究は少数にとどまる[13]。情報システムに依存度の高い業界におけるリーダー企業のビジネスプロセス変化の要因を論じることで，環境変化の中で事例企業の競争優位が持続する理由を提示する。

以上，本書では，情報システムへの依存度の高い業界で競争力を維持している企業の性質について明らかにしていくことを目的とする。高密度化を構成概念として，各論点について事例を通じて得られた内容を命題として提示することを本書の目標と置く。

注■
1 「構成概念（constructive concept）」とは，事象を説明するために，研究者によって人為的に構成された概念のこと。
2 本書では，金・人・もの・情報に代表される経営資源と，資源ベース論でいう持続的競争優位性をもたらす「資源」をできるだけ使い分けるようにしている。資源ベース論の持続的競争優位の属性を持つ資源を指す場合は，できるだけ明示的に「資源」という表現を行っている。なお，「資源」も経営資源の1つであるが，

意味の違いは，例えば資金に代表される広く企業が保有できるものか，それともある企業が排他的に保有するもの（例えば一等地の店舗や優れた人材）かという違いがある。

3　Barney（1991）は，価値（Valuable）あり希少（Rare）な資源が模倣困難（Imperfectly imitable）かつ代替困難（Non-substitutable）な時，資源による競争力が持続すると述べている。多くの資源ベース論の研究で，この4つのVRIN属性を利用して持続的競争優位を説明するための資源の検証が進められている。

4　本書では，「情報システム」をITを用いて構築された狭義の情報システムとして述べている。組織や社会の活動において収集・処理・伝達・利用される，必ずしもITに依存しない情報を含めた仕組みまで広げて議論を行っているわけではない。

5　JUAS（2017）によると，金融業界は売り上げに対する年間のIT予算が6％を超え，一般的な企業（1％以下）と比較して高い比率となっている。

6　逆に，情報システムは必要とされるが，競争優位の決定要因とはなりにくい業界として，高級ホテルや資源開発がある。また，競争上，電気機械や食品，アパレル等の業界でも，情報システムより製品やサービスそのものの重要性が高まる。企業の意識については，JUAS（2017）において，経営戦略とIT戦略の関係として示されている。経営戦略とIT戦略の関係は金融，社会インフラで強く，製造業や建築・土木で低く表されている。

7　本研究では，自社で実態を伴う製品やサービスを持つ企業とした。近年情報システムへの依存度は多くの業界で高まっている。さらに，インターネット上でのみ商品の販売や各種サービスの提供を行っているような企業もある。本研究では，ネットワーク効果等のIT以外の影響を極力排除するため，リアルビジネスを持ち，創業以来情報システムへ積極的な投資を行っている業界を研究対象とした。

8　本研究では企業間を比較することで競争優位を直接的に説明することを目的とはしていないが，情報システムに依存度の高い業界で競争力を維持している企業の性質を論じることで，競争力がどのようなプロセスから維持されるのかを明らかにしていく。

9　「業務機能」はどの程度の組織の階層で定義するかによって表現の方法が異なってくる。5.2節にて業務機能の分析単位を決定する際に改めて定義することとし，ここではある階層の組織にて特定できる独立した役割や働きを持つ業務の括りのこととして述べている。また，ビジネスプロセスは業務機能を組み合わせ

たものとして捉えている。
10　情報システムで取り扱う主なデータとして，トランザクションデータ，分析用集計データ，マスターデータがある。ここで，「情報システムによるリアルタイム結合」について補足すると，商品コード等のマスターデータが情報システムの機能間で一意に決まることを前提として，トランザクションデータが後続の業務機能で件別データが正確かつリアルタイムに参照できること，分析用の集計データが，日次等のあるサイクルで集計されたデータがリアルタイムに参照できることを言う。
11　正確には「情報システムとITインフラ」となるが，ITインフラは情報システムの一構成要素としての役割を担うため，以降「情報システム」で言葉を統一する。
12　情報システムには大量のデータを高速に処理する，画像や音声をデジタル化して記録する等の機能もあるが，本研究では企業のビジネスプロセスを研究対象としているため，データの入力，伝達，利用に関する機能に着目している。
13　例えば，ダイナミックケイパビリティ論に関して，企業の取り組みを深く考察した代表的な研究としてDanneels（2010）がある。他の研究では，ある断片的事象を例示するレベルに留まる場合が多い。

第2章 ITの低価格化と普及がITを戦略実現のツールに変えた

　本論を始めるにあたり，本書におけるIT，情報システムの定義を行ったうえで，先行研究のレビューや事例の分析を進める準備として，企業におけるIT，情報システム利用に関する歴史的変遷について確認しておきたい。具体的には，ITの低価格化が企業への普及につながり，そのことが企業のIT投資を促し，ITを戦略上重要なツールと，その位置づけを変化させている。そして，企業間の競争も激しさを増していることを確認する。

2.1. IT，情報システムに関する基本的な定義

　「IT（Information Technology：情報技術）[1]」は，本来の言葉が表す意味においては，情報処理，通信にかかわる技術全般のことを言うが，本書では，利用者となる企業の視点から，外部から調達できる機器，ソフトウェア，ネットワークやデータセンター，およびクラウド等のサービスのことを指す。同程度の資金力のある企業であれば，優位にある企業と同等のITを外部から調達し，模倣することが十分可能である[2]。
　「情報システム」とは，ITを組み合わせ自社の業務を遂行することを目的として構築されたものと定義する。情報システムは，対象とする業務内容を実現すべき機能要件に置き，大きく，アプリケーション（システム機能群），データ（もしくはデータの集合体としてのデータベース），ITインフラのアーキテクチャ要素を組み合わせて構築される[3]。企業の情報システムは，複数の事業領域を対象とする場合もあり，対象とする業務機能の広さによっては複雑な構造物となることが多いだけでなく[4]，設計内容次第で業務の効率性や経営戦略に対する有効性が異なってくる。
　また，「ITインフラ（もしくはITインフラストラクチャ）」とは，情報システム群から共通的に利用されるコンピュータリソース，ネットワーク，ミドル

ウェア等のことを言う。企業では事業や業務ごとに複数の情報システムが構築されることが多く，ITインフラを整備することで，構築期間やコスト面で有利となる。旧来，これら技術要素は情報システム単位に設計・構築することが多かったが，近年，企業が多数の情報システムを必要とすることから，アプリケーション・データとITインフラとを独立したアーキテクチャ要素とし，ITインフラをアプリケーション共通的に利用するケースが多い。さらに，仮想化技術[5]やクラウドサービス[6]の広まりから，企業内にとどまらず，複数企業が利用することを想定したITインフラのサービス（パブリッククラウド等）も提供されるようになっている。

2.2. 企業におけるIT，情報システム利用に関する歴史的変遷

　情報システムは，人の事務作業を自動化することを目的としたものから，経営戦略を実現するためのツールへと変化してきた。このような背景には，ITの低価格化に伴う普及の歴史がある。先行研究のレビュー，事例企業の分析を進めるに際し，基本的な理解として，企業における情報システムの利用方法がどのように変わってきたか，歴史的な変遷を確認しておきたい。

(1) 1960年～：ホストコンピュータの時代

　日本国内では1960年代から企業でコンピュータの利用が始まっている。この時代のコンピュータの利用目的は，大量データの事務処理を効率化することであった。処理方法も，現在のようなリアルタイムのものではなく定期的に一括でデータを処理するバッチ方式によるものが多かったが，国鉄（現JR各社）や銀行等の一部の企業でオンラインシステムの導入も開始されている。いわゆる，ホストコンピュータによって伝票処理や集計作業の自動化を推進した時代である。コンピュータの導入により単純な事務作業が削減され，コスト低減や作業時間短縮等，高価な機器を導入しても経済性を確保できる規模の大きい企業を中心に導入が進められた。

　また，これら汎用的なコンピュータとは別に，様々な業界で専用の機器や端末が開発された時期でもある。初期のATM（Automatic Teller Machine），

POS（Point Of Sale），CAD（Computer-Aided Design）等の機器もこの時代に開発されている。これら専用機器は，ホストコンピュータと同様に，人が行う作業を自動化，もしくは支援することを目的としており，企業や政府が主導して独自に開発したものである。各社が自社で開発しなくてはならないということもあり，当時は他の企業が容易に模倣できるものではなかった。

その後1970年代になると企業におけるコンピュータの導入もさらに広まり，MIS（Management Information Systems）に代表される，コンピュータに蓄積されたデータを管理に生かす動きが見られるようになってきた。すべての取り組みがうまくいったわけではないが，事務作業の自動化だけではなく，管理業務にも情報システムを活用する動きが見られるようになった。

(2) 1980年～：オープン化の時代 － 機器とソフトウェアの普及

企業でのコンピュータの利用が進むが，コンピュータ自体は高価な機器であった。それが1980年代になると，機器やOS（Operating System：コンピュータを動作させるための基本ソフト）だけでなくネットワーク通信方式の標準化が進み，オープン化の時代が訪れる。サーバ機器が，ホストコンピュータからUNIX（OSの1つ）ワークステーションへと徐々に移行が進められただけでなく，PCの普及も始まる[7]。これらオープン化時代の機器は，複数メーカー間での価格競争もあり，価格性能比が急速に向上することとなった。このため，ホストコンピュータ時代と比較して安価に情報システムを構築することができるようになった。あわせて，DBMS（DataBase Management System：データベース管理ソフトウェア）もホストコンピュータ時代のメーカー固有のものから標準のSQL言語（Structured Query Language：データベースアクセス言語）が利用可能なリレーショナルDBMS製品が普及するようになる。このような背景から，データ処理方法も集中処理から分散処理へと変化し，ユーザ自身が個人のPCを利用してデータの集計や間接業務の効率化を推進できる時代となる。いわゆるEUC（End User Computing）の始まりである。

安価なコンピュータや端末の普及によって，SIS（Strategic Information Systems）に代表されるような，企業の競争力に向けてITを戦略的に活用する動きがみられるようになる。また，情報システムは，主に企業内でのデータ処

理を目的とするものであったが，VAN（Value Aided Network：付加価値ネットワーク網）により特定企業間でのデータ通信が開始されるようになる。これら新たなITをいち早く取り込み情報システムを構築することで，ITを戦略的な目的，つまり企業の活動を差別化する動きがみられるようになってきた[8]。例えば，オンラインの座席予約システム等を用いて，競争優位を実現する企業もみられるようになった。ただし，このような成功事例は一部の企業にとどまり，多くの企業にとってはITを導入したからといって成功を収めているとは言えなかった（Kettinger et al., 1994）。

(3) 1995年～：インターネットの時代 － ネットワークの普及

　1990年代以前に，すでに標準化団体によってデータ通信のためのプロトコル（手順）であるTCP/IP（Transmission Control Protocol / Internet Protocol）が整備され，社内だけでなく企業間のデータ通信方法が共通化されていく。また，TCP/IP上に，現在でも広く利用されているHTTP（HyperText Transfer Protocol：ホームページ等の通信手順）やSMTP（Simple Mail Transfer Protocol：eメールの通信手順）等，データ通信のための標準的な手順がオープン化される。このことで，通信手順を独自に設計する必要がなく，また異なるメーカーの通信機器であってもデータ通信ができるようになった。また，PCも，グローバルな競争の中，従業員1人1台が利用できる水準の価格で販売されるようになった。

　ネットワーク技術がグローバルで標準化され，企業間でデータ通信（EDI：Electronic Data Interchange）が拡大していくだけでなく，PCが個人でも購入可能となったことで，検索サイトやEC（Electronic Commerce：電子商取引）サイトに代表される個人向けビジネスが拡大していくこととなる。さらに2000年前後からスマートフォンやSNSサービス（Social Networking Service）の普及により，ITを利用したプラットフォームを前提とした新たなサービスも出現するようになった。さらに2005年前後からクラウドサービスも商用を開始し，自社でITインフラやアプリケーションパッケージを資産として持たなくても情報システムを利用できるようになった。企業にとってITの選択肢が多様化している。

このように，インターネットや安価な端末機器が急速に普及すると，ビジネスプロセス自体をITを活用しやすいものに変えていく動き（BPR：Business Process Re-engineering）がみられるようになる。あわせて，ERP（Enterprise Resource Planning），SCM（Supply Chain Management），CRM（Customer Relationship Management）等の大型アプリケーションパッケージも導入されるようになる。これら大型アプリケーションパッケージの普及は，必ずBPRを伴うため企業によっては導入に苦労したケースもあるが，生産管理方法や受注方法等，一般的な基幹業務については企業間で業務内容の差を小さくする要因となっている。逆に，企業は，新たな顧客との関係構築やITを利用したサービスの開発等，新たなITの活用方法の模索を進めているだけでなく（JUAS, 2017），Google，Amazon，Uberのように，ITの普及をベースとした既存企業

表2-1　企業におけるIT，情報システム利用に関する歴史的変遷

1960年〜： ホストコンピュータの時代 自動化	●大量データの事務処理を効率化するのが目的（ホストコンピュータによる作業の自動化を推進した時代） ●様々な業界で専用の端末が開発された時期（初期のATM，POS，CAD等） ●自社開発ということもあり，当時は他の企業が容易に模倣できるものではなかった ●1970年代になるとMIS (Management Information Systems) に代表される，コンピュータに蓄積されたデータを事業管理に活用
1980年〜： オープン化の時代 戦略への活用	●オープン化の時代 ●ホストコンピュータからUNIXワークステーションへ，PCが徐々に普及→安価に情報システムを構築することが可能 ●安価なコンピュータの普及によって，SIS (Strategic Information Systems) に代表されるような，企業の競争力に向けてITを戦略的に活用する動き
1995年〜： インターネットの時代 競争の激化 急速なITのコモディティ化	●企業間のデータ通信方法が共通化→企業間でデータ通信 ●PCも一人一台が利用できる水準の価格で販売→個人向けビジネスが拡大 ●企業にとってITの選択肢が多様化 ●ビジネスプロセス自体をITを活用しやすいものに変えていく動き 　例：BPR，ERP等 ●ITの進化により新規参入の増加，競争環境はますます激しくなっている 　例：書籍，音楽，広告　最近は宿泊，自動車，決済

出所：筆者作成

とは全く異なるビジネスモデルを持つ企業も出現するようになった[9]。近年，ITの進化も速まり，かつ，多くの企業からアクセス可能なITにより，企業間の競争環境はますます激しくなっている（Brynjolfsson and McAfee, 2008）。

以上をまとめると**表2-1**のようになる。

約50年にわたるITの進化（価格性能比，通信速度の飛躍的な進化だけでなく，複雑なソフトウェア製品やサービスの普及）は，企業におけるITの役割や利用目的の変化をもたらしている。現在，多くの産業において，企業のITへの依存度が高まっているだけでなく，ITを戦略実現のためのツールとして活用しようという企業も多数存在する（JUAS, 2017）。もちろん，属する業界や，企業のITに対する見解により取り組みのレベルは異なるが（Weill and Aral, 2006; Ravichandran and Liu, 2011; JUAS, 2017），多くの企業が専任の役員を置いたり専門部署を設置したりして，ITの有効活用に取り組んでいる。そして，後述の事例で示すように，国内でもITをうまく利用して長く業界をリードしている企業が存在する。

注■

1 ITにComunication技術を加え，ICTという言葉を用いる場合があるが，多くのコンピュータが単独で利用されるケースは少なく，早くからネットワークでつながっている。そのことから，データ処理とデータ通信は不可分な技術要素となる。本研究ではITとICTは同一のものとして扱う。

2 IPA（2016）によると，国内では技術者の約75%がIT企業（IT関連の製品，サービスを提供する企業）に属している。企業独自仕様の情報システムであっても，IT企業を通じてノウハウが企業間で移転可能であることから，IT導入による差別性を長期維持することは困難を伴うと考えられる。

3 経済産業省Enterprise Architectureのフレームワークより。

4 JUAS（2017）の調査によると，規模にも依存するがプロジェクトの品質・コスト・期間が計画通りに実現できる率が決して高くないことからも情報システムは複雑な構造物であることが分かる。

5 仮想化技術とは，物理的なコンピュータやストレージ等のリソースを直接的に

アクセスするのではなく，ソフトウェアによって仮想的にアクセスできるようにする技術のことを言う。

6 　クラウドサービスとは，仮想化技術を用いて構築したITインフラを，自社専有（プライベートクラウド），もしくは商用（パブリッククラウド）として提供することを言う。また，アプリケーションを提供しているクラウドサービスも普及してきた。

7 　一般的に「ダウンサイジング」と言われている動きである。この時代，高価なホストコンピュータから安価なコンピュータへの移行が始まる。

8 　Wiseman（1988）は，情報システムを経営戦略に生かした事例を多数示している。

9 　1995年以降を，企業がITによる差別化を進めた時代と，IT自体が水道や道路のような社会の基盤となりビジネスモデルで差別化を進めた時代とで区別を行うべきかもしれない。本書では技術的側面の普及の状況から時代を分けなかった。実際，AIやSNSの前身となるエキスパートシステムやパソコン通信は，現在のような市場の拡大以前から技術として存在するものも多い。企業の競争力や新たなビジネスモデルを議論するに当り，それぞれの要素技術がいつ生まれたかより，いつ普及したかが分析上重要になると考える。

第3章 IT・情報システムと競争優位に関する学術的見解

本章では，先行研究でIT・情報システムと競争優位の関係がどこまで明らかになっているかを示すと同時に，「高密度化」概念の学術的な基礎について体系的に示したい。

3.1. ITの経済的効果についての説明は難しい

1980年代後半に，ノーベル経済学賞を受賞したSolowにより，いわゆる"Solow Paradox"といわれる "You can see the computer age everywhere but in the productivity statistics（コンピュータの時代ということを至るところで目にするが，生産性の統計で目にすることはない）" というコメントがあり[1]，何名かの研究者によってITと生産性の関係について統計的な分析が進められることになる。Brynjolfsson and Hitt（1996）やDevaraj and Kohli（2003）の研究により，結果としてIT資産規模やIT利用量[2]と企業の業績には正の相関関係があることが示される。

これら研究により，ITと企業の業績には何らかの関係があることが研究者の間でコンセンサスが得られることとなった。ただし，ITと業績との関係については，IT資産やIT利用量等の変数単独で業績との関係が示されたわけではなく，ITに関連した組織的な活動に対する投資等，変数が複合的に設定されている。また，業界や企業によって，ITは様々な目的や方法で利用されているため，ITがもたらす経済的効果は企業によって説明の仕方が異なる可能性もある。

このような背景から，現時点でも，ITが経済的効果を生むメカニズムについては不明な点が多い。遠山等（2015）はITと経済的効果との関係の説明を阻む要因を3つ挙げている。

1つ目の要因として「タイムラグの問題」について述べられている。全社的，

また大規模な情報システムであればあるほど構築に期間を必要とし，その効果が得られるのもかなり先になることが述べられている。2つ目の要因として「ICT（IT）[3]以外との相乗効果」について述べられている。ICT（IT）の効果は「人的・組織的要因との連動で効果が表れるもの」であると言う。つまり，ITの導入が有効となるためには，人的，組織的な変革を同時に進めていく必要があることが述べられている。例えば，営業向けの顧客管理システム（SFA）が導入されてもデータを活用した営業プロセスが定着しなくては成果が出ない。「単純にICT（IT）を駆使する情報システムを自己完結的に構築しても，収益性や生産性に貢献しない」ことが述べられている。3つ目の要因として「間接的・波及的効果の存在」について述べられている。ICT（IT）の効果は事務コストや間接費の削減だけでなく，社員のモラールや顧客の満足度等，経済性以外の効果もあり測定が難しい効果も含まれていることが述べてられている。

以上のように，IT自体は業績と相関すると考えられているが，直接的／間接的効果を網羅的に測定することや，これら効果が表れるメカニズムを可視化することは困難を伴うことが述べられている。ITの普及にもかかわらず，ITと競争優位の関係については継続して研究上の課題となっている。

3.2. ITと競争力の関係について学術的研究はどのように進められてきたか

2.2節から，企業がITを戦略実現のためのツールと捉えだしたのは，1980年代のサーバ機器のオープン化，ネットワーク技術の標準化（TCP/IP），またPCの普及など，ITを戦略的に活用するための技術的・社会的基盤が1990年前後に出来上がったことが背景にあることがわかる。そして，ITがもたらす効率性（efficiency）だけでなく，企業の戦略への有効性（effectiveness）も求められるようになってきた（Clemons and Row, 1991）。このような時代背景もあり，1990年前後からITと競争優位の関係について，学術的研究が本格的に行われるようになっている。

ただし，企業がITを戦略的に活用していこうという意図に反して，先行研究においては，ITの急速な進化と低価格化は同時にITのコモディティ化をも

たらし，一度獲得した差別的取り組みも競合企業にとって模倣が可能であるため，あるITを導入したからといって一度得た競争優位が持続するものではないという意見が多数を占めている（Clemons and Row, 1991; Mata et al., 1995; Melville et al., 2004等）。また，ERPやSCMに代表されるアプリケーションパッケージはどの企業にも導入できると考えられるため，基幹業務に関しては情報システムによる差異化の領域は縮小している可能性もある。さらに，2000年前後のインターネットの普及を通じたEC等，新たな形態の企業の出現と退出の時代（ネットバブルの時代とも言われた）を経て，さらなるITのコモディティ化が進み，「もはやITに戦略的価値はない」という意見まで見られるようになった（Carr, 2003）。これら否定的意見は，先のITを導入したからといって持続的な競争優位が得られるわけではないという主張を繰り返したものである。

一方，ITのコモディティ化の進展にもかかわらず，先行研究では，ITと競争優位は無関係であると言い切っているわけではない。競争優位の説明のために，ITを活用する組織能力の差やITと組み合わされる他の資源に注目が集まることとなる。IT を事業の不可欠な要素として起業した企業とITを事業の一部として利用する成熟企業では，ITの活用方法が異なるかもしれないが，ITが競争力を生み出す概念的な構造は，多くの研究者，実務家の間で支持が得られていると考えられる。具体的には，「『IT→情報システム（ITインフラ）』→ITを活用したビジネスの仕組み→競争力」という競争力を高めるための構造（Soh and Markus, 1995; Melville et al., 2004; Kohli and Grover, 2008; 松島, 2007）と，この「競争力のある構造を作り出す組織能力」（Mata et al., 1995; Bharadwaj, 2000; Feeny and Willcocks, 1998; Aral and Weill, 2007; 遠山, 2005等）に整理されている。本章では，「資源としてのITおよび情報システム」，「情報システムを活用したビジネスの仕組み」，「激しい環境変化に対する競争力維持の組織能力」のそれぞれについて先行研究の確認を進めていく（**図3-1**参照）。この3つの組み合わせは，本書全体に通じる考え方ともなっている。

本書では，競争優位に関する研究と企業情報システムに関する設計方法論[4]に関する研究の両面からレビューを行う。

もちろん，情報システムの設計方法論は企業の競争優位を論じることを目的

図3-1　ITと競争優位に関する先行研究の構造

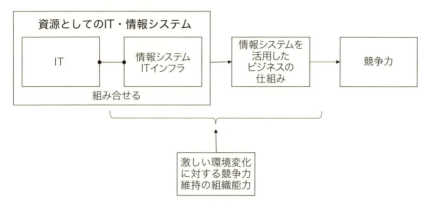

出所：筆者作成

とはしていないが，2.2節でも述べたように，情報システムに対する期待は自動化から戦略の実現へと変化している。そのことで，IT投資の際には，常に財務的効果だけでなく戦略的効果の説明がなされており，情報システムは経営戦略と同期していることが求められている[5]。このため，情報システムの設計方法論は，品質の高い情報システムを安価に構築する手法だけでなく，効率的なビジネスプロセスの設計方法，企業と戦略の整合に対する考え方等，ITや情報システムの有効活用に向けた幅広い議論がなされている。つまり，情報システムの機能的役割や整備方針を確認することは，競争優位とITや情報システムの関係を論じるうえでの基礎的理解を形成すると考える。

このような背景から，本書では，「ITと競争優位」に関する研究と，規範的，技術的な文献が中心となるが，「情報システム設計方法論」の両面からレビューを行うことで，両研究領域で得られた知見の接合を目指す。主なレビュー文献の領域間関係を**図3-2**に示す。

本書では，まず「情報システム設計方法論」から，情報システムの有効性や戦略との整合性を実現するための方法論として，「ITポートフォリオ」「IT投資のアライメント」に関する議論，および情報システム設計方針や機能的優位性に関する議論について確認を行う。あわせて，戦略との整合性や機能的優位

図3-2　ITと競争優位／情報システム設計方法論レビューの対象

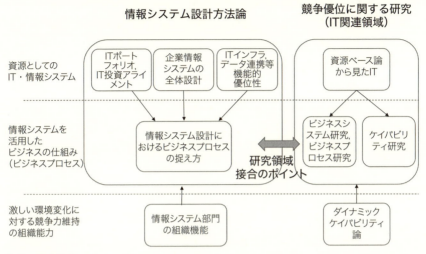

出所：筆者作成

性のある情報システムを設計するために，情報システム部門でどのような組織機能が必要とされているかについて確認する。なお，重要な開発手法の1つとして，短期間で情報システムを開発するための工学的手法（アジャイル開発等）があるが，これは競争優位を直接的な目的とするものとは言いにくいため，本書では情報システム部門の機能を確認するレベルに留めたい。

次に，「ITと競争優位研究」からは，ITを要素資源とみる資源ベース論アプローチについてレビューを進める。そのうえで，ITを活用して競争優位を実現するための仕組みについてケイパビリティ論，およびビジネスシステム論・ビジネスプロセス論のアプローチについて確認する。あわせて，環境変化に対する資源の再構築について論じたダイナミックケイパビリティ論についてもレビューを行う。なお，「ITと競争優位研究」の中で，本書における両研究領域間の接合点となるビジネスプロセスに着目して，ビジネスプロセス上での情報システムの役割についても確認を行う。

3.3. 情報システム設計方法論の戦略論的側面

本節では，企業の戦略論的側面から関連する情報システム設計方法論の文献についてレビューを行う。

企業におけるIT投資や情報システムの整備方針に対する考え方，また情報システムを構成する技術要素であるITインフラやデータ利用範囲に関する主張について確認する。合わせて，優れた情報システムの整備を進めるための，情報システム部門の機能についても確認する。これらの文献では，情報システムの整備には企業の戦略を意識した取り組みが必要であることが述べられている。

3.3.1. IT，情報システムの整備をどのように進めるべきか
——企業システムの全体アーキテクチャ論

IT導入や情報システムの整備方針（またはデザイン方法論）に対して，いくつかの視点から規範的研究がなされている。これらの研究においては，ITが企業で有効に機能するためには，企業が目指す戦略と情報システムの整備方針が一致することが重要であると述べられている。これら整備方針についての代表的な研究として，「ITポートフォリオ」，「戦略とIT投資のアライメント」，「企業情報システムの整備」に関する研究がある。これら研究から，企業が，戦略に対してどのように情報システムを整備していくかについて示唆を得ることができる。

(1) ITポートフォリオとIT投資の最適化問題

ITポートフォリオは，企業が目指す戦略によって，どのように情報システムを整備していくべきか，その整備方針にベストプラクティスがあるという考え方である。具体的には，競争力のある企業が，どの領域に重点的な情報システムの投資を行っているのか，統計的な調査をもとに研究が進められている。

Weill and Broadbent (1998)，Aral and Weill (2007) は財務的なポートフォリオの考え方を拡張し，リスクとリターンにより企業はIT投資のポートフォ

リオを組むべきという考え方を示している。具体的には，リスクとリターンの異なる4つの投資領域，Infrastructure（ITインフラ），Transactional（基幹系システム），Informational（情報系システム），Strategic（戦略的情報システム）に対し，企業のStrategic Goal（戦略的目的），例えば，製品コスト重視，利益重視，イノベーション重視，市場価値重視等，それぞれの目的によって4つの領域に対するIT投資の大きさが異なることを統計的に示した。同様に，製造業や金融業など，属する業界によっても領域別のIT投資の比率が異なることも示している。つまり，戦略的な目的や属する業界でうまい（Savvy）投資の仕方があると主張している（Weill and Ross, 2009等）。

これら研究では，もちろん，ITポートフォリオにあった投資を行うことで，戦略的な目的が達成できることを言っているわけではない。後述する組織的な取り組みやITガバナンスの仕組を同時に整備していく必要性があることが述べられている。

(2) IT投資と戦略のアライメント

類似した考え方に，戦略とIT投資のアライメントに関する議論がある（Henderson and Venkatraman, 1993; Kaplan and Norton, 2004）。Weill and Broadbent（1998）やAral and Weill（2007）が，業界や戦略的目的に対するIT投資領域のバランスにベストプラクティスがあることを示したのに対し，アライメントの研究は，IT投資を戦略へ整合させるためのプロセスについて述べている。

具体的には，Henderson and Venkatraman（1993）は，社外の動向（競争環境と技術動向）と社内の活動（組織的な事業基盤や業務プロセスとITインフラや情報システム部門の取り組み等）が整合性を持つべきであると主張している。そして，戦略とIT投資のアライメントを進めるために，どの領域（ビジネス/IT×トップダウン/ボトムアップの4つの領域）がトリガーとなり，その他の領域に対してどのようにアライメントを進めていくべきかのプロセスを提示している。同様に，Kaplan and Norton（2004）はBalanced ScorecardのStrategic Mapのフレームワークを拡張し，最終的な財務成果を得るために，3つの無形資産（人的資本，情報資本，組織資本）[6]がうまく整備されている

かを評価する手法を提案している。本評価手法を戦略実現に向けての道筋と置き，現在利用，もしくは構築中の情報システムがうまく機能しているかを点数化し，情報システムの整備状況を見直していく手法を提案している。

これらの文献は，方法論として，IT投資に対する戦略の重要性を述べたものである。情報システムの整備の際は，戦略に対して何らかの方法で関係性を評価することが望まれている。

(3) 企業情報システムの整備アプローチ

IT投資は戦略に沿って行うべきであるという見解を支えるために，複雑化する企業情報システム群の整備方法についてもいくつかの規範的な研究が行われている。つまり，戦略への整合のために，情報システム群が機能的にも戦略を支えるような構造（アーキテクチャ）を持たなくてはならないという考え方である。

その1つに，南波（2010）が提案する，企業全体の情報システム整備に関する都市計画アプローチがある。企業全体の情報システム整備には時間がかかるため，都市計画のアナロジーにのっとり，全体の構造をマスタープランとして階層的に設計を行い，中長期的な計画の下，整備を進めていくべきと主張している。企業全体を俯瞰し，変化に強い情報システム群となることで，情報システムが戦略推進上の制約とならないだけでなく，ビジネスに対して独自の価値を与える「イネーブラー」として機能していくための方法論が示されている。

同様に，企業情報システム設計手法として，企業や公的組織で広く利用されるEnterprise Architecture（EA）フレームワーク[7]がある（Zachman, 1987; TOGAF[8]等）。EAフレームワークは，現在と将来の情報システムに関わる要件や仕様の記述方法を示したもので，その記述方法には推進する組織によりいくつかの手法が示されている。国内では経済産業省がEAポータル[9]を整備し，ビジネスアーキテクチャ，アプリケーションアーキテクチャ，データアーキテクチャ，テクノロジーアーキテクチャの4つの技術要素について記述手法を公開している。本フレームワークを用いることで，企業や政府が，目指す将来像に向けて，情報システムの全体構造を最適化していくための手法が示されている。

なお，これら技術要素のなかで，データアーキテクチャの設計が最も重要であることが述べられている (Spewak and Hill, 1993; Redman, 2008; 南波, 2010)。データアーキテクチャは他の技術要素と比較して容易に変更することができないため，他の技術要素の構造を設計する前に設計しておくべき要素であると述べられている (Spewak and Hill, 1993)。つまり，新しいITを採用することやシステム機能を追加修正することに比べ，データアーキテクチャを変化させることは，他の技術要素に広く影響を及ぼすだけでなく，過去のデータとの連続性がなくなったり，例えば在庫管理業務等において，物理的なモノと識別子として商品コード（データ識別子）の関係が切れてしまったりする問題が発生する。そのため，いったん決めたデータ設計の内容を変更することは，情報システムの広範囲に対して修正が発生し，再構築に時間や費用を要する場合がある。その意味で，情報システムの設計時は，企業における情報の流れや利用方法に注目し，データアーキテクチャを他の技術要素と比較して，より重点的に設計[10]を進めなくてはならないことが述べられている (Spewak and Hill, 1993; Redman, 2008)。これは，後述の「情報システムは『情報』のシステム」という考え方にも通じる考え方である。

以上より，情報システム設計方法論の立場から，ITが企業の競争力に有効となる前提として，IT投資の領域別比率や，IT投資を進める際のプロセスや評価手法，また企業情報システム整備に向けた設計手法が示されている。

ただし，IT投資先や設計手法のベストプラクティスとなる考え方を示すもので，あくまでも方法論を提示することにとどまっている。企業の業績の差や競争力形成のメカニズムについて，深く議論を進めるための手法が提示されているわけではない。

3.3.2. 情報システムやITインフラの機能的優位性
―― 個別技術要素のアーキテクチャ論

以上の企業情報システムの整備方針に関する議論からも，情報システムと企業の戦略とは切り離せないことが分かる。そして，情報システムの整備におい

ては，現在の課題の解決だけでなく，将来においても有用性が維持されることが目指されている（経済産業省EAポータル等）。企業にとっては，先述のEAの技術的側面から適切な整備方針を示す必要があるだけでなく，他の企業に対して「競争上で優位に機能する」情報システムの整備が求められる。

機能的優位性に関する先行研究として，ITインフラ（情報システムから共有的に利用されるCPU, 記憶媒体等のリソース）とデータの組織的な利用範囲に関する研究がある。それぞれ，EAの階層上，テクノロジーアーキテクチャとデータアーキテクチャに相当する。ITインフラやデータは様々な情報システムから共通的に利用・参照されているため，その機能的優位性が，事業の効率性や先々の変化への対応力として議論が行われている。

(1) ITインフラのフレキシビリティ

企業において，事業が多様化したり，活動がグローバル化したりしていくと，企業の組織構造は複雑化していく場合が多い。これに対応する形で企業の活動を支える情報システムも大型化・複雑化する傾向にある。また，変化する経営環境に適応し，ビジネス機会を先取りしていくためには，企業の情報システムは一度構築されるとそのまま使い続けるという固定的なものではなく，常に企業活動に適した形へと適時見直していく必要がある。複雑化した情報システムをいかに迅速に企業活動に適応させていくか，つまり，情報システムやITインフラを，競争環境の変化や機会に迅速に対応できるように，要求に対する柔軟性（フレキシビリティ）が求められる[11]。いくつかの研究では，データベースや基幹システムまで含めて広義にITインフラを捉えている場合があるが，情報システムに対してコンピュータリソースや通信網を提供するITインフラは，複数の情報システムで共有されることもあり，ITインフラのフレキシビリティに着目した研究が進められている（Davenport and Linder, 1994; Duncan, 1995; Broadbent and Weill, 1997; Byrd and Turner, 2000等）。

Duncan (1995) はITインフラのフレキシビリティ（flexibility）を，接続性（connectivity），代替可能性（compatibility），部品化度（modularity）の3つの特性に分解している。これら特性に優れたITインフラを持つことで，現在，将来のビジネス面・技術面の変化に対して素早く適応し（Duncan, 1995; Byrd and Turner, 2000), かつ, 適切なコストで (Broadbent and Weill,1997; Byrd and Turner, 2000), 企業内のベストプラクティス（優位な技術要素, ビジネスプロセス）を早期に展開する (Kettinger et al., 2010) ことが可能となることが, ITインフラ研究者によって述べられている。

実証面において, Byrd et al. (2008) は, ITインフラのフレキシビリティが, 環境が変化してもサプライチェーンのアプリケーション（ITインフラ上の情報システム）を有効に機能させることを通じて, 企業のROAの高さと関係することを統計的に示している。つまり, あるリターンを得るためにある資産が効率的に利用されるという考え方に基づいた研究と位置づけることができる。

このように, ITインフラは変化への対応や戦略を早期に実現するために重要な資源と位置づけられており, 後述する資源ベース論の先行研究でも, ITインフラは競争優位を説明するための1つの説明変数として用いられている (Bharadwaj, 2000; Zhu and Kraemer, 2002; Melville et al., 2004; Newbert, 2007)[12]。

(2) データの組織間利用範囲

情報システムの導入が進んだ近年においては, ITを用いて事業の競争力を高めるためには多くの業務機能で情報がデジタル化されている必要性があると述べてられている (Aral and Weill, 2007)。そして, あるデータがどの組織まで利用可能が, 情報システム設計上の重要な視点となる。つまり, 情報を必要とする組織に適時, 必要なる粒度で正確なデータが伝わることは, 業務の効率性や業務の正確性に影響を与えるためである (Redman, 2008)。そのため, 以前から, 情報システムの設計において, 情報の粒度（明細データか集計データか）と共有される範囲（組織階層, ロケーション, 事業）を適切に設計する必要性があると主張されている (Keen, 1993)。

ここで, データを企業内で広く共有できるようにすればするほど, 組織間でデータ設計に関わる調整に時間を要するだけでなく, 情報システム自体が大型化・複雑化してしまい構築にもコストがかかってしまうというリスクを負う。また, 大型化・複雑化した情報システムは, データの整合性確認にも時間を要し, 個々のシステム機能の改変にも細心の注意が必要となる[13]。このため, 情

報システム設計に際しては，企業が重視する情報の流れに着目し，データが共有される組織の範囲をうまく設計していく必要がある。

このような情報（データ）の組織間利用範囲に関する実証的な研究として，Ray et al.（2013）の研究がある。企業が複数事業の統合度を上げていきたいのか，バリューチェーンの垂直インテグレートを目指しているのかで，前者はERP，後者はSCMとしてデータ整備の方針が異なることを統計的に確認した。企業が実現しようとしている戦略によって，データ整備の方針を決めていくべきであると述べている。

以上のように，情報システムを通じて企業の競争力を向上させるために，構成要素となるITインフラの変化への対応力や，データの組織間利用範囲について，個々のアーキテクチャ設計方法論に関する研究がなされている。また，ITインフラのフレキシビリティやデータ共有の方針が，環境変化の対応力や戦略の実現に関係していることが述べられている。

ただし，これら研究は，経営環境の変化への対応方法や競争優位を目指すビジネスの仕組みがあることを前提として，機能的優位性を実現すべき目的変数として情報システムの設計方針を示すものである。技術要素の機能的優位性によって，どのように競争優位を実現するのかを直接的に説明することを目的としているわけではない。結果として，情報システムの機能的優位性は，必ずしも優れた業績や競争優位をもたらすとは言い切れない。これは，方法論アプローチ全体に共通した課題として挙げられる。

3.3.3. 情報システム部門の組織能力の重要性

企業における情報システム部門の組織能力は，情報システムの利用目的に沿って変化してきた。1990年以前は，アプリケーションパッケージも少なく，自社で情報システムを開発・運用することが情報システム部門に求められる主な能力であった。その後，1990年代以降，外部から調達可能なITの選択肢も広がり，ITを用いて戦略を実現することが求められるようになる。近年，ITの進化の速さにより，ITを起因とする経営環境の変化も急速となっている。

このような経営環境において，情報システムが競争力に対して重要な役割を果たす企業においては，IT・情報システムに対する専門的な組織能力が必要になると同時に，情報システムの開発・運用以外の能力（機能）も求められるようになっている。本書では，ITによって戦略の実現が目指される近年において，情報システム部門にどのような機能，もしくは能力が求められているか確認を行う。

本書では，情報システム設計方法論から，情報システム部門の持つべき機能について，世界的な標準化団体が提示する知識体系を確認する。これら文献では，情報システムの整備を進めるために，情報システム部門が持つべき，標準（ベストプラクティス）となる組織的な機能やプロジェクト管理手法が体系的・網羅的な形で示されている。

(1) 各種団体が示す情報システム部門のベストプラクティス

情報システム部門が必要とする機能については，各種団体から体系的に提示されており，研究を進めるうえで参考になる情報である。本書では情報システム部門の機能に関する主要な文献として，概要レベルとなるが，IT-CMF（IT Capability Maturity Framework）[14]とCOBIT（Control OBjectives for Information and related Technology）[15]について確認を行う[16]。これら文献では，ITを管理・運営するために，情報システム部門が持つべき標準的な機能が網羅的に示されている。

まず，IT-CMFはManaging IT like a Business, Managing the IT Budget, Managing the IT Capability, Managing IT for Business Valueの4つの領域からなり，さらに詳細なタスクとその目的が示されている。それぞれを要約すると，それぞれ，ITに関わるビジネスプランニング・ビジネスプロセス・リスク等の管理，予算の管理，情報システム部門の組織的機能の管理，効果とコストの管理からなる。狭義には，Managing the IT Capabilityが情報システム部門の機能を示した部分で，先のEA，セキュリティ，人材開発，プロジェクトマネジメント，インフラ管理等，重要な情報システム部門の役割が定義されている[17]。

また，COBITは，ITガバナンスとITマネジメントからなり，さらにITマネ

ジメントは計画（APO），構築（BPI），実行（DSS），モニタリング（MEA）の4つの領域からなる。それぞれの領域は，下位のタスク別に文書化が行われており，タスクの定義やゴール，またそのためのプロセスが示されている。これらのタスクは最終的にはビジネスニーズの達成を目指すものである[18]。

　これらフレームワークでは，情報システム部門の組織的な機能が体系的・網羅的に記載されている。情報システム部門は，数多くの専門的機能を持たなくてはならないことがわかる。もちろん，競争優位を実現することも前提として記載されているが，そのためにすべての機能で優れた能力を網羅する必要はないと考えられる。以下，規範的研究も含め，競争優位に対してどのような情報システム部門の組織能力が求められているか確認を行う。

(2)　変化に対応できる情報システムの開発方法論

　本節では，情報システムの開発手法についても触れておきたい。

　経営環境の変化が激しくなるに従い，短期間で情報システムを開発する手法が求められるようになってきた。旧来のウォーターフォール型開発に対して，アジャイルソフトウェア開発[19]に注目が集まっている。

　ウォーターフォール型開発とは，情報システムの利用者から情報システムが必要とする機能，データ，性能等の要件を確認し，各種設計書を作成する。設計書に基づき，プログラムの開発，テストを行い情報システムの運用を開始するという方法である。最初に情報システムの開発のためのプロジェクトを計画し，前フェーズの決定事項や作成物をもとに後戻りすることなく計画に沿って進めていく。比較的大型で開発期間が長期にわたる情報システムの開発に向いており，多くの情報システムがこの手法で開発されている。

　一方のアジャイルソフトウェア開発とは，開発対象を多数の小さな機能に分割し，1つの反復（イテレーション）で1つの機能を開発する手法である。小さな機能を繰り返し開発することにより，ある機能が実現されるまでの期間を短くし，情報システムの利用者が求めたものをできるだけ早期に実現することを目指す。スマートフォンアプリやインターネット上の各種サービス等が典型的な開発例であり，利用者からの要求が変化しやすい場合の情報システム開発手法として用いられている。

このように，経営環境の変化に早く対応するための情報システムの開発手法が開発されている。もちろん，経営環境の変化が激しくなると，このような開発手法の採用は新たな施策の推進に有効になると考える[20]。

ただし，本開発手法の直接的な目的は，あくまでも利用者と協調して要求を早く実現することである。比較的小規模の情報システムを試行的に開発する段階や，早期にITを利用したサービスを実現する段階では重要な開発手法となる。このような開発手法を情報システム部門が持つことは，競争優位を説明する際の1つの説明変数となり得る[21]。もちろん，早く機能をリリースして早く修正していくことは重要であるが，競争優位は情報システムの開発の速さだけでなく，施策そのものの有効性，つまり何に対して短期開発の手法を適用するのかという議論から始めなくてはならない。

(3) 情報システム部門の能力が企業の競争力を高める

競争優位を実現するためにどのような能力が重視されているか，Feeny and Willcocks (1998) は優れた業績を持つ企業53社のインタビューを通じ，情報システム部門に求められる9つの能力（Capabilities）を示している。具体的には，Leadership（計画等），Business Systems Thinking（ビジネス指向），Relationship Building（事業部門との関係構築），Designing Technical Architecture（EA等のデザイン），Making Technology Work（開発・運用），Informed Buying（調達戦略），Contract Facilitation（契約管理），Contract Monitoring（契約遂行管理），Vendor Development（取引先の開発）を挙げている。この9つの能力は，ビジネス要求を引き出し実現する，技術的取り組み，外部ベンダーのマネジメント，ITガバナンスの4つのタスクを実現する能力として示されている（Willcocks et al., 2006）。これら能力は，IT-CMF，COBITとも共通する機能が含まれており，競争優位や環境変化に対する情報システム部門の能力を検討するうえで，参照すべき能力が示されている。

また，後述する資源ベース論のアプローチからも情報システム部門に求められる能力について研究が進められている。情報システム部門の能力は，次節の3.4.1項でも述べるように，ITを補完する資源である「ITをマネジメントする能力」または「ITを活用する能力」として示されており，IT資産と組み合わ

せた研究が行われている（Mata et al., 1995; Ross et al., 1996; Bharadwaj, 2000; Aral and Weill, 2007等）。

　組織能力に着目した研究をいくつか取り上げると，例えば，Ross et al. (1996) は，企業の調査を通じ，競争力を維持するための資産は，技術資産，人的資産，関係資産からなると述べている。技術資産を情報システムやITインフラ等の構造物とすると，人的資産は，ビジネス上の問題を解決するだけでなく，新たな機会を取り込むための，情報システム部門の人的・組織的能力のことを言う。また，関係資産は，効果的にITを生かすために，情報システム部門と事業部門で，ITに関わるリスクや責任を共有している状況のことを言い，具体的には，事業部門におけるIT導入にかかわるプロジェクトのオーナーシップの状況や，経営者のITプロジェクトの優先度付けからなる。

　これらRoss et al. (1996) が示した資産（資源）をベースとして，Bharadwaj (2000) は，雑誌等の記事を参考にITリーダー企業（ITをうまく活用している企業）を選定し，1991年～1994年の成長率，財務リスク，ROA等と技術資源，人的・組織的資源の関係について検証を行う。結果として，IT リーダーとなる企業は，ITに関連する技術資源，および人的・組織的資源を併せ持つことで，優れたパフォーマンスを実現していることを示した。

　これら研究成果をまとめ，Melville et al. (2004) は，ITに関わる資源を技術的な資源（technological IT resource）と人的・組織的な資源（human IT resource）に分け，さらに人的資源を技術的な人的能力（開発，情報システム維持等）と管理的な人的能力（事業サイドとの協業，プロジェクトの設置等）に分解している。これら2つの技術的，人的資源は，IT投資の効果を高めるために必要な資源であり，企業独自のアプリケーションの構築を通じてビジネスプロセスの優位性をもたらし，最終的には競争優位を実現することが述べられている。

　以上の研究では，ITや情報システムにかかわる技術的な能力（設計，開発，運用にかかわる能力）と，情報システム部門のマネジメント能力（計画や予算，プロジェクトの管理にかかわる能力）の両面から重要性が述べられている。Mata et al. (1995) は，持続的競争優位と関係するのはITマネジメントスキルではないかとの主張があったが，その後の統計的な検証を通じ，技術面，マネ

ジメント面の複合的な能力が必要条件であることが示されている（Powell and Dent-Micallef, 1997; Bharadwaj, 2000; Aral and Weill, 2007; 平本, 2007; Wang et al., 2012等）。ただし，これらの研究は，明示的に激しい経営環境の変化への対応力に注目したものではなく，現在ある資源を活用する能力について述べるに留まっている。資源の再構築については，後述のダイナミックケイパビリティ論と合わせて議論が進められている。

3.4. 競争優位研究のIT・情報システム側面

ITと競争優位に関する研究は，1990年代のITの普及を前後して始まる。

本書では，まずITと競争優位に関する多数の実証研究成果を持つ資源ベース論のアプローチからレビューを始める。本アプローチからは，持続的な競争優位は，ITとIT以外の資源を組み合わせる必要があることが述べられている。続き，資源の組合せの観点から，ケイパビリティ論，ビジネスシステム論のレビューを行う。これら研究では，戦略に対する資源・活動の整合性について述べられている。最後に，環境変化に対する資源やケイパビリティの再構築の観点からダイナミックケイパビリティ論について確認を行う。

以上の先行研究レビューから，企業がどのように競争優位を実現しているか理論的な基礎を確認することができる。ただし，競争優位の実現にはITや情報システムが必要とされているが，ITや情報システムの機能的役割との関係について議論が欠落していることがわかる。本課題は以降の論点につながる課題となる。

3.4.1. 資源ベースアプローチから見たIT

ITの普及に伴い，SISに代表されるように，企業からITの戦略的意義について注目が集まる。これに伴い，初期の学術的研究は，IT投資にともなう競争優位，もしくは企業パフォーマンスの関係について，資源ベース論（Resource-Based View）アプローチから研究がなされている。IT資産を資源の1つとみなすことで，持続的競争優位との関係について研究が行われている。

資源ベース論は，企業の競争優位は企業が保有する「資源」の異質性にあるという考え方である（Wernerfelt, 1984; Rumelt, 1984; Barney, 1991; Grant, 1991）。つまり，同一業界の企業であっても，収益力に差を生じるのは，企業が保有する資源の質的・量的違いによるものだという研究アプローチをとる。さらに，資源が模倣困難な場合，競争優位が持続（Sustainable Competitive Advantage）すると主張されている（Dierickx and Cool, 1989; Barney, 1991; Peteraf, 1993）。Barney（1991）によって資源評価のためのVRIN（Value, Rareness, Imperfect-Imitability, (Non) substitutability）属性[22]が発表された後，持続的競争優位をもたらす資源についての検証が進められている（Newbert, 2007; Barney et al., 2011）。

この資源ベース論のアプローチにそって，1990年代以降，ITと持続的競争優位の関係について検証が進められていが，先述のように，研究の初期の段階から，IT（機器やソフトウェア）は模倣が可能であり持続的競争優位をもたらす資源ではないと捉えられている（Clemons and Row, 1991; Mata et al., 1995等）。Clemons and Row（1991）によると，ITは戦略実現のために必要であるが，持続的競争優位に対しては十分条件とはならないと述べられている。

その後に行われた統計的な実証研究においても，IT資産の金額だけでは企業間のパフォーマンス（利益率やROA等）の差を説明することができないと述べられている（Powell and Dent-Micallef, 1997; Ray et al., 2004等）。変数として，ITの導入状況や情報システム構築にかかわる費用や資産規模を置くが，本変数はITの資産の良否や利用状況を示す変数ではないため，この場合，競争優位との関係においては無相関となっていると考えられる。そのため，これら実証研究では，ITと競争優位の関係を検証するために，あるITの導入状況だけでなく，前節でも述べた人員の技術的スキルやITインフラの整備状況等，ITに関係する様々な変数を設定して検証が行われている。

具体的な研究内容を見てみると，Mata et al.（1995）は持続的競争優位をもたらすITに関連する資源を広くとらえ，資本力（Access to capital），独自IT・情報システム（Proprietary technology），技術スキル（Technical IT skills），ITマネジメントスキル（Managerial IT skills）について評価を行っている。結果，模倣困難性の立場から持続的な競争優位をもたらすのはITマネジ

メントスキルであると述べている。その他の候補については，例えば，資本力は異質なものとは言い難い，独自ITは一時的な優位性である，技術スキルは移動が容易であるとの理由から，その有効性は確認できるが，持続的競争優位の候補とはならないと述べている。ここで，ITマネジメントスキルとは，①ビジネスニーズを理解する能力，②関係者と情報システムを開発する能力，③IT・情報システムに関連する活動を調整する能力，④将来のITニーズを先取りする能力，と定義されている。これらスキルは，例えば，情報システム以外の関係者とのつながりや，形式化されていない組織内の了解事項（taken for granted routines），また暗黙知的な能力であり，多くが経験を通じて獲得され，その獲得には時間がかかる。Mata et al.（1995）は，そのようなスキルは，企業にとって異質であり，模倣困難性も高いため，優れたITマネジメントスキルは持続的競争優位の説明変数となり得ると述べている。

また，Powell and Dent-Micallef（1997）は，他の研究と同様に，ITそのものは持続的競争優位をもたらす資源ではないという立場から研究をスタートし，ITの補完資源であり，企業固有の属性であるリーダーシップや企業文化にも着目し，流通業における詳細な実証研究を行う。結論として，ITの補完資源である，ヒューマンリソース（組織のオープン性，コンセンサスの得やすさ，CEOのリーダーシップ等）とビジネスリソース（取引先との関係，トレーニング，プロセス設計力，チーム単位の組織等）が，ITリソースを補完することによって優れた成果がもたらされることを示した。同時に，IT投資強度（企業規模から見て相対的な投資額）が高まると，ビジネスリソースを中心とした補完資源の要求レベルも高まることも示している。

これら先行研究におけるITにかかわる資源をまとめると，大きく3つの領域に分類することができる。1つ目の変数として，先の情報システムやITインフラなどの整備状況がある（Ross et al., 1996; Bharadwaj, 2000; Ray et al., 2004; Aral and Weill, 2007等）。本変数は，IT資産自体の良否（機能的優位性）を示す変数群ともなる。2つ目の変数は，人的スキル（Mata et al., 1995; Aral and Weill, 2007），組織文化（Powell and Dent-Micallef, 1997; Brynjolfsson et al., 2002; 平野, 2008），意思決定の方法やリーダーシップ（Malone, 1997; Powell and Dent-Micallef, 1997; Bharadwaj, 2000）がある。これらは，ITを活用

するための組織能力を示す変数群となる。3つ目の変数は，IT以外の資源であり，具体的には製品開発やマーケティング等，情報システムの支援により有効性が増す資源群である。

以上のように，資源ベース論からは，ITそのものから持続的競争優位が実現されるのではなく，ITを含めた関連する複数資源（補完資源）が組み合わされることによって実現されることが述べられている。資源ベース論では，当初から，競争優位には複数資源の関与が想定されている（Penrose, 1995; Barney, 1991）。さらに，複数資源が組み合わされることは事業全体が複雑化するため，事業の模倣困難性が高まると考えられている（Black and Boal, 1994; Porter, 1996）。ただし，多くの研究が統計的な手法を用いて，競争優位に関係する要素資源を特定することを目的としてきたため，「これら複数資源がどのように組み合わされて競争優位が実現されているのか」については，資源ベース論の立場から議論されてきたわけではない。

以上からも，具体的にITを含めた複数の資源がどのように組み合わされ競争優位が実現されるのか，そして競争優位がなぜ持続しているのかについてはさらなる検証が必要となると考える。3.3.2項で述べた情報システムの機能的優位性も要素資源の1つと捉え，資源の組み合わせについて議論を進めていく。

3.4.2. 資源の組合せに対する視角

本項では，資源の組合せと競争優位の関係について，資源ベース論の延長線上にあるケイパビリティ論を確認しつつ，競争優位研究のもう1つのアプローチであるビジネスシステム論について確認を行う。これらの研究では，「優位性のある資源が事業活動の中に組み込まれていることで競争力が実現される」とういうのが基本的な考え方となっている。特に，競争力に対する資源と活動との組合せ方の整合性（フィット）が重要な概念となる。

また，本書ではケイパビリティ，ビジネスシステムの構成要素となる「ビジネスプロセス」を競争力説明のキー概念として着目し，複数資源と競争力との関係を明らかにしていくことを想定している。一方の情報システム設計方法論においても，ビジネスプロセス設計は情報システムのデータ設計やシステム機

能設計と同時に行われるタスクであり，設計時の重要な要素となる。本研究では，ビジネスプロセスを両研究領域をつなげるキー概念と位置づけ，研究領域間の接合を進めていく。

(1) 資源の組合せとケイパビリティ

ケイパビリティは，例えば，Amit and Schoemaker (1993) の定義を用いると「ある望ましい結果に影響を与えるために，組織プロセスを用いて資源を配置し，通常組み合せることでもたらされる能力 (a firm's capacity to deploy Resources, usually in combination, using organizational processes, to effect a desired end)」と示されている。多くの資源ベース論の研究者は，資源とケイパビリティを区別し，競争優位や優れた業務指標を説明するためにケイパビリティ概念を利用している (Grant, 1991; Bharadwaj, 2000等)。

逆に，論者によっては明確に資源とケイパビリティの区別を行わず，資源に包含される形でケイパビリティを論じる研究者もいる (Peteraf, 1993; Barney and Arikan, 2001)[23]。これは視角や抽象度の違いが要因とも考えられるが，混乱を避けるため，まず，後述のダイナミックケイパビリティ概念も含め，広義に能力（ケイパビリティ）に対する概念の違いを整理しておく必要があるだろう。

本書では，ケイパビリティを「潜在的能力」，「実現された能力」と，これら2つの能力を「変化させる能力」の3つに分けて捉えている。

「潜在的能力」とは，"knowledge (Grant, 1996)" や "competence (Prahalad and Hamel, 1990)" と呼ばれることもあり，この能力を利用することにより優れた業務成果を実現できる可能性がある。具体的には，軽量な製品の開発能力や効率的な工場レイアウトの設計能力等が挙げられる (Prahalad and Hamel, 1990)。また，ITを用いて品質の高い情報システムを設計する能力もこの能力に分類することができる。これら能力は，多くが無形 (intangible) の資源の一種に分類されるだろう。スキルを持つ人員や経験から得られた問題解決方法等，ある程度の汎用性を持ち (Prahalad and Hamel, 1990)，先々の競争力を高めるために利用できる可能性がある。

「実現された能力」は，Amit and Schoemaker (1993) の定義にもあるよう

に，資源を組み合わせて実現された業務的な能力のことを言う。この組合せ自体を「変化させていく能力（ダイナミックケイパビリティ）」と区別するために，"zero-level (ordinary) capabilities (Winter, 2003)" や "operational capabilities (O'Reilly Ⅲ and Tushman, 2008; Teece, 2014)" と呼ばれることがある。営業能力や生産能力等，日々繰り返される業務機能として表すことができる。さらに，先行研究では，資源の組合せにビジネスプロセスが介在していることが述べられている (Stalk et al., 1992; Ray et al., 2004)[24]。この時，ITも業務機能やビジネスプロセスの一部分として組み合わされることとなる（根来・向, 2010; 向, 2013）。

　このように，ケイパビリティ論では資源が組み合わされ，ある業務の成果が向上することにより，優れた競争力が実現されることが述べられている。本書では，資源の組合せの観点から「実現された能力」に注目している。ただし，ケイパビリティ論における，ビジネスプロセスとはどのようなものなのか，さらに，競争優位に対して，ビジネスプロセスはどのように資源を組み合わせているのかについて具体的に示されているわけではない。これは，ビジネスプロセス上でのITや情報システムの役割についても同様である。本課題は，先述のように，多くの資源ベース論の実証研究が統計的手法に依存しているため，複雑な因果関係を解きほぐすまでには至っていないことと同様の課題を持つ。次に述べる，ビジネスシステム，ビジネスプロセスのような仕組み概念の導入が必要となると考えられる。

⑵　**資源の組合せとビジネスシステム**

　資源の組合せについて，ビジネスシステム概念のアプローチからも研究が進められている。情報システムとの関係を含めて確認を行いたい。

　ビジネスシステムとは，「企業の経営資源と，経営資源から価値を生み出すための仕組み」（伊丹・加護野, 1993），「顧客を終着点として，そこに実際に製品を届けるまでに企業が行う仕事の仕組み」（伊丹, 2012）と考えられている。つまり，資源はシステム化された事業の仕組みを通じて価値が生み出されるという考え方である。加護野・井上（2004）の定義に従うと，ビジネスシステムは「経営資源を一定の仕組みでシステム化したもの」となる。

加護野 (1999) は，ビジネスシステム（事業システム）による差別化は，製品による差別化に対して模倣困難性が高く，競争優位が持続すると述べている。ビジネスシステムは複数の資源が組み込まれているだけでなく，製品に比べると内部の構造が他の企業から観察することが難しいため，模倣困難性が高いと考えられている。

また，Porter (1996) は，資源の組合せについて直接的に言及しているわけではないが，競争優位は他社と異なる戦略ポジショニングをとり，その戦略ポジショニングに対する「活動間の整合性を作り出すこと」と考えている。さらに，業務効率と戦略は異なるものとの考え方[25]のもと，「業務効果とは，個々の活動や機能を優れて実施することにまつわるものだが，戦略とは，さまざまな活動を結びつけることに関するものである（"While operational effectiveness is about achieving excellence in individual activities, or functions, strategy is about combining activities"）[26]」と述べている。ここで，Porter (1996) は，「戦略（もしくは経営環境）と活動の間の整合性」，および「活動間の（内部）整合性」のことを「整合性（フィット）」という概念で示していると捉え直すことができる。Porter (1996) 自身は，経営環境（含む経営環境に対する戦略）との外部整合性，構成要素間の内部整合性を分けて議論しているわけではないが，両整合性は同時に実現する必要があると解釈できる。本書でも「整合性」は戦略・経営環境と活動間，活動と活動間の整合性を同時に実現している状態として言葉を用いる[27]。

そして，Porter (1996) は，このような戦略，および活動間の結合の「整合性（フィット）」により出来上がった（ビジネス）システムを「活動システム」と呼んでいる。他の企業は個々の活動を模倣することはできても，相互に関連している活動システムを完璧に模倣するのは難しいため，競争優位が持続するとの考え方を示している。この考え方は，加護野 (1999) の言う「ビジネスシステム」の模倣困難性の説明を補強する考え方として位置づけることができる。

同様に，根来 (2004) は，「差別化を実現するためには，ある活動を行う必要がある。高い水準で活動するためには競争相手より優位な資源が蓄積されていなければならない」とし，資源，活動，目的とする差別化の3層で全体のシステムが整合性を持つことが競争上必要であると述べている。つまり，「ビジ

ネスシステム」とは，複数の資源，複数の活動が整合的に組み合わされた仕組みとも読み替えることができる。

以上のように，ビジネスシステム論によるアプローチは，戦略に対し，複数の資源と活動を矛盾なく結合することが重要であると述べられている。競争優位の持続のためには，単に優れた資源を用いてある活動が優れた成果を出すだけでなく，資源，活動が結合されることにより，個々の資源だけでは達成できない成果を生む。そして，他社が模倣できない仕組みを作り上げることができる。

(3) ビジネスシステムと情報システム

ここで，2.2節の企業における情報システム活用の歴史からも，近年，ビジネスシステムを形作るために情報システムは不可欠な要素と考えられるが，資源や活動の整合性に関して，情報システムの役割に対する議論は欠落しているのが現状である。

加護野・井上（2004）によると，ビジネスシステムは「情報，モノ，カネの流れの設計の結果として生み出されるシステム」と述べており，また，情報システムは「企業（ビジネス）システムのサブシステム」（遠山他, 2015）という捉え方もある。つまり，情報システムは，ビジネスシステム内のモノや金に関する情報（データ）[28]を保管・処理・伝達する役割を持つと考えられている。そして，3.3.2項でも述べたように，業務を正確かつ効率的に推進できるよう，業務機能間の連携を情報（データ）を用いてコントロールする役割を持つ。

近年，企業において，情報システムは広範囲の業務で利用されており，情報システムは，ビジネスシステムを形作るために，情報面からなくてはならないものとなっていると考えられる。先の，ビジネスシステム構成要素間の整合性を論じるためにも情報システムはなくてはならない分析対象となると考えられる。

3.4.3. 情報システムはビジネスプロセスの競争力を向上させる

ケイパビリティ，ビジネスシステムの議論を踏まえると，資源と競争優位の

関係を論じるには，資源と資源を活用する活動の両方を分析対象として捉えていく必要があると考えられる（Stalk et al., 1992; Amit and Schoemaker, 1993; Porter, 1996; 根来, 2004; 根来, 2008等）。例えば，根来（2008）は，競争優位を論じるために「仕組」という概念を提案している。仕組とは「ある経営資源とある自社活動が結びついてできあがる『ビジネスシステムの部分システム』」と定義されている。企業は様々な資源や活動で構成されており，その総体としてビジネスシステムがあるが，ある競争力の説明には，着目すべき資源と活動があると述べる。つまり，「仕組」とは，「競争力に対して整合性を持った資源と活動の組合せ」とも言い換えることができる。

　ここで活動は，業務の一連の流れであるビジネスプロセスとして捉えることもできる。ビジネスプロセスとは，「特定の顧客あるいは市場に対して特定のアプトプットを作り出すためにデザインされ構造化された評価可能な一連の活動」（Davenport, 1992），または「繰り返し実行されるビジネスルールの集まり」（Keen, 1997）と考えられている。両者を合わせると，ビジネスプロセスとは「『特定のアプトプット』を生み出すために『ルール化され繰り返し実行』される『一連の活動』」と定義できる。

(1) ビジネスプロセスと競争力

　ビジネスプロセスに関して，規範的研究も含めて，競争力との関係を論じたいくつかの研究がある。Johnson et al.（2008）は，「成功する企業は繰り返され，かつ規模を拡大できる，顧客に価値を提供できるオペレーショナルプロセスとマネジメントプロセスを持っている」と主張する。また，Stalk et al.（1992）は，カギとなるビジネスプロセスの能力を高めることが，競争優位を獲得するための重要な手段となることを述べている。

　先の資源ベース論でも，実証的研究においては，ITに関連した資源の被説明変数として企業の業績の差に置くより，ビジネスプロセスレベルの成果の差を被説明変数とすべきではないかという意見がある（Barua et al., 1995; Bharadwaj, 2000; Melville et al., 2004; Ray et al., 2004）。例えば，Ray et al.（2004）は，保険業界の顧客サービス部門の実証研究を通じ，企業のパフォーマンスはITに関連した資源（ITインフラだけでなく，ITに関連する知識等）

によって直接的に説明されるのではなく，ビジネスプロセス（あるビジネス上の目的を達成する活動）の優位性を通して説明されることを示している。つまり，ITに関連した資源が直接関係するのはビジネスプロセスの成果と置くことができる。

このように，競争力とビジネスプロセスは直接的関係があることが理解できる。さらに，競争力を持つビジネスプロセスは情報システムと関係が深いことが述べられている。例えば，Davenport（1992）は「プロセス・イノベーション」という言葉で，またHammer and Champy（1993）は「リエンジニアリング」という言葉で，ビジネスプロセスを情報システムを用いて抜本的に変えていくべきだと主張している。これら主張は，競争力のあるビジネスプロセスを実現するためには，情報システムが不可欠な要素であるという考えを支援する主張である。

(2) ビジネスプロセスと情報システムの関係

情報システム設計方法論の立場からも，ビジネスプロセスとの関係を確認しておきたい。

手島（2010）は，「情報システムは『情報』のシステム」であると主張する。企業は，事業を円滑に進めるために，保持している「モノ（在庫や資金等）」や業務で発生する「コト（生産や支払等）」の情報を管理しなくてはならない。これらの情報を「事業間，業務機能間で共通化しシステム化したものが情報システムである」と述べている（手島,2010）。より具体的には，情報システムは，ビジネスプロセス上の業務機能（製造や受注等）が，一連のビジネスプロセスとして機能するように，「情報（データ）」を用いて連結する役割を担っている。つまり，情報システムが，組織間，業務機能間で必要となるモノや金に関わる情報（データ）の流れを効率的に記録・伝達し，また蓄積されたデータを効果的に利用することで，目的とするアウトプットに直接的な影響力を持つと考えられる（**図3-3**参照）。

先の3.3.2項におけるデータの組織間連携範囲の議論で，業務の精度や効率性と，情報連携にかかるコストを最適化する視点でアーキテクチャの設計を進めていくべきことが述べられていたが，より具体的には，企業は，ビジネスプロ

図3-3 広義[29]のビジネスプロセス,資源,情報システムの関係

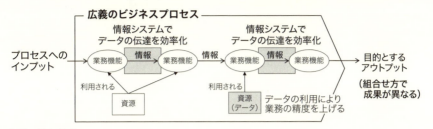

出所：筆者作成

セスのアウトプットとなる成果を上げるために,情報の流れをうまく設計していかなくてはならないと言い換えることができる。

(3) 情報システムはどのようにビジネスプロセスの競争力を向上させるのか

以上からも,図3-3に示すように,本書では企業の競争力を説明するキー概念としてビジネスプロセスを捉えている。ビジネスプロセスと情報システム,さらに資源との関係をより具体的に理解するために,商品を受注して倉庫から出荷するまでのビジネスプロセスを例として取り上げてみたい。

例えば,ビジネスプロセスが,受注入力,出荷指示,倉庫における商品ピッキング,出荷,請求という一連の業務機能からなると考えた場合,受注時に入力された伝票データが後続の業務機能で用いられることで,全体のプロセスが正確かつ効率的に処理されることになる。また,企業が出荷のスピードを重視する場合,受注部門と出荷部門の間の組織を横断する情報システム,そこでリアルタイムに記録・蓄積されたデータの役割が重要となる。受注と出荷の業務機能間でデータがリアルタイムに共有されると,うまく出荷のタイミングをコントロールできるようになる。

なお,出荷スピードを上げるためには,リアルタイムのデータだけでは十分ではない。本ビジネスプロセス上のいくつかの業務機能では,情報システム以外に,設備等の有形資源やノウハウ等の無形資源が組み合わされている。例えば,機械化された倉庫設備（有形資源）や効率的なピッキングの手順（無形資源）が出荷スピードに影響する内容として挙げられるかもしれない。このよう

に目標とする成果に対して，ビジネスプロセス上で複数の資源が組み合わされていくことで全体のパフォーマンスが向上することとなる。

ここで，以降の事例分析を進めるにあたり確認しておきたいことは，本書で複数資源による競争力を捉える場合，必ずしも同じ業務機能，同じタイミングで複数の資源が同時に利用されているわけではないということである。資源ベース論では複数の資源の存在が確認されるが，統計的な手法では資源がどのような業務機能で，またどのようなタイミングで利用されているのかまで明らかにすることが難しかった。

あるビジネスプロセスに着目すると，ビジネスプロセスの目的を達成するために，必要な資源が別々の業務機能に存在する場合もあるし，ビジネスプロセスの別のタイミングで利用されている場合もあるかもしれない。ビジネスプロセスによって，資源は，組織や時間を横断して結合されることになる。つまり，本書における「複数資源の組合せ」とは，「ある業務上の目的を達成するために，ビジネスプロセスが複数の資源を必要とする」ことを言う。

おそらく，ビジネスプロセスの成果（例えば，営業効率や物流のリードタイム等）は，個々の業務機能だけでなく，その組み合わせ方で達成できる成果が異なってくる。また，近年，ビジネスプロセス上の取引伝票や顧客情報等，多種の情報を正確にかつ迅速に処理しなくてはならないため，効率的なビジネスプロセスを形づくるために情報システムが中心的な役割を持つようになっている。ある情報システムが，ビジネスプロセス上どの範囲で利用され，どのような情報（データ）を連結しているかによって，業務機能の品質，および，業務機能間の連携の効率性に大きな影響を与える。同時に，情報は資源を利用するタイミングにも影響することになるだろう。繰り返すと，情報システムへの依存度が高い企業ほど，ビジネスプロセスを流れる情報のコントロールを行う情報システムは，ビジネスプロセスの成果，および競争力に対して直接的な影響力を持つと考えることができる。

ここで第5章で述べる本書における分析方法を先取りしておくと，ビジネスプロセスが，①どのような業務機能や顧客が行うサービスからなり，②業務機能がどのような有形・無形の資源を用いて，③情報システムを通じてどのよう

に業務機能が連結されているか，を分析することにより，競争力（ビジネスプロセスが意図する指標で表される）を実現するためのメカニズムについて示すことができると考える。

3.4.4. 激しい環境変化に対する組織能力の研究

競争優位を持続するためには，経営環境の変化に対して，現在のビジネスプロセス，および資源の再構築を進めていかなくてはならないと考えられている（Davenport, 1992; Teece et al., 1997等）。特に，近年，ITの進化の速さにより，競争環境の変化も急速となっている。このような経営環境において，IT自体の選択肢も広がってきたことから，情報システムが競争力に対して重要な役割を果たす企業においては，IT・情報システムに対する専門的な組織能力を併せ持つ必要が高まると考えられる。

ITと競争優位研究からは，ダイナミックケイパビリティ論の立場から資源の再構築に関する議論が進められている。ただし，研究者によってダイナミックケイパビリティの定義の違いがあり，ダイナミックケイパビリティとはどのような能力なのか統一した見解が示されているとは言い難い。その中，少数ではあるが，外部環境に対する変化の必要性の理解や資源の再構築に関わる能力に着目した実証的な研究が進められている。本書では，進化が速いITをどのように取り込み，情報システムを通じてビジネスシステムを変えていく能力について確認していく。

(1) ダイナミックケイパビリティとは

ダイナミックケイパビリティ論は，経営環境の変化に対して資源（やケイパビリティ）を再構築する能力を論じた理論である。資源ベース論は，どちらかというと変化の少ない経営環境における持続的な競争優位を論いた理論であると言われている（Priem and Butler, 2001; Teece et al., 1997等）。ビジネスシステム論においても同様のことが言える。そのため，近年のような環境変化の激しい経営環境において，資源ベース論では持続的な競争優位を説明することが難しくなってきた。このような課題のもと，資源の再構築に着目したダイナ

ミックケイパビリティの議論が活発に行われるようになった。

ダイナミックケイパビリティの議論では、3.4.2項(1)でふれたように、実現された業務的な能力（operational capabilities、またはordinary capabilities）と環境変化に対して資源や業務的な能力を再構築していく能力（ダイナミックケイパビリティ）を異なる能力として区別して議論が進められている。ただし、研究者によってダイナミックケイパビリティの定義には差異があり[30]、ダイナミックケイパビリティとはどのような能力なのか研究者によって認識を異にしている（Helfat et al., 2007; Easterby-Smith et al., 2009; 福澤, 2013; Peteraf et al., 2013等）。

このような背景もあり、ダイナミックケイパビリティの定義の違いが実証研究における被説明変数の違いとなって現れ、ダイナミックケイパビリティが提唱されてから20年近い時間を経ているにもかかわらず実証研究そのものも多いわけではない（Newbert, 2007; Barreto, 2010）。このような研究者間のダイナミックケイパビリティに対する捉え方の混乱はあるものの、経営環境の変化が激しい中で持続的競争優位に貢献するダイナミックケイパビリティとはどのような能力のことかを分類し、具体化していこうといういくつかの試みがある。

その1つとして、Makadok (2001) は、"resource-picking（資源探索）"と"capability-building（能力構築）"という2つのrent（収益）を生み出すメカニズムに着目して議論を進めている。"resource-picking"は、市場から情報を収集し分析することでストック[31]を形成する活動で、"capability-building"は（戦略的な）目的に対して資源（resource）を配置、組み合わせていく活動のことを言っている。Makadok (2001) は、"resource-picking"と"capability-building"の2つのメカニズム間の内部相互作用が競争優位を持続するための重要な要因となるのではないかと仮説を提示している。

同じく、Sirmon and Hitt (2009) は、ダイナミックケイパビリティとは明確に述べてはいないが、変化する環境において競争優位を高めるプロセスとして、必要とする資源のポートフォリオを構造化し（Structuring the resource portfolio）、能力を構築するために資源を組み合わせる（Bundling resources to build capabilities）ことにより、市場における機会を獲得する（Leveraging capabilities to exploit market opportunities）能力が競争力形成に重要である

と主張している[32]。

　このような資源の探索と能力の構築という考え方をベースとして[33]，1997年にダイナミックケイパビリティの基本となる考え方を示したTeeceは，2007年の論文でダイナミックケイパビリティを上記研究者の意見を統合する考え方を示している。Teece (2007) によると，ダイナミックケイパビリティは，企業内のスキル，プロセス，手続き，組織構造，意思決定ルールに埋め込まれた，「顧客，技術の変化・機会を把握する能力（Sensing）」，「機会を組織として捕捉する能力（Seizing）」，「企業特有の資源として再編成していく能力（Reconfiguring[34]）」からなると主張する。

　これら3つの能力は企業の持続的競争優位を検討するうえで重要な議論の出発点となると解釈できる。まず，"Sensing" について言えば，制度等明らかに変化の必要性が認知できるものを除いて，ビジネスシステムの再編成が必要な環境変化を適時に把握していくことは容易でない。例えば，顧客の趣向の変化は，それを認知できる情報源がないと，他社より早く手を打つことは難しい。また，"Seizing" について言えば，認知できれば即変化に対応できるかどうかは，経営者の判断や組織の意思決定ルール，組織の慣性に依存する。そして最終的な "Reconfiguring" については，新たな資源を既存のビジネスプロセスに組み込み，業務能力を再編成することで，その優位性を維持・拡大していく必要がある。なお，実際の企業において，ビジネスプロセス自体は，過去の有効性のある資源や活動が経路依存的に活用されるケースも少なからずあると考えられる。そのため，既存の資源やビジネスプロセスとの再編成（orchestration）に向けた重要な能力となる可能性がある。

　これらの議論は，資源をITや情報システムに限定したものではないが，情報システムの再構築に関しても共通した議論が可能である。例えば，近年多様なITが市場から調達可能であり，かつ新しい製品やサービスも次々と出現しているため，自社に必要なITを選別することは容易でないかもしれない。また，ITを適切なタイミングで調達し，早期に情報システムを構築するためのITインフラの整備状況や情報システムの構築能力も重要となる。なお，後述の事例企業においても，ITの変化を認知するも，IT面の施策が競合企業に遅れてしまった例もある。IT導入の必要性が認知されても，経営者の承認を得て進め

ていくこと，また組織的に合意を形成していくことは容易ではないと考えられる。

　Teece（2007）の3つの能力についての実証的な検証はこれからとなるが，情報システムの再構築を議論するにあたり，分析上の1つの視点となる可能性がある。

(2) ITとダイナミックケイパビリティに関する実証研究

　ITと競争優位の関係に対する研究成果はいくつかあるものの，現時点では経営環境の変化に対するIT面の再構築能力に焦点を当てた研究は少数でしかない。そのため，3.3.3項で述べたように，情報システム部門が持つべき能力（機能）はある程度網羅的に示されていると考えるが，経営環境変化に対してどのような能力が必要とされているのかについては議論が進んでいない状況にある。その中，ITとダイナミックケイパビリティの関係については少数ではあるが，実証研究が進められている。

　Pavlou and El Sawy（2006）はダイナミックケイパビリティを"the ability to reconfigure functional competencies to address turbulent environments（環境変化の激しい中，業務機能の強みを再構成する能力）"と定義し，環境変化，新製品開発システム，ダイナミックケイパビリティ，新製品開発能力，持続的競争優位のそれぞれの関係について検証を行っている。環境変化は新製品開発能力と負の相関を持つが，ダイナミックケイパビリティが情報システムを媒介することで製品開発能力が増すことが示されている。ここで，情報システム単独では製品開発能力の優位性は得られないため，ダイナミックケイパビリティの有効性が支持されることになる。さらに，El Sawy and Pavlou（2008）では，これら研究成果を再整理し，Teece et al.（1997）の研究をベースに，ITを活用し環境変化に対応し持続的競争優位を実現するためのダイナミックケイパビリティとして，"Sensing the environment（環境変化・機会の認識）"，"Learning（機会獲得に関する学習）"，"Integrating knowledge（知識の統合）"，"Coordinating activities（活動の調整）"の4つの能力を提案している。まず，"Sensing the environment"は市場のニーズや機会を察知し，ある業務機能の変化の必要性を認識する能力，"Learning"は変化に必要となる知識や

スキルを獲得する能力,"Integrating knowledge" は変化に対する共通の理解のもと,獲得した知識を新しい業務機能に組み込む能力,最後に"Coordinating activities" は,新たな業務機能に組み込まれたタスク,資源,活動を調整していく能力となる。El Sawy and Pavlou (2008) は情報システム部門に限らない,環境変化に対してITを活用するための能力が示されている。

また,Wang et al. (2012) は,Makadok (2001) の "resource-picking" と "capability-building" の2つのメカニズムに着目し,中国における296社の企業を,比較的安定した経営環境と急速に変化する経営環境との両面から必要な能力の調査を行う。具体的には,経営環境の変化の緩急に対し,まず第一の階層として,「IT Resources[35]の獲得」と「IT Capabilities[36]の構築」の2つの変数が「企業の強み（Competency）に対するITサポート」レベルおよび「戦略実現に対するITサポート」レベルに対しどの程度関係するのか,そして第二の階層として「企業の強みに対するITサポート」や「戦略実現に対するITサポート」によって企業のパフォーマンスの差がどの程度説明できるのかを階層的な形で検証している。結果として,IT Resourcesは,変化の激しい環境より安定した経営環境のほうが企業のパフォーマンスに貢献するのに対し,IT Capabilitiesは変化の激しい環境のほうが企業のパフォーマンスに貢献することが示されている。つまり,変化が激しくなるに従いIT ResourcesよりIT Capabilitiesの重要度が高まることが述べられている。

以上のダイナミックケイパビリティに関する研究成果の確認を進めてきたが,理論面だけでなく実証面においてもダイナミックケイパビリティとはどのような能力か混乱があると考える。Makadok (2001),Wang et al. (2012) の "resource-picking","capability-building" の2つの能力,Teece (2007) の "Sensing","Seizing","Reconfiguring" の3つの能力,またEl Sawy and Pavlou (2008) の "Sensing the environment","Learning","Integrating knowledge","Coordinating activities" の4つの能力というように,ダイナミックケイパビリティそのものがうまく体系化されているわけではない。研究成果間の共通点もあり環境変化に対するダイナミックケイパビリティの重要性は支持されてはいるものの,ダイナミックケイパビリティは依然発展途上にあり,

現時点では少数の実証研究から，IT，ダイナミックケイパビリティ，持続的競争優位の関係が仮説レベルで提示された段階だと考える。

また，もう1つの課題として，資源を再構築する能力によって，再構築の対象となる資源（および業務的な能力）自体がどのように変わっていくのかが示されているわけではないことが挙げられる。そのため，ビジネスシステム論と共通して，再構築時における，資源・活動間の整合性に対する議論が深まっていない。具体的な資源自体の変化（本書においてはどのようにビジネスプロセスの再構築も含めて）を追うことによりさらに議論を深めていく必要があると考える。

3.5. 学術的見解の小括

本章では，企業におけるIT活用の歴史，ITと生産性の関係に続き，情報システム設計方法論，ITと競争優位研究の2つの研究領域について先行研究のレビューを進めてきた。本節ではレビュー内容を小括し，両研究領域の接合点であるビジネスプロセスの位置づけについて研究領域間の関係について示す。

(1) **先行研究レビューの小括**

まず，情報システム設計方法論からは，情報システムは経営戦略や経営課題と同期して整備すべきであると述べられている。ITポートフォリオ，Enterprise Archtecture等，グローバルな標準化団体の活動を含め，ITや情報システムを経営に貢献するための実務的な手法が提示されている。また個別の技術要素について，ITインフラの整備やデータの利用範囲等，情報システムの機能的優位性が，経営戦略や経営環境に対する柔軟性等，企業に間接的に貢献することについても述べられている。これら研究成果では，競争優位を実現することを与件として，情報システム整備に関するベストプラクティスとしての考え方を示されている。合わせて，これら情報システムの整備に関わる，情報システム部門の組織的な機能についても網羅的に示されている。

以上から，企業の競争力を獲得，また維持するために，これら情報システムの整備方法は必要な要件と考えてもよいだろう。ただし，これら整備手法は，

競争力の説明を射程に置いているわけではない。そのため，これら優れた情報システムの設計方法がどのように競争優位を実現するかについて，情報システム設計方法論の立場から直接的な関係を説明することは難しい。

一方のITと競争優位研究においては，資源ベース論，ケイパビリティ論・ビジネスシステム論，ダイナミックケイパビリティ論の確認を行った。

資源ベース論の研究では，IT資産を一説明変数に位置づけ，持続的競争優位との関係について実証的な研究が進められている。これら研究からは，持続的競争優位は，外部から調達でき模倣可能なITから生まれるものではなく，IT以外の資源，もしくは情報システム部門の能力と組み合わされることによって実現されることが示されている。これら研究成果から，ITとその他の資源を組み合わせる必要があるという主張は研究者間の支持を得るものとなっている。ただし，多くの研究が統計的手法を用いている関係上，ITを資源と捉えた場合の要素資源間の差を示すにとどまっている。どのようにITを含めた複数の資源が組み合わされて競争優位が実現されているのか，そのメカニズムについては具体的に説明されているわけではない。

複数資源の組合せの観点では，ケイパビリティ論，ビジネスシステム論について先行研究の確認を行う。先行研究から，資源を結びつける活動やビジネスプロセスが競争優位を説明するための概念として提示されている。また，資源，活動の組合せにおいて，資源・活動と戦略，および構成要素間の整合性をもって組み合わされることで，その複雑さが模倣困難性をもたらす場合，持続的な競争優位を生むと主張されている。つまり，資源が競争優位をもたらすメカニズムについては，ビジネスシステム，もしくはその構成要素となるビジネスプロセスという，資源と活動を組み合わせた，つまり要素の集合体としての「仕組」の概念を用いて説明がなされている。

これら仕組に対する研究では，共通して資源は活動を通じて成果が現れることが述べられている。すなわち，資源を説明変数，ビジネスプロセスの優位性（競争力）を被説明対象（被説明変数）におくことで，企業の競争優位や業績の差を階層的に論じようという試みである。

本主張はダイナミックケイパビリティ論における研究成果とも関係が深い。

表3-1　両研究領域の接合点となる主な主張

	情報システム設計方法論	ITと競争優位研究
資源としてのITおよび情報システム	●ITインフラや情報システムは環境変化への対応力を持つべき（Duncan, 1995; Broadbent and Weill, 1997等） ●企業情報システムを俯瞰して情報の設計を進めなくてはならない（Spewak and Hill, 1993; Redman, 2008;等）	●ITは模倣可能であり，単独では持続的な競争優位を説明できない。競争優位は複数資源の組合せによってもたらされる（Clemons and Row, 1991; Powell and Dent-Micallef, 1997等）
情報システムを活用したビジネスの仕組（ビジネスプロセス） （接合点）	●情報システムはビジネスシステムの部分システムと捉えられる（遠山他, 2015） ●情報システムは，ビジネスプロセス上の業務機能間で情報伝達を効率化する役割を持つ（Keen, 1993; 手島, 2010等）	●競争優位の説明に際し，資源と活動が組み合わされたビジネスシステム概念がある（伊丹・加護野, 1993;根来, 2004等） ●情報，モノ，カネの流れの設計により「ビジネスシステム」が結果として実現される（加護野・井上, 2004） ●競争優位は，資源や活動が，戦略および構成要素間の整合性を持つこと（Porter, 1996; 根来, 2004） ●資源が直接的に貢献するのはビジネスプロセスの優位性である。競争優位はビジネスプロセスの優位性を介して説明できる（Ray et al., 2004; Melville et al., 2004等）
激しい環境変化に対する競争優位の維持	●情報システム部門が必要とする多数の専門的能力（機能）がある（Feeny and Willcocks, 1998; COBIT等）	●環境変化や事業の機会を察知し，組織的に取り込み，資源を再編成する能力が持続的競争優位をもたらす（Teece, 2007; Makadok, 2001等）

出所：筆者作成

　ダイナミックケイパビリティ自体は定義の混乱もあり，実証的な研究については少数の成果が示された状況ではあるが，その中，例えば，資源の探索とケイパビリティの構築，また機会の把握，組織的機会の獲得と資源の再編成という観点で議論が進められている。ここで，ITは資源の1つとして捉えられているが，競争力を再構築する過程における探索・再編成時の要素と位置づけられている。ケイパビリティの再構築に際して，競争力形成に影響する要素であると主張されている。

　以上，図3-1で示した先行研究分析の構造から，両研究領域の主な主張を

表3-1にまとめる。

(2) 研究手法の設計と事例研究に向けて

本書では，ITと競争優位研究，情報システム設計方法論についてレビューを行ったが，それぞれの研究領域の目的の違いもあるが，ITがもたらす競争力形成については研究領域間の知見がうまく統合された形で議論が進められているとはいいがたい。そのため，企業で広く情報システムが使われ，またITを利用して競争優位を実現しようと考える企業が多数あるにもかかわらず，お互いの研究成果が接合されていないためITと競争優位の関係にういては，依然理論的には発展段階にあるといえる。

特に，近年企業活動で広く情報システムが活用されていることから，資源・活動の組合せに対し，情報システムへの依存度の高い業界ほど，情報システムが競争優位に大きな影響を持つと考えられる。つまり，情報システムは，ビジ

図3-4 資源ベース論，ビジネスシステム論，情報システム設計方法論と「高密度化」概念の関係

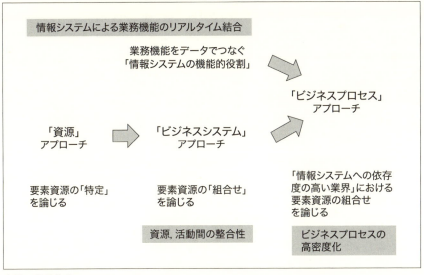

出所：筆者作成

ネスプロセス上の業務機能間をデータ（情報）で連結するという機能的役割を持つ。そのことで，業務機能で利用されている資源が，時間や組織を超えてビジネスプロセスを通じて結合されることとなる。この業務機能の連結の仕方により，ビジネスプロセスのアウトプットに差異が生じるとすれば，情報システムの優劣は競争力に対して直接的な影響を持つと考えることができる。

　本仮説の下，ビジネスプロセスを，ITと競争優位研究と情報システム設計方法論の接合点と捉え，後述の事例分析の手法として発展させることにより，情報システムへの依存度の高い業界において競争力を維持している企業の性質を明らかにしていく。合わせて，ビジネスプロセスの「高密度化」という新たな構成概念を置くことで，情報システムを通じた競争力の形成について議論を進めていく（**図3-4**参照）。

注■

1　本Solowのコメントは，ニューヨークタイムズ紙に掲載された，Cohen and Zysman（1987）"Manufacturing Matters: The Myth of the Post-Industrial Economy" Basic Books（大岡哲・岩田悟志訳『脱工業化社会の幻想―「製造業」が国を救う』阪急コミュニケーションズ）に対する書評の中の一節である。

2　ITの利用量とは，データのボリュームや情報システムへのアクセス数のことを言っている。

3　原書では，「ICT」という言葉が使用されているが，2.1節の本書での定義のように，ICTとITとは同じ意味として取り扱う。

4　本書でいう設計方法論は，企業システム全体をどのように設計（整備）していくかに焦点を当てている。競争力との関係を議論するため，例えば，画面やデータベースの設計手法や開発手法にまでは踏み込まない。

5　JUAS（2016）によると，IT投資の評価方法として，多くの企業が戦略との整合を組み入れている（「図表4-3-1 投資案件の性格別 投資案件を申請する際の記載項目」より）。

6　Kaplan and Norton（2004）では「資産（asset）」と「資本（capital）」という言葉を混在して用いている。全体では無形の「資産」，3つの要素について述べる場

合は「資本」が用いられている。本書では「資本」と「資産」については言葉の再定義は行わず原文のまま記述を行っている。

7 JUAS（2016）の調査によると，大企業を中心に整備が進められている。売上1兆以上の企業では36％の企業がEAに対する何らかの取り組みを行っている。

8 TOGAFとは，The Open Groupが進めるEAの方法論のこと。http://www.opengroup.org/subjectareas/enterprise/togaf 2016年9月1日アクセス。

9 http://warp.ndl.go.jp/info:ndljp/pid/286890/www.meti.go.jp/policy/it_policy/ea/ 2016年9月1日アクセス。

10 情報システムの代表的な設計手法としてDOA（データ中心設計，またはデータ指向アプローチ）があり広く活用されている。類似した手法にOOA（オブジェクト指向アプローチ）があり，データとデータにアクセスするシステム機能をカプセル化して設計・実装する手法がある。いずれも，データ設計の重要性に着目した設計手法である。

11 近年においても，いかにしてITの導入，情報システムの構築のスピードを上げるかが継続的な課題となっている。例えば，Bossert et al.（2014）は，企業の情報システムのアーキテクチャは，基幹系業務システムに代表される安定的な情報システムと戦略を推進していくために変化させやすい情報システムと，2つの実現スピードの異なる情報システムを分離して，これら目的が両立できる構造を持つべきであることが述べられている。

12 ITインフラにおける先行研究では，ITインフラの機能的優位性を実現するためには，同時にIT組織の活動や人材面のITスキルも重要であると述べられている（Davenport and Linder, 1994; Byrd and Turner, 2000等）。これらは他の領域の研究とも共通した見解である。

13 JUAS（2016）では，レガシーシステムに関する調査を行っている。レガシーシステムを「技術面の老朽化」，「システムの肥大化・複雑化」，「ブラックボックス化」に分け，企業のレガシーシステム保有状況と改善の難しさをアンケート調査している。結果として，「システムの肥大化・複雑化」がレガシー化の要因として最も影響が大きいことを示している。

14 詳細は，Innovation Value Instituteから確認できる。

15 詳細は情報システムコントロール協会（ISACA）から確認できる。JUAS（2016）の調査では，大企業を中心に導入が進められている。売上1兆円以上の企

業においては26.5%の企業が参照している。
16 　その他，情報システムの運用・保守について示されたITIL（Information Technology Infrastructure Library），プロジェクトのマネジメント手法を示したPMBOK（Project Management Body Of Knowledge）等の標準が公開されている。
17 　https://ivi.ie/it-capability-maturity-framework/より（2016年9月アクセス）。
18 　「COBIT5の紹介」http://www.isaca.org/COBIT/Documents/COBIT-5-Introduction_res_Jpn_0813.ppt（2016年9月アクセス），および日経コンピュータ2012年5月24日号「ITガバナンスの最上流を詳細に定義 フレームワーク「COBIT」新版登場」を参照。
19 　"Manifesto for Agile Software Development"等
http://agilemanifesto.org/（2016年9月アクセス）を参照。アジャイルソフトウェア開発とは，エクストリーム・プログラミング（XP）やスクラム等，様々な開発手法の総称となる。
20 　JUAS（2016）「図表9-1-1 現状の施策取り組み状況・基幹系」「図表9-1-2 現状の施策取り組み状況・基幹系以外」から，国内でアジャイルソフトウェア開発を実施している企業は10%前後となり，現時点ではそれほど多くの企業で採用されているわけではない。
21 　例えば，Melville et al.（2004）等のITと競争優位に関するレビュー論文では，情報システムの開発力を資源の1つと置いている。
22 　後にBarneyによって，VRINはVRIO（Value, Rarity, Inimitability, Organization）に言い換えられている。「O」は資源の属性と異なり，経営資源を十分に活用できるよう組織化されているかどうかについて問うている。本研究では資源属性を表したVRINをベースに議論を進めている。
23 　例えば，Barney and Arikan（2001）は資源ベース論の研究成果のレビューを通じ，"resources"，"competencies"，"capabilities"，"dynamic capabilities"，"knowledge"のそれぞれの視角や定義の違いを整理しつつ，優れた成果を実現するための属性として捉えなおし，それぞれは資源をある"view"から議論を進めたものであると述べている。
24 　Stalk et al.（1992）は，capabilityとcore-competenceの違いについて，前者がバリューチェーン全体に関わるものであるのに対し，後者は「バリューチェーン上の特定プロセスにおける技術力ないしは製造能力」と述べている。なお，Stalk et

al.（1992）は，capabilityは複数のビジネスプロセスが組み合わされて実現されると述べているため，ビジネスプロセスより広い概念であるバリューチェーンという表現を用いている。

25　Porter（1996）では，資源は業務を効率化するものであって，競争優位はポジショニングによって決定されるという考え方を示している。

26　ダイヤモンドハーバードビジネスレビュー2011年6月号 P.76の翻訳より。

27　以降，明確な言葉の使い分けを必要としない場合は，「整合性」を両整合性が実現された状態であるとする。

28　本研究では，情報システムで処理するのは「データ」であって，業務がデータに意味づけを行うことで「情報」となると考える。データと情報の明確な区別が難しい場合もあるが，基本的な考え方をここに示しておく。

29　図3-3では，業務機能のつながりを示す狭義のビジネスプロセスだけでなく，資源も含めて「広義」にビジネスプロセスを示している。本研究でビジネスプロセスとは業務機能のつながりのことを言う。

30　Teece et al.（1997）は，ダイナミックケイパビリティを"the firm's ability to integrate, build, and reconfigure internal and external competences to address rapidly changing environments（急速に変化する経営環境に対し，企業の社内外のコンピタンスを統合，構築，再編成する能力）"と定義している。対して，Eisenhardt and Martin（2000）は，"The firm's processes that use resources—specifically the processes to integrate, reconfigure, gain and release resources—to match and even create market change. Dynamic capabilities thus are the organizational and strategic routines by which firms achieve new resource configurations as markets emerge, collide, split, evolve, and die.（市場の変化に適応，もしくは市場を変えていくことに対し，資源を統合・再編成・生成・利用するプロセス（製品開発や企業提携））"と定義している。また，能力の主体を経営者に置きトップダウン的に経営資源を変革していくことの重要性について述べるTeeceの考え方（Teece, 2012; Teece, 2014）に対し，Eisenhardt and Martin（2000）やZollo and Winter（2002）は，組織のルーティーン的な活動にも変化に対応する能力が埋め込まれていると考えている。このような定義の曖昧さやダイナミックケイパビリティに対する見解の違いが，競争優位との関係においても違いとして現れている。

　このような，ダイナミックケイパビリティの解釈が研究者によって曖昧となる

要因について，例えば，Helfat and Winter（2011）は，経営環境の変化の程度や経営者の自社資源の認識等，研究に際して定量化が難しい側面もあり，ダイナミックケイパビリティ自体に状況依存的な解釈が残ることを理由として述べている。曖昧さの主なものとして，①環境変化は程度問題として常に起こるものである，②社内の急激な変革かゆっくりとした変化なのか，また新しいビジネスの創造なのか既存のビジネスを変えていくことか，③あるケイパビリティはダイナミックでもオペレーショナルでもある，というように研究者によって認識の曖昧さを排除できない。初期研究者間での定義の違いがダイナミックケイパビリティ自体の曖昧さをもたらし，後続の研究内容の違いにもつながっている。

　このような状況に対し，Peteraf et al.（2013）は，Teece et al.（1997）とEisenhardt and Martin（2000）という，他のダイナミックケイパビリティに関する論文から多く参照されている論文を取り上げ，両理論の統合を試みている。Teece et al.（1997）はダイナミックケイパビリティを早い環境変化に対する能力であり持続的競争優位に貢献すると述べている。一方で，Eisenhardt and Martin（2000）は早い，ゆっくりの両方の環境変化について論じており，早い環境変化はシンプルな意思決定の仕組みが優先され，ゆっくりとした環境変化の中では業界のベストプラクティス的な能力を構築することなので，どちらも持続的とは言えないと述べている。結論として，Eisenhardt and Martin（2000）は一般的なケースを扱い，その中でもTeece et al.（1997）は特別なケースについて取り上げているのではないかと述べている。

31　Makadok（2001）では，業務的なケイパビリティも資源の１つと捉えている。資源の生産性を上げ，また戦略に対して柔軟性があり，最終的な製品やサービスを形作る資源と考えられている。

32　以上の議論は資源を外部から調達できるものと置いているが，資源は市場から調達されるものだけでなはいと考えられる。これら資源の獲得と活用に対する議論は，他の研究領域においても，考え方を同じくする意見が述べられている。例えば，March（1991）は，組織学習の研究において知識の探索（exploration）と，知識の活用（exploitation）の両立が必要であることを述べている。本研究では資源には無形の資源も含まれることを述べている。

　同様の意見として，伊丹（2012）は，「ダイナミックシナジー」という概念で「見えざる資産」による企業成長のメカニズムの説明を行っている。伊丹（2012）

によると，企業は事業活動の結果として生み出される「見えざる資産」を保持している。「見えざる資産の本質はビジネスシステムの実行を通じて生まれる情報（知識，ノウハウ）」であり，経営資源から製品やサービスを生み出す技術となる。そして，ダイナミックシナジーとは，現在の戦略から生み出される見えざる資産を認知し，将来の戦略に有効に使うことで，企業が環境変化の中活用することで長期的な企業の成長につなげることである。伊丹（2012）は，外部から調達できる資源だけでなく，現在保持している資源（財務的な資産も含め）を将来の事業に適合することの重要性を述べている。

33　1997年の論文では，資源ベース論の他に，取引コスト理論，ゲーム理論の融合が試みられている。2007年の論文でも，この視座は変わらない。

34　Teece（2007）では，3つ目の能力について，"reconfiguring" と "transforming" という2つの言葉が使われている。本研究では，論文の概要で述べられている "reconfiguring" という言葉を用いている。

35　"IT Resource"とは，ITインフラ，技術的スキル，ITマネジメントスキル，経営者や事業部門との関係等を示す。技術的側面やスキルについてはコモディティ化が進んでおり，外部から調達可能なものとなっている。

36　"IT Capabilities"とは，IT戦略，ITマネジメント能力，IT活用能力，情報システム構築能力等を示す。自社で開発・保有が必要となる能力であり，市場で取引されるものではない。

第4章 ITと競争力の関係を紐解く論点

4.1. 議論を始めるにあたり

　本書の目的は,「情報システムへの依存度の高い業界で競争力を維持している企業の性質を明らかにすること」である。情報システムへの依存度の高い業界の特徴として,大規模な情報システムへの投資が必要なだけでなく,進化の早いITを利用しているため,競争力を維持するためには繰り返し情報システムへの投資が必要となる。有効なITの取り込みの遅れは他社に対して不利な立場となる可能性もあるため,新たなITを取り込みつつ,競争力を高める形で適切に情報システムの整備を進めていく必要がある。

　このような企業を研究対象とし,ビジネスプロセスの「高密度化」を構成概念に置き,3つの論点を設定することで,結論となる命題を提示していきたい。

　　論点1：ビジネスプロセスの高密度化によりどのように競争力が形成されていくのか
　　論点2：リーダー企業は高密度化の過程で変化の速い先進的ITをどのように取り込んでいるのか
　　論点3：高密度化を通じてどのようにリーダー企業は競争優位を持続していったのか

　議論の流れを予め示しておくと,まず,情報システムに依存度の高い企業における,競争力と情報システムがもたらす業務機能のリアルタイム結合（高密度化）の関係について論じる（論点1）。次に,変化の速い先進的ITへの対応により,ビジネスプロセスの高密度化が進み競争力が高まる要因はどのようなものかを論じる（論点2）。最後に,高密度化の進む情報システムへの依存度の高い業界で,リーダー企業が競争優位を持続する要因はどのようなものかを論じる（論点3）。

4.2. 本書における論点とは

以下，先行研究の成果を踏まえ，事例研究を通じて明らかにすべき各論点の内容を具体的に示す。

(1) 論点1：ビジネスプロセスの高密度化と競争力の関係

3.4.1項で述べたように，資源ベース論では競争優位に対して複数資源の関与が示されている（Black and Boal, 1994; Newbert, 2007; Barney et al., 2011等）。同様に，ITを対象とした資源ベース論の実証研究においても，競争優位の実現には，ITとIT以外の資源が組み合わされることが述べられている（Powell and Dent-Micallef, 1997; Ray et al., 2004 等）。ただし，これら伝統的な資源ベース論のアプローチでは資源は独立した変数であり，これら資源群が，どのように組み合わされて競争優位が実現されているのかを示すまで，議論を深められているわけではない。

本組合せに関して，3.4.2項のケイパビリティ論，ビジネスシステム論のアプローチにおいて，競争優位は，資源と活動が組み合わされた仕組みによってもたらされると述べられている（Stalk et al., 1992; Amit and Schoemaker, 1993; 加護野・井上, 2004等）。さらに，その組み合せにおいて，活動や資源が，戦略および構成要素間で整合性（フィット）を持つことが競争優位を実現するために必要であると述べられている（Porter, 1996; 根来, 2004等）。ただし，これら研究成果では，ITの重要性は認めるものの，資源や活動の組合せにおいてITや情報システムが果たす役割を示すところまで議論が到達しているわけではない。

3.3.2項(2)のデータの組織間利用範囲，3.4.3項のビジネスプロセスと情報システムの関係についての議論を振り返ると，情報システムは業務機能間の情報の流れをコントロールする役割を持ち（Keen, 1993; Spewak and Hill, 1993; Ray et al., 2013等），そのコントロールの仕方によりビジネスプロセスの成果が異なってくると考えられる。特に企業の情報システムへの依存度が高まると，競争力に直接関係するビジネスプロセスが成果を上げるために，業務機能の広い

範囲で,必要な情報が情報システムから適時,かつ正確に利用できるようになっていると考えられる。つまり,これら業務機能群は,情報システムを通じてリアルタイムに結合される必要性が高まると考えられる。

ここで,「リアルタイム」とは,データが複数の情報システムに異なる定義で分散されることなく,入力されたデータが正確かつリアルタイムにビジネスプロセスを構成する業務機能間で利用できることを言う[1]。例えば,トランザクションデータ(受注データや在庫計上データ等)が後続業務に即時伝わったり,集計データ(販売集計データや原価計算データ等)が集計後即時分析に利用できたりすることを言う。また,データをリアルタイムに伝えるために,情報システム内では業務で用いられる情報がコード化され,業務機能間で情報面の整合性が確保されることとなる(手島, 2010)。業務上,必要なデータ(情報)の欠落は,業務機能の効率性を阻害するため,競争力を構成する業務指標に直接的な影響を持つビジネスプロセスにおいては,業務機能群が情報システムによってリアルタイムに結合され,結合された後続業務機能が正確かつタイムラグなく開始できるようになっていると考えられる。

このような情報システムの機能的役割の観点から,企業が競争力を高めるためには,競争力を構成する業務指標に対して,リアルタイムに結合されている業務機能の範囲をうまく調整していかなければならないと考えられる。本書では,競争力に直接関係する業務指標に対してリアルタイムに結合していく業務機能の範囲が広がっていくことを「高密度化」という言葉で表し,論点1では,情報システムによる高密度化の考察を通じ,競争力と高密度化の関係について議論を行う。

論点1:ビジネスプロセスの高密度化と競争力の関係

> 競争力を高めるためには,資源,および活動の組合せや,戦略に対する要素間の整合性が言われている。この整合性をふまえ,情報システムによるビジネスプロセスの高密度化によって,どのように競争力を構成する業務指標が高められているのか?

(2) 論点2：変化の速い先進的ITに対するビジネスプロセスの変化

　ビジネスシステム論では，資源・活動の組合せについて論じられているが，基本的に静的な側面の説明や分析が行われているに過ぎない。そのため，ITのように変化の早い要素が事業の中に組み込まれている場合，企業は，ビジネスシステム，もしくは構成要素であるビジネスプロセスをどのように変化させているのかを明らかにすることが研究上の課題となる。

　同じく，資源ベース論では，模倣困難な資源は外部から調達できないものであり獲得にも時間がかかると述べられており，このような資源を持つことで高い競争力が持続するという議論がなされているが（Dierickx and Cool, 1989; Mata et al., 1995等），本議論も静的な側面を持つ。一方で，急速に進化するITは，同時に急速なITのコモディティ化をもたらし，このような急速な環境変化の時代において，ITは一時的な競争優位しかもたらさないとも言われている（Carr, 2003; Brynjolfsson and McAfee, 2008）。

　このような変化の早いITに対して，本書の分析対象となるリーダー企業は，情報システムへの依存度が高いにもかかわらず長く競争力を維持している。特に近年においては，ITの進化やインターネットの急速な普及により，企業の競争環境が急速に変化している。競合他社が進化の早いITを機会とみている場合，事例でも述べるように，業界全体でITを用いたサービスが短期間に次々と実現されていく。つまり，競争力を維持するためには，企業のビジネスプロセス自体も常に変化している可能性がある。

　論点2では，まず変化の早い先進的ITに着目する。論点1の高密度化の議論をベースとして，リーダー企業は，変化の早いITをビジネスプロセス上にどのように組み込み，ビジネスプロセスの競争力を維持しているのかについて議論を行う。

論点2：変化の速い先進的ITに対するビジネスプロセスの変化

> 　変化の早いITによる競争力は一時的なものだと言われている。そのような変化の早いITを用い競争力を持続するために，高密度化されたビジネスプロセスにおいて，企業は変化の早い先進的ITをどのように取り込んでいるのか？

(3) 論点3：リーダー企業における高密度化の過程と競争優位の持続

　企業が，競争優位を維持するためには，急速な経営環境の変化の中であっても，ビジネスプロセスの競争力を維持していかなくてはならない。そのために，競争上重要となるビジネスプロセスにおいては，他社よりもうまく新たな資源を獲得し，資源の組合せを変化させていく能力が必要となる（Teece et al., 1997; Eisenhardt and Martin, 2000等）。ダイナミックケイパビリティ論では，この変化のための能力として，資源の探索や再構築に関する議論が行われている（Makadok, 2001; Teece, 2007等）。ただし，この変化のための能力によって，資源やビジネスプロセスがどのように再構築されていくのかについては，実際の歴史的な事象を深く分析したうえで議論がなされているとは言えない。

　一方で，情報システム設計方法論の立場から，IT導入や情報システム整備の進め方について多数の議論がなされてきた（3.3.1項参照）。情報システムは経営戦略に沿って整備を進めなくてはならないと述べられており（Kaplan and Norton, 2004; 南波, 2010; Cobit等），また，先進的なITの出現は経営戦略検討のきっかけとなる場合もあると述べられている（Henderson and Venkatraman, 1993）。ただし，これら規範的な研究においては，経営戦略を実現するためにはITの導入が必要であると主張するにとどまり，戦略を実現するために，どのようにITの導入や情報システムの整備を行えば，戦略に有効な形で情報システムが機能するのかを明らかにしているわけではない。

　論点3では，ダイナミックケイパビリティ論，戦略に有効な情報システム整備の議論を補完する目的で，リーダー企業は，高密度化の過程で，どのように情報システムの整備を進めているのかを論じることで，他社に対して競争優位が持続する要因を明らかにする。

論点3：リーダー企業における高密度化の過程と競争優位の持続

> 高密度化の進む情報システムへの依存度の高い業界で，リーダー企業が他社の模倣に対して長く競争力が持続する要因はどのようなものか？

　以上，それぞれの論点について議論を進めることで，「情報システムへの依存度の高い業界で競争力を維持している企業の性質」を明らかにしていきたい。

注■

1 「リアルタイム」に業務機能間でデータが連携されるためには,関係する業務機能が1つの情報システムで実現されていることが望ましい。ただし,例えば設計手法の1つであるSOA（Service Oriented Archtecture）やSOAを実現するためのミドルウェアの発展により,データの連携のために必ずしも1つの情報システムである必要はなくなってきた。また,その発展形として,最近では外部のクラウドサービス上のデータもAPI（APplication Interface）を通じでアクセスが可能となっている。

なお,業務機能が「リアルタイムに結合されていない」とは,例えばバッチ処理等で処理されるまではデータが分散して持たれていたり,またはデータの整合性がないためデータの変換処理が必要となったり,データ投入後に即時データにアクセスできない状態のことを意味する。

第5章 ビジネスプロセス分析手法の提案

5.1. 事例研究(ケース・スタディ)の選択

　本書では,研究手法として事例研究(ケース・スタディ)を採用し,代表事例の歴史的分析を進める。

　事例研究は,多数の説明変数が関係し,かつ被説明変数と説明変数の間に「複雑な因果関係がある」ことを説明する際の研究に適している。また,その歴史的な分析を通じて,説明変数の変化の経路を追うことも可能となる。その中でも代表事例の研究は,理論の構築,もしくは概念的な理論に対する実証基盤が弱い場合に適したリサーチ手法であると言われている(田村, 2006; Yin, 1994)。

　また,事例研究は,リサーチ問題のタイプ,「誰が who」,「何が what」,「どこで where」,「どのように how」,「なぜ why」のうち,「どのように how」,「なぜ why」に適した手法であると考えられている(Yin, 1994)。統計的手法は,「誰が who」,「何が what」,「どこで where」の分析に優れているが,「どのように how」,「なぜ why」は,当事者の意図がからむだけでなく複雑な事象の分析が必要となるため,統計的手法よりケース・スタディ型の事例研究のほうが優れた手法であると考えられている(田村, 2006)。

　ただし,事例研究は標本数が少なくなるため,外的妥当性の評価については意見が分かれる。Yin (1994) によると,いわゆる「統計的一般化」は困難となるが,過去に開発された理論とケース・スタディの経験的結果を比較,追試することで,「分析的一般化」は可能であると述べられている。

　以上の認識のもと,本書では事例研究を研究手法として選択する。資源ベース論やビジネスシステム論では,概念的な理論が提示されているものの,「企業が『どのように』資源群を組み合わせて高い競争力を維持しているのか」について具体的な議論に至っていない。また,IT等による環境変化が目覚まし

い近年において，「なぜ」，「どのように」高い競争力が持続されているのかは，複雑な変数群のそれぞれに精度の高いデータを必要とする統計的手法では説明が難しく，ケース記述による歴史的な考察が事実への接近に有効なアプローチであると考える。

あわせて，本書では，研究領域間の接合を目指している。両研究領域からいくつかの知見を得ることができるが，両理論を組み合わせた状態で，経験的な検証から始めていかなくてはならないと考える。以上からも，ケースを用いた事例研究を研究が適した手法であると考えられる。

5.2. 事例分析手法の設計

事例研究を進めるためには，時間を超えて観察（過程追跡）する必要があり，研究対象の下位の単位について観察する必要がある（田村, 2006）。また，分析者のバイアス（ハロー効果等）をいかに避けるかも課題となる。より手順化された事例分析のためのフレームワークが必要であると考える。

本書では，企業の主力となるビジネスプロセス・情報システム・資源を分析対象としている。その際，ビジネスプロセス・情報システム・資源の関係はどのように表記できるか，既存の分析手法を概観したうえで，本書における分析手法を提案する。

5.2.1 既存のビジネスシステム分析方法とその限界

(1) ビジネスシステム分析手法

ビジネスシステムの分析手法として，主に顧客に向けてどのような事業活動を行っているかを分析するためのPorter（1985）の「バリューチェーン[1]」やPorter（1996）の「活動システム[2]」，事業戦略に対して「財務」，「顧客」，「内部プロセス」，「学習と成長」の4つの階層で指標間の関係性を表記するKaplan and Norton（2004）の「戦略マップ[3]」，また，顧客への価値や差別化と経営資源の活用を分析手法に組み込んだ，加護野・井上（2004）の「P-VAR分析[4]」，根来（2004）の「差別化システム図」が代表的な手法としてある。

これら分析手法の共通点は，活動（業務機能）に着目したものであるが，「P-VAR分析」と「差別化システム図」は，価値・差別化のレイヤーと資源のレイヤーを区別して表記しているのが特徴である。つまり，企業が保有する資源や，財務的な指標に限定されないビジネスシステムの競争力が分析対象として明示的に設定されている。「P-VAR分析」と後述の「差別化システム図」は基本的な構造を同じとするが，本書では資源ベース論をスタート地点として資源と競争力の関係に着目すること，また顧客への価値だけでなく競合との成果の違いを分析対象とすることから，ビジネスシステムの構造を分析対象としている根来（2004）の「差別化システム」を代表例として分析手法を示していきたい[5]。

(2) 差別化システムによる競争力の分析

　差別化システムは，「資源レイヤー」，「活動レイヤー」，「差別化・成果レイヤー」の3つの階層からなり（図5-1参照），ある企業（事業）のビジネスシステム全体から，ある時点の差別化の構造を切り取ったものである。差別化システムでは，3つの階層において，分析対象となった要素が相互に矛盾することなく，三位一体構造で「模倣困難性」がどう実現できているか，そしてどう「模倣困難性」を追求するべきかを分析するモデルである（根来, 2004）。つ

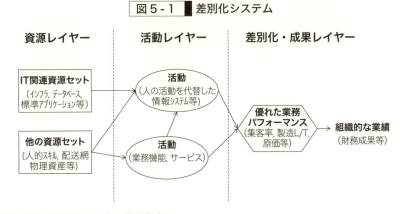

図5-1　差別化システム

出所：根来（2004）をもとに筆者作成

まり，差別化は資源ベース論で言う価値ある希少な資源があれば達成できるものではなく，その資源を使う「活動」によって成立している。「『資源，活動，差別化』という3つのレイヤーの連結性を高めることによって，差別化システムの全体としての模倣困難性はさらに高まる」ことが述べられている（根来，2004）。

差別化システムにおいて，「資源」は蓄積可能な「ストック」であり，設備やIT機器のような有形の資産だけでなく，ブランドや顧客データベース等の無形の資産が含まれる。言い換えると，資源は「その目的を達成するために依存できるもの（Helfat et al., 2007）[6]」として企業が認知しているものが分析対象となると考える。

対する「活動」は，人・組織が行う，または情報システムが支援する「フロー」であり，ある成果を出すために企業内で繰り返されるルーティーン的な特徴[7]を持つ業務機能と言える。図上では，企業内の業務機能や，外部の顧客に向けたサービスを記述することとなる。

「差別化・成果」は競争力を表現する差別化の指標（競争力を構成する業務指標）と，その結果としての組織の成果（主に財務的な成果）からなる。「差別化」は，企業が戦略的に取り組んでいるもので，リードタイムやコストのよ

図5-2　差別化システム比較による競争優位の分析

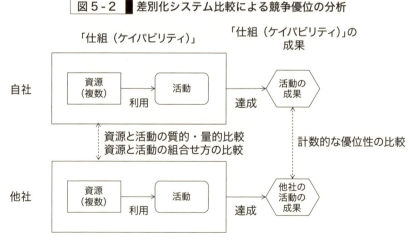

出所：根来（2004）をもとに筆者作成

うな定量的なものだけでなく，サービス品質のような定性的な指標も含まれる。これら差別化の内容をいくつか総合することで，結果として売上や利益率等の成果として現れる。

本フレームワークを用いて競争優位を分析する場合は，**図5-2**に示すように自社と他社の差別化システムを構成する資源や活動の違いを比較することになる。

本分析手法は事業レベルで事例研究を行う場合に有効な分析手法と考えるが，資源と活動の関係に関して，差別化に関連する部分を切り取って示していることから，差別化と関係が弱いその他の要素が省略されている。また，その関係性については分析者の主観を免れないという問題が残り，分析者によって再現性を維持することが難しくなる可能性がある。この問題は，他のビジネスシステム分析手法にも同様のことが言える。

本書では，ビジネスシステムの要素となるビジネスプロセスに着目し，より手順化された分析手法を用いることで分析者の主観性を極力排除していきたい。

5.2.2. ビジネスプロセス分析手法の提案

(1) ビジネスプロセス分析手法

企業の業務は，いくつかの定型的なビジネスプロセスで構成されている。そして，3.4.3項で示したように，繰り返される一連の業務機能がビジネスプロセス上で結合され，ビジネスプロセスとしての成果が表れる。

具体的には，**図5-3**に示すように，ビジネスプロセスは，インプットと成果となるアウトプット，またその間の業務機能（自社以外が行う活動も含む）からなる。業務機能にはその遂行に必要な資源が関係づけられ，逆にデータのような後々の資源につながるものが活動を通じて蓄積される場合もある。そして，業務機能のいくつかは情報システムを活用することで業務そのものや業務間の連結を効率化している。このような，企業が競争上注力するビジネスプロセスについては，一般的には成果を測る指標が設けられており，企業はビジネスプロセス，または業務機能，資源の有効性をコントロールしていくことになる。

図5-3 ビジネスプロセスの分析手法

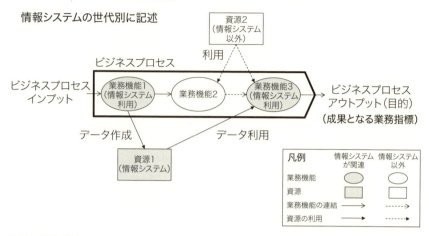

出所：筆者作成

　ここで，ビジネスプロセス分析を行う場合，被説明対象（被説明変数）[8]はビジネスプロセスの成果を示す業務指標（競争力を構成する下位の指標）となり，説明要因（説明変数）はビジネスプロセスを構成する業務機能（自社以外が行う活動も含む），各業務機能で利用される資源（量・質，利用タイミング等），また情報システムの役割（利用個所）となる。なお，情報システムは，業務機能で利用されるだけでなく，情報システムに蓄積されたデータ，およびITインフラは，業務機能から利用されることで資源にもなる[9]。

　また，情報システムは業務機能で必要とする情報や情報の流れをデータとして定型化する役割を持つため（手島, 2010），情報システムに依存度の高い企業においては，ビジネスプロセスが情報システムの世代別に決定されることとなる。ビジネスプロセスを情報システムの世代別に記述することで，歴史的な推移の中でどのようにビジネスプロセス，資源，および成果となる業務指標（競争力）が変化してきたかを示すことが可能となる。

(2) ビジネスシステム分析手法との関係

　先の差別化システム分析手法を例として，ビジネスシステム分析のフレーム

図5-4　ビジネスシステム分析とビジネスプロセス分析の関係

《差別化システム》
高い日販を支える差別化システム(差別化に貢献する要因のみ抽出し構造化)

詳細化：主観性を具体化　⬇⬆　統合：ビジネスシステム全体像の提示

《ビジネスプロセス分析》
高い日販を支える商品販売プロセス(業務機能のつながりを記述)

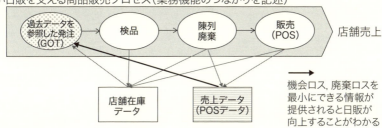

→ 機会ロス，廃棄ロスを最小にできる情報が提供されると日販が向上することがわかる

出所：筆者作成

ワークとビジネスプロセス分析の違いを確認すると，ビジネスシステム分析は，事業全体の競争力を，競争力に強く関連する一部の資源や活動を切り取って図式化する手法であるのに対し，ビジネスプロセス分析は，ある競争力に直接関連するビジネスプロセスに着目し，競争力に直接的には関係しない資源や活動も含めて図式化する手法となる。つまり，ビジネスシステム分析は，企業が持つ競争力をできるだけ網羅的に全体像として示す手法であるのに対し，ビジネスプロセス分析はある競争力を構成する業務指標に着目して構成する要素を網羅的に示す手法である。

図5-4に示すように，ビジネスシステム分析とビジネスプロセス分析は補完関係にある。ビジネスシステム分析からある競争力を抜き出し，資源と活動の関係について，より再現性をもって説明力を補強するのがビジネスプロセス分析の位置づけとなる[10]。

本書におけるビジネスプロセス分式の有効性を付け加えると，企業の一連の業務機能を並べて記述することで，客観的にどのような業務機能（活動）や資

源が競争力に関係しているのかを記述することが可能となる。あわせて，資源がビジネスプロセス上のどのタイミングで利用されるかも，客観的に記述が可能である。そのことにより，複数資源がどのように関係しているかが考察可能となる。

統計的な手法で，複数資源が競争優位に有効であるという結果が出たとしても，必ずしも複数の資源が同じタイミングで同じ組織で使われることを言っているわけではないと考える。統計的な手法や先のビジネスシステム分析では，このような具体的な資源の利用方法やタイミングまで説明することが困難だった。ビジネスプロセス分析を通じて，「異なる組織や異なるタイミングで複数の要素資源が組み合わされ競争力が形成されている」ことを示すことができるようになる。同時に，ある要素資源は複数のビジネスプロセスで利用されることも示すことができるだろう。ビジネスプロセス分析を通じて，個々別々に存在した要素資源を組織，業務機能との関係を示すことにより，複雑な資源と競争力の関係を記述することが可能となる。あわせて，歴史的に記述を進めることで，過去の業務機能や資源との関係，変化の経路も確認することが可能となる。

また，本分析手法では，ビジネスプロセスの具体的な目標となる成果を示す業務指標（顧客数，サービス品質，生産性等）を設定することができる。競争優位を意識して活動している企業は，ビジネスプロセスの成果を意識的に指標化している可能性がある。つまり，本書では厳密な比較まで到達できないが[11]，指標（競争力）に対して，どのようなビジネスプロセスを持っているかを記述することで，競合他社との差別化要因を説明することも可能となる。

以上の理由から，資源と活動の関係性に再現性のある研究成果を得るために，本書の目的でもある競争力を説明する手段として，ビジネスプロセスレベルの分析は有効であると考える。

5.2.3. ビジネスプロセス分析手法の詳細設計

図5-3に示したビジネスプロセスの分析手法を，本書で実際の事例に適応するために，分析対象や分析単位の定義等，詳細な設計を進める必要がある。

ビジネスプロセスの選定方法や記載範囲を含め，業務機能や資源の分析単位について，本書における記述手法を定義する。

(1) ビジネスプロセスの選定と競争力を構成する業務指標

企業が他社と競争力を比較できる競争力指標（成果となる業務指標の上位の指標）を特定し，その競争力指標に直接的に関係する自社のビジネスプロセスを選定する。競争力に関連するビジネスプロセスは影響度の大小によりどこまでも分析範囲が広がってしまうリスクがあるが，本書では，アウトプットが競争力指標に直接関係するビジネスプロセスを抽出し，そのビジネスプロセスが持つ資源，情報システムを共有する業務機能群の範囲で記述を進めることとする。

また，競争力指標（例えば，日販）は，定性的指標も含めたビジネスプロセスレベルの複数の業務指標（商品成約率，発注精度，業務スピード等）に分解することができる。先に選定したビジネスプロセスに関連する業務指標を選定し，評価の対象とする。

(2) 業務機能，資源（資源セット）の記述単位

ビジネスプロセス上の業務機能の記述単位は，事業の下位にある機能レベルの組織（例えば，部レベル），もしくは同一組織であっても異なる目的やタイミングで行われる業務とする。企業により，機能レベルの組織の括りは，部，課等の単位で異なると考えるが，業務機能の目的が異なると判断できる場合は，主観的ではあるが分析粒度に大きな違いがないレベルで記述を分けることとする。

また，本書における資源の記述単位は，機能組織がコントロールする資源群を「資源セット」と呼び，資源セット単位に分析を進める[12]。企業が資産をコントロールする際，事業部以下に営業，マーケティング，生産等で機能単位に組織化を行う，もしくは事業横断的な，研究，情報システム構築・運用，経理，人事等で組織化を行い，各組織が，他の組織の関係性を考慮しつつ，資産に対する投資や利用方法を検討することになる。各組織が独立して管理する個々の有形，無形の資産群を「資源セット」として事例分析を行うこととする[13]。

ここで,「資源セット」という言葉を用いたのは,「資源セット」には異なる種類の資産が含まれているからである。例えば「物流網」と言った場合,括り方によっては大型/小型のトラックや物流センターまで含める場合がある。これは競争力を分析するために,機能組織がコントロールする資産を厳密に分解することにそれほど意味がないと考えるためである。競争力を説明するために,分析者が適切な単位を設定し,分析を進めていくことが望まれる。

(3) 歴史的分析の単位

1.2.1項でも述べたように,情報システムへの依存度の高い企業は,ビジネスプロセスが情報システムの刷新によって変化していく。そのため,本書では,まず世代別の情報システムの分析行い[14],時間軸での記述の単位を決める。その際,本文中では,記載の冗長さを避けるため,世代別の情報システムの用途や主要システム機能を分析し,目的とする競争力を同じくする場合は,まとめて「ステージ」として世代を代表するビジネスプロセス,情報システム,資源セットの記述を行うこととする。

本書では,以上の記述方法で,ステージを代表する情報システムの世代別に,競争力に直接的関係するビジネスプロセス内の業務機能と資源セットを記述することで,競争力に対して複数資源群(資源セット)がどのように組み合わされているかだけでなく,その組み合わせの変化を明らかにしていくことが可能となると考える。また,情報システムが,どの範囲の業務機能を結合しているか,また資源に相当するデータやITインフラ等がどのようにビジネスプロセスと関係しているのかについて分析を進めていく。

以上の手法を用い,以降の事例の記述を進めていく。

注■────────────

1 バリューチェーンとは,企業の活動を主活動(購買,生産,販売等)と支援活動(研究開発,人事,財務等)に分けて記述することで,自社の強みや課題等を分析する際に用いられる。

2 活動システムとは，活動間の関係を示すことにより，活動間，および経営環境に対する整合性を評価するための手法である。
3 戦略マップとは，バランスドスコアカード（Kaplan and Norton, 2004）を作成するために，「財務」，「顧客」，「内部プロセス」，「学習と成長」の4つの視点で要素間の関係を図式化したもの。
4 「P-VAR分析」は，資源，活動システム，価値システム，ポジションの4つの階層からなる。本分析フレームワークは，単なる構造の記述だけでなく，活動システムを，収益力としての収益エンジン，将来の成長のための成長エンジンと位置づけ，事業の仕組みを包括的かつ体系的に提示するものである（井上，2006）。
5 差別化システムによる分析例として，根来・向（2010）によるセブン-イレブン・ジャパンの分析，根来・角田（2009）によるスルガ銀行，松下電器（当時）の分析がある。
6 ここで「資源」は経営資源一般を定義したもので，資源ベース論でいう，価値あり，希少で，模倣困難な属性を持つ資源に限定して言っているわけではない。
7 Becker（2004）によると，ルーティーンは，①パターン化されている（調整されている，安定している），②繰り返される，③個人ではなく組織内の共同的な活動である，④無意識的な側面，努力的に遂行する側面の両方の形態，⑤変化していく，⑥文脈的であり，そのため組織固有なもの，⑦経路依存的，の特徴を持つ。
8 本研究は事例研究の性格上，すべての説明対象，説明要因を定量化できるわけではない。「被説明変数」，「説明変数」という言葉は数値化されたイメージを持ってしまうため，誤解を避けるため「被説明対象」，「説明要因」という言葉を用いた。
9 本研究では情報システム自体も資源の1つであると考える。業務機能を分解していくと，人が行う業務，またそこで利用される情報システム機能に要素を細分化していくことができる。図5-3では，業務機能内の人が行う活動と情報システムの機能を記述上明確に分離していないが，構成要素を細分化することにより，人が行う活動と情報システムを分解して記述することも可能である。
10 本分析手法ですべての資源を記載することは不可能ではないが，煩雑さを避けるため，競争力と関係する資源のみ記述することになる。そのため，どの資源をどの粒度で取り上げるかで，主観性を全て排除できていないことは否定できない。
11 企業が全ての情報を公開しているわけではないので，ビジネスプロセスの比較は困難を伴う場合が多い。また，そこで利用されている資源の質的側面を比較す

ることも難しい。このような欠点は認めるものの，旧来の記述型の分析手法を再現性において一歩進める手法であると考える。

12　分析時点で，資源セットは資源ベース論のVRIN属性を厳密に分析するものではない。ただし，主観性を完全に排除できているわけではないが，ビジネスプロセス上，競争力分析に必要となる経営資源を記述することとする。

13　先行研究でも取り上げた資源ベース論において，資源に対する分析単位が明確に定義されているわけではない。VRIN属性を示したBarney（1991）は，資源は「戦略に沿って企業がコントロールしている物理的，人的，組織的資産」としており抽象度が高い表現となっている。その後の実証研究例でも，分析単位は様々であるが，人的資産やナレッジ，情報システムや組織特性等，企業レベルでコントロールされている有形無形の資産が分析対象となっている。資源の分析単位が大きくなると，競争力を生むメカニズムの説明が抽象化されてしまうため，本研究では事業以下の機能組織と同じレベルで資源の分析を行う。

14　情報システムは業務機能の一部を構成するだけでなく，業務機能とは独立した資源ともなり得る。EAのビジネス（業務内容等），アプリケーション（システム機能等），データ，テクノロジー（ITインフラ等）の4階層のアーキテクチャ要素に情報システムを分解すると，ビジネス，アプリケーションは業務機能を構成するアーキテクチャ要素であり，データ，テクノロジーは資源を構成するアーキテクチャ要素となる。つまり，本研究では情報システムは，業務機能と資源セットの両方に記述されることとなる。もちろん，分析の単位を詳細化すると，業務機能内で人が行う活動と，情報システムが行う機能を分離することができるが，本研究では表記上，これ以上の細分化を行わず同じモノとして表記する。

第6章 事例企業の選定

6.1. 事例企業の選定

　本書では，情報システムへの依存度の高い業界で長くリーダーである企業を研究対象とし，その競争力が維持される要因（企業が持つ性質）を明らかにすることが目的となる。研究対対象として，情報システム・ビジネスプロセス・資源の関係，および環境変化に対する競争力の持続が研究の着眼点となる。

　企業の選定に際しては，本書における「情報システムへの依存度の高い業界」の定義である「製品やサービスの改善・革新のために，リーダー，およびそれに準じる企業が継続的に情報システム投資を行っている業界（1.2.1項の定義より）」からリーダー企業を選定する。

　具体的には，事業を進めるために，事業開始当初から継続的に大規模なIT投資が行われている業態から，経営環境の変化を通じて，競争力を維持し長期リーダーである企業を選定する。特に，情報システムへの依存度が高い企業における大きな経営環境の変化として，1990年代のオープン化の流れ，2000年代のインターネットの普及等，ITによる大きな環境変化が挙げられる。これら環境変化を通じてリーダーの地位にある企業を選定する[1]。

　本書では，研究対象としてセブン-イレブン・ジャパン（以下セブン-イレブン）のコンビニエンスストア事業（以下，CVS）とヤマト運輸の宅配事業を取り上げる。これら2つの企業を取り上げた理由として，事業開始以来継続して業界をリードする企業であると同時に，以下の3点が挙げられる。

① **情報システムへの依存度と継続的なIT投資**
　両企業とも，大規模な情報システムの刷新を5年程度のサイクルで行っており，事業を進めるために情報システムが不可欠であるだけでなく，情報システ

ムが同業界における他社との競争上重要な要素となっていると言われている。特に分析対象となる主要ビジネスプロセスに先進的なITを用いた情報システムの整備が進められている。

② 強力なライバル企業の存在

両企業とも強力なライバル企業が存在する。セブン-イレブンには，創業時からローソン，ファミリーマートというライバル企業がいる。また，ヤマト運輸の宅配事業には，1990年以前の日本通運（ペリカン便事業），2000年以降の佐川急便（飛脚宅配便事業）がいる。常に激しい競争にさらされているが，事業開始当初から常にリーダー企業の地位にある。また，業界のリーダーに準じる企業も，積極的に情報システムへの投資を行っている。

③ 大きな環境変化

両企業とも，いくつもの経営環境の変化を乗り越えてリーダー企業としての地位を維持している。両社とも1970年代に主力事業をスタートさせていることから，IT面では，1990年代のオープン化の時代や2000年以降のインターネット普及等，IT面の環境変化の影響を受けている。

またセブン-イレブンは，小売業規制に対する制度面の変更にうまく対応するだけでなく，自らが仕掛けて競争で先行している。創業時は，企業間のネットワークの構築や共同配送の推進，2000年以降では銀行への参入や独自ブランド商品の展開など，他社をリードして様々施策を打っている。

対するヤマト運輸は，インターネット通販の拡大時期に，ITを利用したサービスで佐川急便に後れを取ることになる。危機的な状況から情報システムの整備方針の変更が行われ，逆に差を広げることで宅配業界を常にリードする地位にある。

6.2. 調査方法

事例企業のケース作成に際し，主に，一次情報として，インタビュー，内部資料の閲覧のほか，二次情報として，社史，IR資料等を利用した。また，両

社とも，過去の競争環境やライバル企業の動きを確認するために，書籍や雑誌等の編集記事も参考にしている（巻末の**Appendix.a**，**Appendix.b**参照）。

インタビュー内容は，経営課題に対してITをどのように活用してきたか，また各世代の情報システムの内容や具体的施策，情報システム構築に関わる組織的な取り組みや課題である。

▶ セブン-イレブン

① 1名の方へのインタビュー
　　創業当初から2004年まで情報システムの企画・構築に関わり，2000年以降はCIO（Chief Information Officer：情報統括役員）を務める
② 上記の方が講義，講演で利用される資料の入手
　　第5次総合店舗情報システムを中心とした資料
③ IR資料，企業ホームページ
　　過去の情報システムの機能やサービス内容，計数の確認に利用

▶ ヤマト運輸

① 近年情報システムの企画・推進に関わる2名の方にインタビュー
　─2000年以降のIT戦略立案の責任者
　　入社当初から情報システムに関わり，2010年～2012年にCIOを務める
　─2000年以降，実務的にIT戦略を立案し推進した人物
② 第6次NEKOシステム，第7次NEKOシステムの企画資料
③ IR資料，企業ホームページ
　　サービス内容，計数の確認に利用

なお，分析企業と競合企業の間には公開された情報量の差が大きく，過去を含めて同等の情報を入手することはかなりの困難な状況にある。研究に際しては，その欠点を理解しつつ，得られる情報の範囲で，客観的に述べられる範囲にとどめて考察を進める。

注■————————

1 分析対象として,例えば,近年インターネットの発展を機会として創業したような,比較的歴史の短い企業は対象としない。何度かITの進化に伴う影響を受けてきた,1990年以前からリーダーである企業を選定する。

第7章 セブン-イレブン・ジャパン
——連続的な変化が生む競争力

　最初に，セブン-イレブン・ジャパン（以下，セブン-イレブン，またはSEJ）の事例を取り上げる。

　セブン-イレブンは，1985年以降と2000年以降に大きく取り組み内容や情報システムの変化が見られる。事業の概要，競争環境に触れた後，ビジネスプロセスの変化の過程を3つのステージに分け，それぞれのステージで，競争力に対してビジネスプロセス，情報システム，および資源セットがどのように組み合わされているか考察を行う。

　考察を通じ，セブン-イレブンは，競争力に対し繰り返しビジネスプロセスを高密度化していくことで競争力を持続していることが理解できる。

7.1. セブン-イレブン・ジャパンの事業の概要

　セブン-イレブンは，1973年米国サウスランド社（現・7-Eleven, Inc）から日本国内におけるライセンス契約を受け事業を開始する[1]。当時は大型店に対する規制も厳しく，対する中小小売店は生産性が低いという環境にあった。中小小売店との共存共栄，流通業の近代化を目指し，親会社のイトーヨーカ堂とは独立した事業としてスタートを切る。

　1974年5月に東京都江東区に第1号店を出店し，1975年に24時間営業を開始，1976年には出店数が100店舗を超える。その後順調に店舗数を拡大し，2017年2月末時点で，沖縄を除く全都道府県に出店し，店舗数が19,422，チェーン売上45,156億円となる[2]。セブン-イレブンは店舗数，チェーン売上とも，創業時より常にリーダーの地位にある。

　店舗は，約100平方メートルと小さなもので，そこに約3,000点の商品が陳列されている。商品の販売だけでなく，電気代などの料金収納代行，宅配便の受付，ATMの設置等，時代が必要とする様々なサービスが追加されている。そ

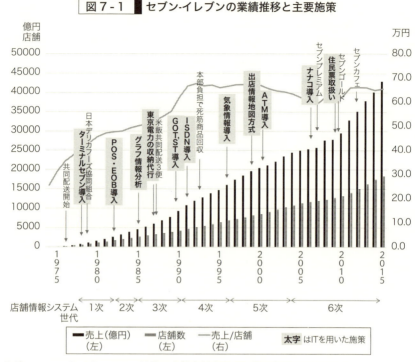

図7-1 セブン-イレブンの業績推移と主要施策

出所:セブン-イレブンのHP,沿革,決算資料をもとに筆者作成

れに伴い,創業時の「近くて便利」から「暮らしを支える生活インフラ」へと店舗自体の位置づけも変化している。

図7-1にセブン-イレブンのチェーン全体の売上,店舗数,日販の推移,および主要な施策を示す。

セブン-イレブンは,創業時から,他のCVSチェーンに先駆け,様々な特徴的な取り組みを行ってきた。CVSチェーン運営の見本となり,他のCVSチェーンが追従している施策も多い[3]。以下に,セブン-イレブンで行っている重点的な取り組みをまとめる[4]。

(1) フランチャイズ中心の運営――CVSチェーン全体の特徴
(2) 荒利分配方式による利益重視の経営――CVSチェーン全体の特徴

(3) ドミナント出店(高密度集中出店)――セブン-イレブンの特徴(特に初期)
(4) 共同配送システム――セブン-イレブンの特徴(特に初期)
(5) チームMD(メーカー・ベンダーとの商品共同開発)――セブン-イレブンの特徴
(6) 直接コミュニケーション(経営者の情報発信)――セブン-イレブンの特徴
(7) 様々な生活サービスの提供――CVSチェーン全体の特徴

(1) フランチャイズ中心の運営

セブン-イレブンは直営店をほとんど持たず,基本的に店舗はフランチャイズ方式となる。

セブン-イレブンでは,店舗との関係ついて,「セブン-イレブン独自のフランチャイズ・システムは,加盟店様と本部が明確な役割分担に基づき対等なパートナーとして行う共同事業」[5]としている。つまり,加盟店は独立採算制となり,人,物,金のマネジメントは店舗に任されている。セブン-イレブンの優位性の源泉といわれる,「仮説－検証」による発注の権限と責任が店舗にあるのが特徴である。

本部は店舗経営に必要なサービスを提供している。主に商品,物流,情報システム,設備等に対する支援を行う。契約条件が厳しいにもかかわらず(後述の「(2)荒利分配方式による利益重視の経営」参照),店舗経営者が他のCVSチェーンでなく,セブン-イレブンを選択する理由として,知名度や平均日販の要素も大きいが,これらの本部サービスが充実していることも要因であると考える。

(2) 荒利分配方式による利益重視の経営

セブン-イレブンは1973年の創業当初から,荒利分配方式を採用している。この利益重視の考え方は,フランチャイズ・システムの導入先であるサウスランド社からオープン・アカウント・システムを導入したことに始まる。

セブン-イレブンの荒利分配方式は,店舗の売上から売上原価を引いた売上

総利益(荒利)に対してチャージを行う[6]。商品の廃棄が発生した場合,店舗の経費となりオーナーの受け取る利益が減少する。そのため,店舗の発注が消極的にならないように,魅力的な商品の開発や,店舗指導員による情報提供が重要となる。

(3) ドミナント出店(高密度集中出店)

セブン-イレブンは特定の地域に集中して出店を行うドミナント出店戦略をとっている。1974年の創業当時,一号店である豊洲店を出店した後,鈴木敏文専務(当時)は,「江東区から一歩も外に出るな」と命じていた[7]。また,創業当初は,都心の商店街を中心に出店したこと,酒店が多かったことも出店の特徴として挙げられる[8]。

ローソン,ファミリーマートは,早くから日本の全都道府県に出店したのに対し[9],セブン-イレブンが沖縄を除く都道府県に出店したのは,2015年の高知県,青森県,鳥取県への出店まで待たねばならない。創業時から一貫して地理的に分散した出店を行わない方針を採っている。

セブン-イレブンはドミナント店舗網を自社の強みと述べており,具体的なメリットとして,物流効率の向上,チェーン認知度の向上,経営相談サービスの質の向上,差別化された商品開発が可能,お客様の来店頻度の向上,広告・販売促進の向上等を挙げている[10]。

(4) 共同配送システム

初期のセブン-イレブンでは,小規模な店舗に対する多頻度小口配送を実現するため,店舗別小分け,年中無休,定時配送,欠品への対応という問題をクリアしなくてはならなかった。これら問題を解決するため,1976年より共同配送の取り組みを開始する。以降,取引先の集約化,商流と物流の分離,発注データのオンライン化,多頻度小口配送等の施策を実行し,納品車両台数は,当初の1日70台から2005年の段階では9台に削減されている[11]。これにより,コスト面だけでなく環境面にも配慮した効率的な物流システムとなっている。

現在は,独自の「温度帯別共同配送」の物流体制が組まれている。店舗からの発注についても,生産工場,物流センターにオンラインで結ばれ,工場で計

画的に生産された商品が，最適な温度帯ごとに共同配送センターから店舗へと，需要ピーク時間帯に合わせてタイムリーに配送される仕組みとなっている。

(5) チームMD（メーカー・ベンダーとの商品共同開発）

　セブン-イレブンは店舗商品約3,000品目の内，毎週100品目を新商品に入れ替えており，年間では70%の商品が入れ替わっていると言われている[12]。この商品開発を支える仕組みがチームMDである。

　セブン-イレブンは，1980年あたりから品揃えの方向性を固めており，おでん，おにぎりなど日本型「ファスト・フード」を中心に販売を開始している。その後，協力ベンダーとの共同開発により弁当等の商品を増やしているだけでなく[13]，各地域の特性を生かした地域対応商品も販売している。また，1979年には，商品の品質管理を目的とし，大手の米飯ベンダーを中心とした日本デリカフーズ[14]を発足している。日本デリカフーズの主な役割は，生産体制，品質管理のチェックであったが，現在はチームMDを支える組織となり，商品開発の要となっていく[15]。

　オリジナル商品の開発については，初期の段階では，弁当やおにぎりなどが中心となり，中小総菜ベンダーと商品開発を行っていた。しかし，1985年前後から店舗数が急拡大したこと，配送を一日三便制へ移行を始めたことから，既存の惣菜ベンダーだけでは配送コストの増大による採算割れ，新規メニュー開発力などで限界があった。セブン-イレブンでは大手のメーカーを巻き込みながら商品開発，商品供給を行うようになる。メーカーのブランドを付けながら，セブン-イレブンでしか販売していない商品[16]もいくつかあり，店舗の魅力を増していった。なお，共同開発に際して，セブン-イレブンは大手メーカーにも専用工場を要請しており，1984年のキューピーを皮切りに，ハウス，プリマハム，味の素等が，セブン-イレブン専用工場に投資を行っている[17]。

　それまでの商品開発は，特定ベンダーやメーカーとの共同開発であったが，1990年代後半から複数のベンダー，メーカーがチームを組んで商品開発を始める[18]。これら1990年代後半から始まった，セブン-イレブン独自商品開発（チームMD）の仕組みをベースとし，さらに2007年からは，商品構成の約25%を占める加工食品，約13%を占める日配品において，メーカーとの共同開発による

独自ブランド「セブンプレミアム」の販売を開始する。「セブンプレミアム」における商品開発では，トップメーカーとの共同開発によりオリジナル商品の導入を積極的に行っている。チームMDでは，理想となる商品を開発するために[19]，メーカーの持つ技術力とセブン-イレブンのマーケティング力がフルに活用されていると言われている[20, 21]。

セブン-イレブンにおいて，商品開発におけるPOSデータの役割も重要である。「チームMDにおいては，POSデータをはじめとするセブン-イレブンの店頭情報や市場動向から仮説を立て，国内外のメーカー・お取引先，物流企業の専門的な情報やノウハウをかけあわせて，フィードバックをくり返しながら新商品を開発します。素材の選出から供給ルート，生産ラインの計画・確保まで，それぞれが強みを発揮することで魅力的な商品が生まれるのです」[22]としている。1商品当たりの売上規模の大きさだけでなく，開発前の検討段階，テストマーケティングにおける検証段階で，国内で最大規模となるPOSデータを利用できることから，メーカーにとっても販売チャネルとして大きな魅力となっている。

⑹ 直接コミュニケーション（経営者の情報発信）

セブン-イレブンでは創業当初より，ダイレクト・コミュニケーションを重視しており，トップの意思を末端まで徹底して伝えることに注力している。そのために，経営者，ゾーン，OFC（オペレーション・フィールド・カウンセラー，店舗経営相談員），店舗等の間で，直接的なコミュニケーションを行うことが重視されている。

主な会議体やコミュニケーションは以下の通り[23]。

- マネジャー会議（月曜日）：現場の問題点洗い出し
- FC会議（火曜日）：全国のOFCが集まり，営業の施策，改善点を報告
- ゾーン・ミーティング（火曜日）：担当地区に分かれて営業戦略説明
- 加盟店説明（週2回）：具体的な店舗へのアドバイス

ダイレクト・コミュニケーションにおいてOFCの果たす役割が大きい。OFCは1人で7〜8の店舗を担当しており，週に2回ほど店舗を訪問する。初期のOFCの役割は，伝票回収や店舗会計指導など，業務の支援的な仕事

が強かったが，情報システムの進展により，情報システム活用の指導や発注のアドバイスに役割が変化している。現在は，きめ細かな店舗の経営指導を行うまでになっている。

　ここで注目すべきはOFCの指導力と日販の関係である。セブン-イレブンでは廃棄ロスは，店舗の経費として計上されるため，発注者は過去に売れた商品を中心としたリスクの少ない発注を行う可能性がある。OFCが積極的に情報を提供することにより，新しい商品の採用や地域にあった品揃えが可能となる。OFCの指導力は，機会損失を減らし，日販を上げるために重要な役割を持つと考えられており，他のCVSチェーンにおいても店舗の積極的な発注を促進するために，店舗指導員の強化を重要課題としている。

(7) 様々な生活サービスの提供

　セブン-イレブンでは，商品以外に多様なサービスを提供している。1981年の宅急便，1987年に東京電力と協力して開始した料金収納代行サービス，また，2001年には，アイワイバンク（現セブン銀行）を通じて24時間利用できるATMの設置，2010年住民票への対応等，多様なサービスの提供を行っている。また決済手段についても，2007年に独自電子マネーのnanaco，2010年にクレジットカード対応，2011年に交通系電子マネーへの対応を進めている。

　このようなサービスは，消費者に利便性を提供できるだけでなく，サービス提供企業のメリット，また店舗の信用面，集客面に貢献していると考えられる[24]。料金収納代行やATM等，いくつかのサービスについては実際の利用数も，大規模なものに成長している[25]。

7.2. セブン-イレブン・ジャパンの競争環境

　国内で全国的に展開しているCVSチェーンのトップ3社は，セブン-イレブン，ローソン，ファミリーマートとなる[26]。**図7-2**に創業以来のCVSチェーン3社の店舗数，**図7-3**に平均日販，また**図7-4**に，この10年間の平均顧客数と平均顧客単価の推移を示す。

　3社は，直営店ではなくフランチャイズ形式で全国にチェーン展開している。

セブン-イレブンは常に安定した出店を続けているが、他のチェーンは合併や資本関係の変更に伴う出店の波があることが分かる。それでも、3社の店舗数は、現在10,000を超える規模に成長している。

CVSチェーンの競争力を表す1つの指標として、店舗の平均日販（店舗当たりの1日の平均売り上げ）がある。図7-3に示すように、この10年間、セブン-イレブンが60万円〜68万円の高水準を維持しているのに対し、ローソン、ファミリーマートは50万円弱となり、その差は20%近くある。さらに、日販を顧客数と顧客単価に分解すると、図7-4に示すように、平均顧客数、平均顧客単価ともセブン-イレブンが他CVSチェーンを上回っていることがわかる。このことから、商品の魅力[27]、店舗サービスに対する満足度が他のチェーンと比較して高いことがわかる[28]。結果として、競争力の差がチェーン全体の売上や店舗数等の規模にも現れている。

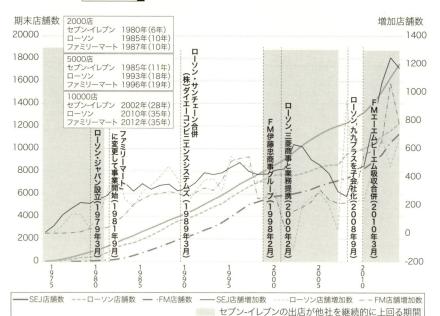

図7-2　CVS3社の店舗数と店舗数増減数の推移

出所：各社のニュースリリース、HP資料をもとに筆者作成

第7章 セブン-イレブン・ジャパン──連続的な変化が生む競争力　95

図7-3　CVSチェーン3社の平均的な日販[29]の推移

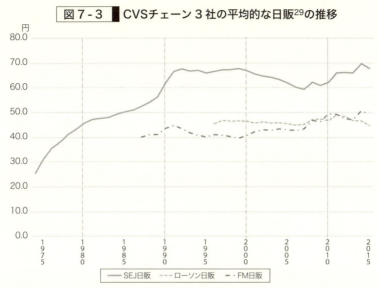

出所：各社のニュースリリース，HP資料をもとに筆者作成

図7-4　CVSチェーン3社の平均客数・平均顧客単価の推移[30]

出所：各社の決算資料をもとに筆者作成

他のCVSチェーンについては，日販を算出するための情報が全ての年で公開されているわけではないが，過去においてもセブン-イレブンは他CVSチェーンに対して高い日販と考えられており[31]，継続して高い競争力を持つCVSチェーンであると言える。

その理由の1つに，セブン-イレブンの施策は，他のCVSチェーンに先行する形で進められてきた（IT面の施策については**表7-1**を参照）。他のCVSチェーンもセブン-イレブンを模範とし，様々な施策を追従する形でチェーンの運営が進められてきた[32]。

ただし，2000年以降のITを利用した施策においては，必ずしもセブン-イレブンが先行しているわけではない。表7-1に各CVSチェーンのITを利用した施策実施時期を示す。公開されている範囲では，2000年以前においては，POSや企業間ネットワーク等で，数年，またはそれ以上セブン-イレブンが先行していた。それが2000年以降になると，セブン-イレブンはATMやポイントカード等で，他のCVSチェーンに後れを取るケースがいくつか発生している。セブ

表7-1　CVSチェーン別　ITを利用した施策実施時期の比較

主な施策	セブン-イレブン	ローソン	ファミリーマート
オンラインによるベンダー発注	1979年	1981年	1980年
POSの導入	1982年	1988年	1990年
店舗PCでの販売情報分析	1985年	(不明)	1994年
代金収納のスタート	1987年	1989年	1991年
検品用スキャナー	1990年	(不明)	1994年
ISDN導入	1991年	(不明)	1993年
店舗端末	1999年(多機能コピー機)	1998年(Loppi端末)	2000年(Famiポート)
ATM設置	2001年	2001年	1999年
ポイントカード	2006年(nanaco)	2002年(ローソンパス) → 2010年(ponta)	2004年(ファミマカード) → 2007年(ファミマTカード)
電子マネー	2006年(nanaco)	2007年(Edy, QUICPay)	2007年(Edy, iD)
交通系カード対応	2011年	2009年	2004年
Wi-Fiサービス	2012年	2012年	(不明)

セブン-イレブンが先行　　他CVSチェーンが先行

出所：各社の沿革，ニュースリリース等をもとに筆者作成

ン-イレブンは，ITを利用した施策で，必ずしも2000年以前のように先行しているわけではない。

それでも，現時点ではサービスの内容に大きな違いがあるわけでなく，また，顧客の満足度に差が発生しているわけではない[33]。施策の取り組み時期が前後しているが，セブン-イレブンとの競争力（平均日販）の差が縮小しているとは言えない。

7.3. セブン-イレブンにおける世代別ビジネスプロセス

7.3.1. セブン-イレブンにおけるビジネスプロセス分析の枠組み

本事例では，競争力の評価指標を店舗当たりの「平均日販（以下日販）」に置く。日販は各社が競争力を測る一指標としてIR資料等に公開されている。日販はチェーン全体の売上に貢献するだけでなく，優良な店舗オーナーを引き付ける重要な指標でもある。本書でも日販を競争力を測る指標として取り上げる。

本章で日販の分析を進めるために，店舗の「発注～販売ビジネスプロセス」を中心とした考察を進める。本ビジネスプロセスには，顧客に魅力ある商品を発注し販売するという，日販に直接関係する重要な業務機能が含まれている。また，後の事例で述べるように，ビジネスプロセスの成果を，競争力の評価指標である日販を分解する，「発注精度（売れ筋の品揃えと機会損失の低減）」，「利便性の高いサービス」を分析の視点（重視する業務指標）に置くことができる[34]。

また，発注～販売ビジネスプロセスは小規模店舗で日々の効率的な運営を行うために，自社，他社を含めて関連するビジネスプロセスとの情報連携が必要となる。そのため，発注～販売ビジネスプロセスは，店舗情報システムとして，他のCVSチェーンも含め，継続的に情報システムの投資が行われている領域である。セブン-イレブンでは，1978年の第1次店舗システム以降，5年程度のサイクルで大規模な情報システムの刷新を行い，現在第6次総合店舗情報システムにて店舗運営を行っている。近年，刷新の期間は長くなっているが，多数のIT面の施策が並行して進められている状況である。

また，IT投資額も大規模なものとなる。例えば最新の第6次総合店舗情報システムは約500億円の規模になる[35]。セブン-イレブン以外のグループ企業共有部もあるが，当時のチェーン全体の売上高が約2.5兆円となるため[36]，国内企業のIT予算（維持も含めた年間支出額）が平均して売り上げの1％弱と考えると[37]，平均的な企業と比較して多額のIT予算が組まれていることがわかる。

事例の分析は，情報システムの世代をもとにビジネスプロセスの大きな変化を伴う3つのステージに分けで考察を進めていく。

本書では，ビジネスプロセスの大きな変化期を，初期の「CVSシステムの確立期」，商品だけではない「サービス多様化と利便性の追求期」，また近年の「IT面での他CVSチェーンとの競争期」に分けた。それぞれのステージで，様々な環境変化に対応しているだけでなく，新たなITを取り込み，情報システムを刷新していくことで競争力を高めている。これら3つのステージにおける代表的な情報システムと発注〜販売ビジネスプロセスについて考察を行う。

① 〜1985年：CVSシステム確立期

　　ドミナント出店，共同配送，POSによる単品管理等，初期の重要な施策により効率的にCVSチェーンを運営するためのフランチャイズ・システムが整備される

② 1985年〜2000年：サービス多様化と利便性の追求期

　　データを基にした「仮説-検証」発注だけでなく，独自開発商品，料金収納代行等のサービスの多様化が始まり，1990年初期に日販が20％程度向上する

③ 2000年〜：IT面での他CVSチェーンとの競争期

　　ATM，決済端末，電子マネー，SNS対応等，他のCVSチェーンと時期を前後する施策への対応と，グループの競争力を活用するための情報システム整備やオリジナルブランド商品開発（セブンプレミアム）を実施。

図7-5　第1次店舗システム（～1982年）

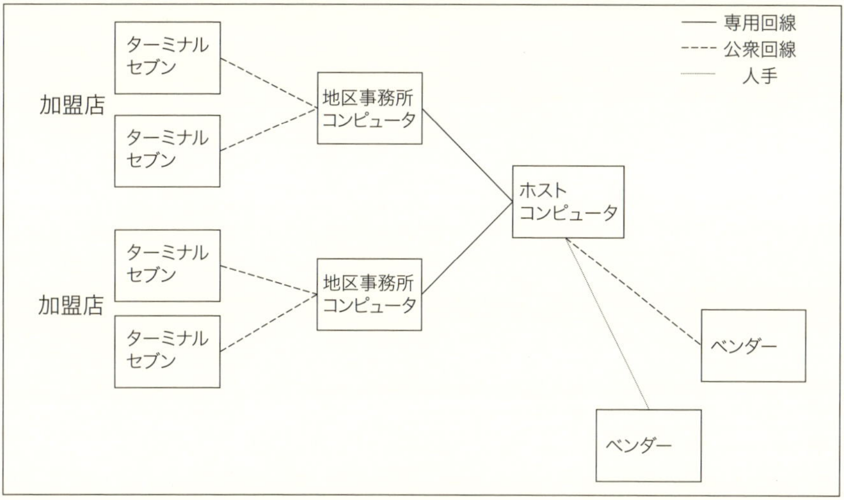

出所：石川・根城（1998），社史等をもとに筆者作成

7.3.2. ～1985年：CVSシステム確立期

　セブン-イレブンは1974年5月に東京都江東区に第1号店を出店し，1976年には出店数が100店舗を超えることになる。小規模店舗で保持できる在庫も少ないことから日々商品を小口で発注する必要がある。そのため，店舗数が増えると，日々の発注を電話や手作業で行うことは業務上かなりの無理が生じてきた。セブン-イレブンは日本電気と共同で安価[38]な発注端末「ターミナルセブン」の開発（1978年）や企業間のネットワーク[39]の整備（1980年）を進める（第1次店舗情報システム，**図7-5**参照）。ターミナルセブンはペン型のバーコードリーダーにより，発注用のオーダーブックから商品コードを読み取ることで，店舗から電子的に発注ができる情報システムである[40]。共同配送（1987年開始）の推進もあり，電子的な発注は多店舗からの多頻度小口配送に向けた省力化を実現している。これらの活動は，発注労力の省力化や単純な発注ミスの低減だけでなく，結果として坪当たりの売上や在庫回転率の向上にも貢献している。

| 図7-6 | 第2次総合店舗情報システム（1982年〜1985年）

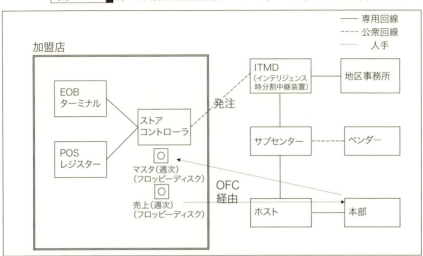

出所：石川・根城（1998），社史等をもとに筆者作成

　1982年には，その後の他CVSチェーンにも共通する，店舗情報システムの基本形となるPOS（Point Of Sales）端末[41]と発注端末EOB（Electric Order Book）が導入されることになる（第2次総合店舗情報システム，図7-6参照）。本情報システムの整備を通じて，単品別の売れ筋商品を把握することができるようになっただけなく，EOBを用いて売り場で商品の販売状況を確認しながら発注することが可能となる（単品管理の始まり）。
　当時，他の小売業界でもPOS端末を導入している企業は少なく[42]，当初は，鈴木敏文社長（当時）からも商品管理のための基礎ができておらず，「導入のためのバックグラウンドがまだ整備されていない」[43]とされ，POSの導入を見送るという方針が一度は示される。ただ，その数か月後には，CVSチェーンの競争力向上のために，再度POS導入を進める方針が出される[44]。
　当時，POSを利用するためには，取引先に商品すべてにバーコードの印字（ソースマーキング）を依頼する必要があった。POS導入当初は，バーコード印字の比率も低かったが，取引先に粘り強くソースマーキングを要請することにより，徐々にマーキング率が増えていくこととなった[45]。POS導入の狙いを

図7-7　発注〜販売ビジネスプロセス（1985年以前）

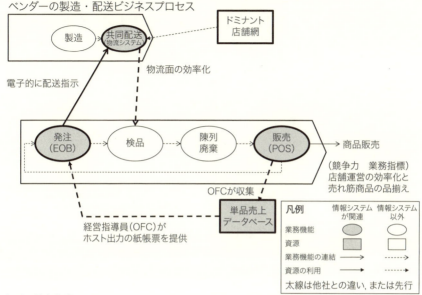

出所：筆者作成

実現するため，単なる機器の導入に留まらず，組織的な活動と合わせて進められた。

また，EOBは売り場で販売状況を確認しながら商品を発注できるハンディーターミナルである。POSと合わせて一品一品の対応（単品管理）が可能となり，発注精度が格段に上がることになる。これにより，在庫回転率と日販が急速に改善することとなる。

この時代，第2次総合店舗情報システムの整備だけでなく，共同配送，ベンダーからの商品供給面についても情報システムの整備が進められ，効率的なCVSチェーンの運営を行うための仕組みの原型が整備されていくことになる。図7-7に本ステージにおける発注〜販売ビジネスプロセスを図示する。

発注〜販売ビジネスプロセスは，発注，検品，陳列，販売の4つの業務機能からなる。ベンダーとの情報連携も含めた発注の仕組，また決済だけでなく商品補充（発注）のために必要な情報を提供するPOSの導入により，発注〜販売

ビジネスプロセスが業務機能単位で効率化されることになる。また，創業当初から店舗は地域に密集する形で展開されており，これが共同配送も可能とした。

ただし，POSはまだ，効率化を支援するもので，売上データはOFCが店舗を回って収集しなくてはいけないだけでなく，売上データベースは数字が羅列した紙面の帳票ベースで店舗に提供される状況にあった。EOBにより売れ行きに応じた商品の補充が行われるものの，単品の販売情報はうまく利用されず店舗オーナーの経験や勘に頼る部分が多分にあった。それでも，この間に日販は40万円前後から50万円前後まで伸びを見せるだけでなく，店舗の在庫回転率や荒利の大きな改善がみられる[46]。

他のCVSチェーンはCVSシステムの整備に遅れがみられる。ローソンは米国の店舗フォーマットをそのまま日本に導入してしまったため事業がうまく成長できず，「新生ローソン」として現在のCVSチェーンを開始するのは1979年からになる。またファミリーマートは1973年に試験的に導入したもののCVSチェーンの本格展開が進まず，正式にファミリーマートを設立したのは1981年になる。1985年2月度末断面では，店舗数は，セブン-イレブン，ローソン，ファミリーマートがそれぞれ，2,651店舗，1,965店舗[47]，767店舗となる。

このような背景もあり，CVSシステムとしての基盤整備については，他のCVSチェーンはセブン-イレブンに後れを取る形となり，例えば1985年段階ではPOS端末は他CVSチェーンには未導入であるだけでなく，共同配送もセブン-イレブンが1976年に開始したのに対し，ローソンは1980年になる。本段階では各CVSチェーンのチェーン売上は公開されておらずCVSチェーン間の日販の比較は難しいが，チェーン業務の効率や成熟度等，店舗数拡大に向かうセブン-イレブンと他のCVSチェーンでは競争力に差が発生している状況にあると言える。

7.3.3. 1985年〜2000年：サービス多様化と利便性の追求期

1985年，第3次総合店舗情報システムが整備され，新型POS[48]に顧客の性別・年齢層を把握するテンキーが追加されると同時に，店舗バックヤードで売り上げ状況を分析するための「グラフ情報分析コンピューター[49]」の導入が進めら

図7-8　第3次総合店舗情報システム（1985年～1990年）

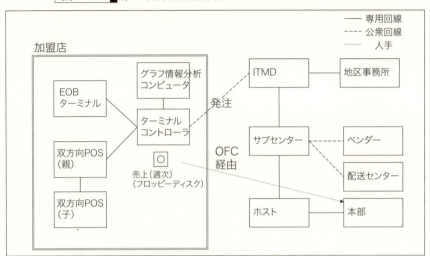

出所：石川・根城（1998），社史等をもとに筆者作成

れる（**図7-8**参照）。

　それまで店舗の販売データは，本部で出力された帳票形式の数値情報であり，それらの数字を読みこなして十分に活用することは難しかった。そのため，必ずしもすべての加盟店で情報の活用が行われているとはいえなかった。グラフ情報分析コンピューターでは，販売データがグラフで表示できるようになり，販売状況を直観的に把握しやすく，店舗における販売データの活用が本格的に開始されるようになった[50]。

　また，この時期から料金収納等の多様なサービスがスタートする。料金収納は1987年の東京電力に始まる。年中無休・長時間受け付け可能な料金支払い窓口のニーズに対応するため，都心で大規模に店舗を展開するセブン-イレブンに声がかかり，そのための仕組みが整備される。これら仕組みを実現できた理由として，POSのバーコードリーダーや大規模な通信網（総合情報ネットワーク）がすでに整備されていたことが大きい。これら情報システム関連の資産が，その後多数の企業に展開されていく料金収納サービスの拡大に大きく寄与することとなる[51]。

この時代，セブン-イレブンは，専用の配送センター，配送車を一切持っていないが，精度の高い計画的配送システムを作り上げている。セブン-イレブンで開発したコンピュータのハードウェアおよびソフトウェアが，取引のあるベンダーに貸与され，社外の事業者でありながら，セブン-イレブンと一体となり仕事ができる仕組が構築されていく。具体的には，端末，POSラベルプリンター，仕分け機等がベンダーに貸与されている。外部企業を含め，同じ質のサービスレベルで関係者が動き，精度の高い業務とコストダウンが両立されることとなる[52]。

　同時に，商品開発についても食品メーカーとの協力関係を築いていく。1979年に取引関係のある中小米飯ベンダーを中心に日本デリカフーズを発足し，品質，原材料の共同購入など経営管理面のサポートを行う。さらに，日本デリカフーズは，加盟企業との商品開発を進めていくことになるが，その後，商品開発力のある大手食品メーカーが商品開発や製造に加わることになる。そして1984年のキユーピーを皮切りに，ハウス，プリマハム，味の素等が，セブン-イレブン専用工場に投資を行っている。

図7-9　第4次総合店舗情報システム（1990年〜1996年）

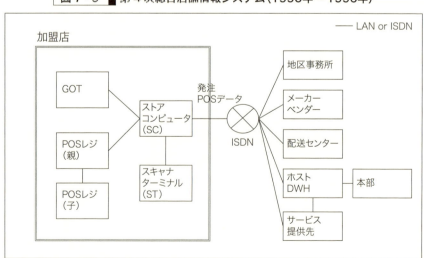

出所：石川・根城（1998），社史等をもとに筆者作成

続く1990年整備の第4次総合店舗情報システムでは，店頭で商品の売れ行き状況をグラフィカルに確認しながら発注ができる携帯発注端末GOT（Graphic Order Terminal）が導入される。GOTはEOBの発展形であり，先のグラフ情報コンピューターの一部機能を統合したものである。またST（Scaner Terminal）によって検品作業が電子化される。副次的に，商品の入荷時刻とPOSによる販売時刻がわかることとなるため，時間帯別の在庫量の推移がわかるようになり，どのぐらいの時間商品が欠品したかもわかるようになった。セブン-イレブンでは，機会損失（欠品）の排除が本社の方針として強く示されている。OFCの経営指導と合わせ，情報を用いて機会損失をできるだけ回避する「仮説－検証」発注を推進していくこととなる。

また，1991年には，店舗と本部間を結ぶISDN回線の導入が始まる。これは世界的にも最初となるデジタル回線の大規模導入となる。ISDN回線の導入により，POS端末から本部のホストコンピュータに電子的な問い合わせが可能となり，その後の予約販売等の実現が可能となる。さらに，これまでは売上計上のためのPOSデータをOFCがフロッピーディスクで回収しなくてはならな

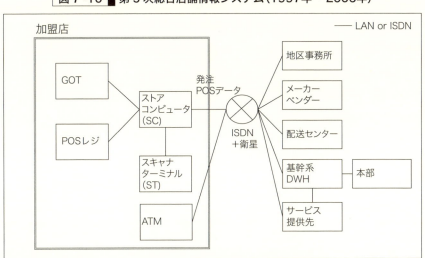

図7-10　第5次総合店舗情報システム（1997年～2006年）

出所：石川・根城（1998），碓井（2009），社史等をもとに筆者作成

かった。そのため，店舗では単品のPOS情報をすぐに把握できても，本部では1週間〜10日後でないと把握できなかった。ISDN回線により，POSデータが日次で本部に連携され，商品の売れ行き情報をリアルタイムに把握することが可能となる[53]。これにより，工場への商品調達や店舗に向けての情報発信が飛躍的に迅速化されることとなる。

食品メーカーとの商品開発手法も発展し，初期の「チームMD」の取り組みが始まる。商品開発プロセスがルール化され，継続的にセブン-イレブンのオリジナル商品が開発されることとなる。また，先ほどのPOSデータと相まって，商品の改廃も迅速に行われるようになる。

その後1996年に，第5次総合店舗情報システムの稼働を迎える。第5次総合店舗情報システムは第4次総合店舗情報システムとほぼ同じ構成をとり，それぞれの機能や性能が向上することとなる。CVSチェーンのための店舗情報システムとしての機能は成熟期を迎えることとなる（**図7-10**参照）。

機能的には，GOTにMicrosoft社のWindowsNT[54]が採用されマルチメディアへの対応が加速されるだけでなく，OFCに1人1台の携帯用のPCが配備され，グループウェアを通じたコミュニケーションも可能となる。また，販売情報を蓄積した大規模DWH（Data WareHouse；販売実績等各種データを分析を目的として蓄積，集計した情報システム）に販売時点の天候情報が加わり，発注精度も増していく。

技術的には，当時WindowsNTを大規模に採用した事例は少なく，米Microsoft社の全面的な協力を得て[55]，実用化にこぎつける。これらオープン化の取り組みは，他企業との生産計画や販売情報の連携に有効なだけでなく，自社のECビジネスの土台（プラットフォーム[56]）となる。また，この時の技術的ノウハウの蓄積は，その後のATM開発[57]等にも生かされることとなる。

図7-11に本ステージにおける発注〜販売ビジネスプロセスを図示する。

この期間，発注〜販売ビジネスプロセスの流れ自体に大きな変化はないが，日販を増すためのいくつかの仕組が開発されている。第2次総合店舗情報システム時代は，CVSチェーン運営の効率化のために情報システムの整備が進められたが，この段階では情報活用の効果に着目して情報システムの整備が進めら

第7章 セブン-イレブン・ジャパン―連続的な変化が生む競争力

図7-11 発注〜販売ビジネスプロセス（1985年〜2000年）

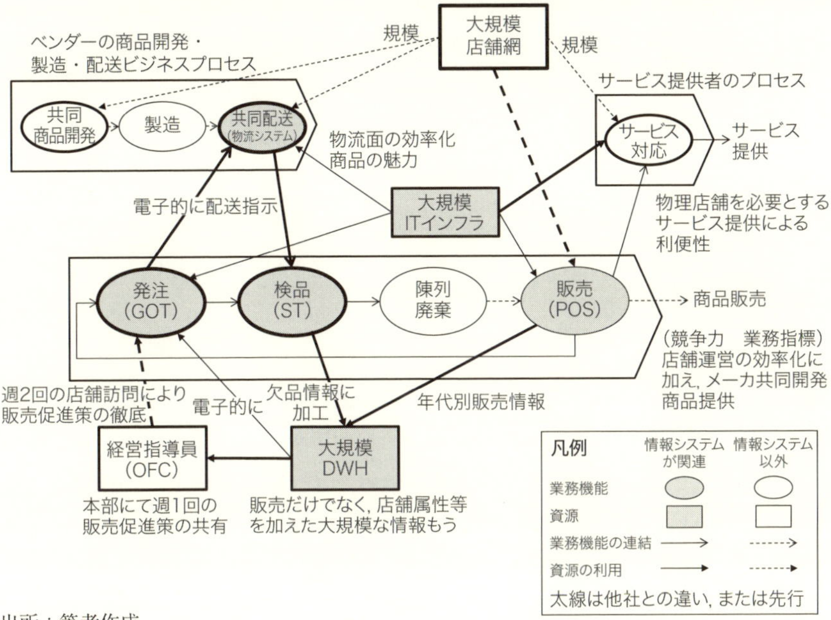

出所：筆者作成

れることとなる。

　まず，各業務機能でPOS，GOT，ST等のデータ入力精度を高める機器が配備される。これら機器の配備とISDNに代表される大規模ITインフラにより，販売，欠品，在庫情報が本部の大規模DWHにリアルタイムに蓄積されていく。これら情報はストアコンピュータを経てGOTにも連携され，「仮説―検証」を進めるための仕組が出来上がることとなる。

　また，この販売情報はベンダーやメーカーとも共有され，生産計画の精度や商品開発にも利用されることとなる。国内最大規模で，かつ地域集中型の店舗網を持つことと相まって，セブン-イレブンはメーカーとの関係を深めていくことになる。この協力関係が，1990年代後期からの，他CVSチェーンだけでなく，他の小売店舗で販売されていない魅力的な商品の開発[58]につながり，日販の向上にも貢献することとなる。

　最後に，これら情報の活用を指導するOFCの役割も重要となる。以前は，

店舗経営の効率化や機器利用のための指導要員だったものが，売れ筋商品，新製品の情報提供や陳列の提案という役割に変わり，機会損失を減らすことで確実に店舗の売り上げを増すことに貢献することとなる。

なお，店舗への来店の意味では，料金収納代行に代表されるサービス面の強化も重要となる。東京電力の収納代行に始まり，東京ガス，NHK，保険等，類似したサービスをカバーしていく[59]。また，宅急便受付，チケット販売，音楽CDやギフトの予約も始まり，様々な企業との情報システムによる連結も進められることとなる。これら多様なサービスの提供は，顧客数の増加にも貢献していると考えられる[60]。

以上，発注～販売ビジネスプロセス自体の流れが大きく変化しているわけではないが，大規模な店舗網，ITインフラ，DWH等により，商品開発を行うベンダーやサービス提供事業者との関係を強め，ビジネスプロセスが情報システムを通じて関係企業と電子的につながっていく。そのことで利便性を向上させ，競争力のある仕組みが構築されていくこととなる。

結果として，日販は1985年には50万円前後だった平均日販は，1990年には60万円を超え，2000年には約67万円とピークを迎える。店舗数も，1985年2月末2,651店舗から2000年2月末には8,602店舗と3倍以上の規模になっている。対する他のCVSチェーンについては，資本関係の変更等の影響もあり[61]，2000年時点でローソンは店舗数7,678店舗，平均日販約46万円，ファミリーマートは店舗数5,812店舗，平均日販約41万円と，平均日販に関しては圧倒的な差となる。

7.3.4. 2000年～：他CVSチェーンとIT面での競争期

1996年の第5次総合店舗情報システム（図7-10参照）の利用開始から，2003年の第6次総合店舗情報システムの間には，7年の期間があるが，2000年以降に重要な情報システムが開発されることとなる。具体的には銀行への参入とEC事業のスタートを目的としたものである。現時点で,ECについてはグループ全体を支える事業には至っていないが，銀行についてはセブン&アイグループの収益上の柱に成長している。

ただし，ATMの設置自体は他のCVSチェーンに数年遅れることになる。ローソンでは，1998年に，ダイエーOMC（現：セディナ）が運営するクレジットカードのキャッシュディスペンサーの設置が開始され，三和銀行（現：三菱東京UFJ銀行）のキャッシュカードで残高照会や現金引出しが可能なサービスを開始する。また，ファミリーマートは1999年にイーネット[62]に出資を行い，店舗にATMの設置をスタートする。

　セブン-イレブンのATMの設置は，銀行設立の2001年まで待たねばならない。ATMの設置の検討が始まったのは，公共料金収納サービスが拡大していること，また毎年実施している「1万人調査」で，店内にATMがあればもっと便利になる，という声が多く聞かれるようになったのが理由である[63]。ただし，他CVSチェーンのように銀行との提携という形ではなく，自社で銀行を設立する方針で進められた[64]。様々な検討，準備の結果，2001年に予備免許を取得し，株式会社アイワイバンク銀行（現セブン銀行）として異業種から金融業に参入することとなった。アイワイバンクは決済専門銀行（ナローバンク）として事業を開始し，2001年にATMサービスが開始される。

　アイワイバンク銀行は，気軽で便利な「おサイフ代わりの銀行」を目指し[65]，他の銀行にはない24時間365日の運用が始まる[66]。ATMのコストは当時800万円ぐらいだったが，機能をしぼること，WindowsNTにて開発することで，省スペースで300万円と大幅な低価格を実現している[67,68]。あわせて，大規模ITインフラや店舗へのPOS等の展開ノウハウを利用することで，ATMの設置を急速に展開していく。当時，銀行から来た幹部は「ATMを1カ月に数百台設置する計画を最初は信じられなかったが，それができてしまうノウハウがセブン-イレブンとパートナーにはあった。旧来型の銀行とセブン-イレブンでは経営のスピード感やアウトソーシングを生かす発想が全く違う」としている[69]。2001年7月には1,000台，2003年3月には5,000台，2005年4月には10,000台のATMが設置される。各銀行との接続も並行して進めていったこともあり，設置台数が既存の銀行を上回るだけでなく，事業開始3年後の2004年3月期には単年度で経常利益を黒字化させる[70]。現在，セブン銀行はセブン-イレブンに続き，セブン&アイグループへの利益貢献度が大きい事業へと成長した[71]。

　現在利用している店舗情報システムは第6次総合店舗情報システムとなる。

図7-12 第6次総合店舗情報システム（2006年～）

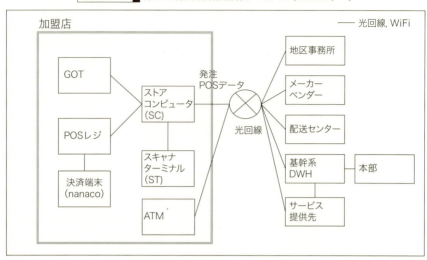

出所：HP，ニュースリリース等をもとに筆者作成

　2003年の会計システムに始まり段階的に情報システムの利用が開始され，2006年より本格的な店舗情報システムの展開が始まる。基本的な構成は第4次総合店舗情報システム以降と同じものとなるが，本部―店舗間のネットワークに光ファイバを採用したり，店舗内でも無線LANが設置されたりする。また大規模DWHや店舗のGOTに周辺の施設・イベント情報が加わり，より店舗の立地に特化した発注が可能となる（**図7-12**参照）。

　今回POSの大きな変更点として，非接触ICカードのマルチリーダーライターを搭載したことにある。セブン-イレブンは独自の電子マネーnanacoを2007年に発行する。ただし，ATM同様，決済カードやポイントカードのサービス開始時期は，他CVSチェーンに後れを取っている。ポイントカードについては，ローソンは2002年にローソンパスを，ファミリーマートは2004年にファミマカードを発行する。ただし両社とも競争面から見たビジネスの進展はなく，ローソンは2010年にpontaへ，ファミリーマートは2007年にファミマTカードに変更される。また，電子マネーのカード決済については，ローソンは2007年にEdy，QUICPayへ対応，ファミリーマートは2004年にSUICA，2007年にEdy，

QUICPayへ対応を始める。

　このように，自社で独自に立ち上げるのか，他企業との連携で始めるのかで，顧客から見た利便性に差がないとしても，そこにかかる労力は大きく異なると考えられる。もちろん，自社で運営する場合サービスから得られる収益は異なるが，サービス立ち上げの面では他CVSチェーンに遅れをとることとなっている。ただし，これらサービスについては，平均顧客数が2000年以降も減少していないことから（図7-4参照），多少の遅延はあるが普及期に大きく遅れることなくサービスを提供することができたと考えられる。

　なお，2000年から2007年まで，セブン-イレブンのみ日販の減少が顕著である（図7-3参照）。これは，図7-4から平均購入単価の減少によるものが大きい。第6次総合店舗情報システムは，決済関係のサービス導入以外に，もう1つの大きな目的をもって整備が進められている。

　第6次総合店舗情報システムの整備について，当時のニュースリリースでは，「世界でも最大規模の情報システムをグループ各社の基幹システムとして構築するとともに，流通小売業におけるシステム構築のノウハウや店舗情報システム機器等を国内のみならず海外子会社（米国セブン-イレブン）とも共有・共通化を図る等，グループ横断的かつグローバルな観点から，さらなるシナジー効果を追求してまいります」と述べられている[72]。電子マネーnanacoへの対応や光ファイバに代表されるITインフラだけでなく，物流，管理業務の情報システムの統合により，グループマーチャンダイジングの効率化や物流の共通化が目指されている[73]。

　これらの成果として，1990年代前半から始まる高付加価値PB商品や2000年前後から始まる複数メーカーによる商品開発「チームMD」を発展する形で[74]，グループ横断的なPB商品の開発がなされ，オリジナルブランドである「セブンプレミアム」が販売されることとなる。セブンプレミアムは，現在年間1兆円を超える売り上げ規模にまで成長している[75]。グループ競争力については本書の分析対象外となるが，セブン-イレブンの商品開発のノウハウや食品メーカーとの協力関係をグループ企業に展開することでグループ全体の競争力の向上を目指している。

　図7-13に本ステージにおける発注～販売ビジネスプロセスを図示する。

図7-13 発注〜販売ビジネスプロセス（2000年以降）

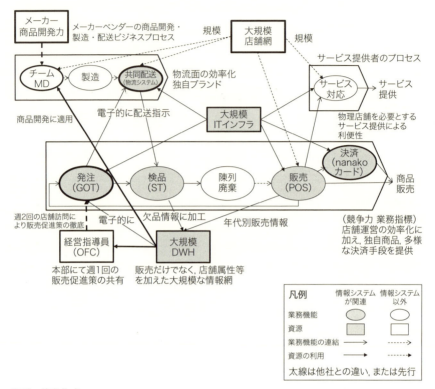

出所：筆者作成

　2000年以降の発注〜販売ビジネスプロセスの変化は，ビジネスプロセス上決済機能が追加されただけでなく，発注機能に連結する，旧来からあるベンダーやメーカーとの商品開発・製造・物流のプロセスがオリジナルブランド「セブンプレミアム」を開発できるレベルにまで成長したことにある。本件は，ニーズの探索等で，大規模DWHを商品開発へ活用を始めたことの貢献も大きい[76]。

　ただし，2000年以降，日販自体は2000年の約67万円とピークから徐々に下降に向かう。第6次総合店舗情報システムスタート時点の2006年には約60万円まで下がることとなる。ATMの設置等，有力なサービスの拡充を行ったが，サービスの種別数だけをとるとチェーン間の差が縮小している状況にある。ただし，

2006年以降のnanacoの拡大やセブンプレミアム，セブンカフェのヒットにより，顧客単価を上げることで日販は徐々に回復[77]していく。また，主力の中食（弁当や総菜等）[78]も商品力があるため，店舗で思い切った発注ができることで，品揃えの魅力度につながり日販自体を押し上げていく[79]。2014年2月期においては，平均日販は65万円までに回復することとなる。

ローソンは2000年，2006年，2014年の平均日販が，それぞれ約47万円，45万円，44万円と大きな変化はない。またファミリーマートにおいても，約41万円，43万円，47万円と，セブン-イレブンとの差は開いたままとなる。

7.3.5. 情報システムの再構築に関わる組織的活動について

セブン-イレブンは，情報システムについて5年前後のサイクルで全面的な刷新を行っているだけでなく，情報システムが競争力に寄与していると考えられる。このような，情報システムを再構築していく取り組みは，まずトップダウン的な関与がスタートとなっている場合が多い。実際「鈴木（敏文）氏がずっとトップで組織を牽引している。1978年から今もトップ。特殊な会社であるがため，リーダーシップが機能し，組織が1つの方向に向かっているのは確か」と言う[80]。そして，世の中の常識を上回るような大きな成果を残していく。

いくつかの例を示すと，初期の端末ターミナルセブンの開発（1978年）において，本部と店舗間の電子的な発注を進めるために，発注機器の開発が必要であった。当時店舗数も500店となり，通常の半額以下の安価[81]な端末をまとめて発注する必要があった。開発委託先である日本電気の役員層と交渉することで低価格の機器が実現することになる[82]。また，物流面の例では，年中無休，小口配送等多くの問題を共同配送によって解決する必要があった。例えば牛乳の共同配送については，各メーカーにメリットを伝え説得を繰り返すことで実現されることになる。1980年に国内で始めて共同配送が実現した際は，結果として配送コストが3分の1になったという[83]。近年でも，大手食品メーカーへの専用工場の設置や国内初の料金収納代行の取り組み，銀行への参入と独自ATM機器の開発等，トップの関与が大きい取り組みが多いのが特徴である。

なお,情報システムの開発や機器の設置に関しては,情報システム部門による綿密な準備のもと進められている。その理由として,店舗の数が大規模なものであるため,店舗当たりのコストは小さくても店舗数を掛け合わせると個々の小さなコストが大きな金額に積み上がるためである。「事前にリスクをつぶすほうが,1万店への業務影響を処理するより対応に必要な労力は少ない」という[84]。競合するCVSチェーンも同様であるが,大規模化した店舗を運営するためには,技術的にも特殊な組織能力が必要となる。

実際,セブン-イレブンでは先進的な技術を多く採用していることもあり,機器や情報システムの実用化に際しては何段階かの試行的な取り組みを経て確実に店舗への展開を進めている[85]。例えば1995年に展開された第5次総合店舗情報システムでは,店舗の端末や情報システムに関してもオープン化の技術を用いている。当時,オープン化技術の採用はマルチメディアへ対応するためにはなくてはならない技術であった。ただし,10,000店を超える店舗での運営が必要であり,情報システムや端末の安定が必要であった。当時,セブン-イレブンがWindowsNTを採用する際は,ソースコードの開示や変更など,通常一企業のために行われることはほとんどないが,オペレーティングシステムに手を入れることで,情報システムの安定性を得ることになる。もちろん情報システムを開発する複数ベンダーの協力を得ているが,社員も専門性の高い技術力が必要だったという。そして,「信頼関係の上でお互い意見をぶつけながら製品を開発していく必要があった」という[86]。パートナーとなる企業間での信頼関係が,新しい技術の利用に向けた推進のベースとなっていることがわかる。

また,ATMの展開においては,事業の開始から4年後の2005年の10,000台を超えるATMを設置するために,毎年2,000台前後のATMを設置している[87]。また,ATMもこれまでの銀行の3分の1のコストで開発しているという[88]。「旧来の銀行の『常識』は通用しない[89]」とあるように,店舗に低価格なATMを急速に設置していくことで認知度を増し,3年間で黒字化を達成することを可能とした[90]。

このように,セブン-イレブンでは,様々な施策を実現するために必ず情報システム部門がかかわることで事業化を実現している。実際,「セブン-イレブ

ンでは情報システム部門が新規事業開発を行い,運営まで担当しているのが特徴」であると言う。「組織をまたがって横串で動けるのはシステム部門しかなかったので,その力を発揮してビジネス開発をやっていた。」そのために,「システム部門の人材は,システムとビジネスの両方知っている貴重な人材であるとの認識がされていた」という。そのため,「営業部門等とシステム部門の一体感が非常に強い」という[91]。

また,ITベンダーとはパートナーシップを組んで様々な施策を実現している。これは,商品開発において複数メーカーが参加する「チームMD」の考え方に近いものがある。「決してベンダーに丸投げせず,セブン-イレブンがインテグレーションをするのが特徴的」であるという。「パートナーのリーダーには,グランドデザイン作りから参画してもらい」,「パートナー企業の皆さんには,自社社員と変わらない部下だと思って接していた。」これは,「1978年当時のセブン-イレブンの情報システム部門には,3人しか社員がいなかったため,社員だけではできることが限られており,パートナーシップを形成し,他社の力をうまく借りて乗り切るしかすべがなかった」ためだという[92]。

もちろん,すべての取り組みがすぐに成果を出していったわけではない。店舗においてデータを活用した発注を行っているが,グラフ情報コンピュータを採用した際は,少数の店舗しかデータを活用しきれていなかった。また,地域に細分化された天気予報情報を発注時の情報として提供した際も,旧来の発注方法が継続されすぐに利用が開始されたわけではなかった。

それでも,トップダウン的な取り組みをきっかけとして,大規模化した事業のなかで様々な施策を実現する能力を情報システム部門が持つことが,それぞれの時代の中で競争力ある施策を実現できた要因として挙げることができる。「鈴木(敏文)氏は,ITの重要性を認識し,ゆえに,店舗も営業もその認識を持っていた」ことで,「情報システム部門が他部門とも並列に位置づけられ,ビジネス開発までも行う部門として不可欠な存在であった」という[93]。

7.4. セブン-イレブンにおけるビジネスプロセスの変化と競争力

　前節では，情報システムの世代別に発注〜販売ビジネスプロセスについて記述を進めてきた。本節では，さらに高密度化の分析を進める準備として，業務機能のリアルタイム結合と競争力に対する業務機能間の整合性について事例の考察を進める。具体的には，競争上重要となる業務指標に対して，どのような業務機能と資源が結合されているか，つまりどのような「仕組」が形成されることによって競争力が実現されているのか分析を行う。

7.4.1. 情報システムによるリアルタイム結合

　最初に，情報システムによる業務機能間のリアルタイム結合について7.3節の内容を振り返る。

　セブン-イレブンの発注〜販売ビジネスプロセスは，5〜10年程度の期間をおいて全面的な情報システムの刷新が行われている。7.3節の図7-7，図7-11，図7-13では，情報システムが発注〜販売ビジネスプロセスにどのように関わっているかを示してきた。

　1985年までの店舗情報システムの整備は，小規模の店舗における小口多頻度発注を実現することを目的とした情報システムの整備が中心であった。この段階では，ビジネスプロセス内部だけを見ると，個々の業務機能別に効率化を目指したものであり，図7-7からも業務機能が情報システムによって広く結合されているわけではなかった。一方で，POSの導入や外部の企業との発注情報の連携等，次の施策につながる情報システムの整備が開始されている。

　1985年以降の第3次総合店舗情報システムは，それ以前に整備を進めてきたPOSデータの活用が始まる。まずはグラフ情報コンピュータにより，売れ筋商品の確認により，個人の直観だけに頼らない発注が始まる。1990年整備の第4次総合店舗情報システムでは，STやGOTが導入され，機会損失情報（欠品状況）の把握や，売り場での販売状況をデータで確認しながら発注できるようになる。それまでの業務機能単位での効率化を目的とした情報システムの整備が，販売や検品と発注の間をデータでつなぐ情報システムへと変化していく。1995

年の第5次総合店舗情報システムでは，情報システムのオープン化も進み，店舗，本部も一体となった情報システムの整備が進められている。

なお，図7-13の第5次総合店舗情報システム世代を見ると，セブン-イレブンの発注から販売に至るビジネスプロセスは，一見，一気通貫の情報システムがないため個々の業務機能が正確かつリアルタイムなデータで連結されてはいないようにも見える。ただし，詳細に考察すると，発注は過去の販売・欠品データをもとにしており，検品はSTで前回の発注データを呼び出すことで正確な業務が行われている。また，検品とほぼ同時に在庫計上が行われ，棚への陳列の際は商品コードと結びつけられる。さらに，販売時は自動的に商品単価が呼び出されるだけでなく，売上データと在庫データの更新がなされ，後の発注行為につながっている。ビジネスプロセスの記載上では，そこで利用されているデータは省略されているが，業務機能間では正確なデータがリアルタイムに処理され，業務機能がデータで結合されている。つまり，利用されるデータから見ると，業務機能間の相互依存関係が強いことがわかる。ビジネスプロセス自体は複数の情報システムからなるが，データの入力と利用が一連のビジネスプロセス上で関係づけられる。

また，第3次総合店舗情報システム以降の重要な取り組みとして，外部のベンダー，メーカー，サービス提供企業とのデータの連携が始まる。大規模なITインフラをベースとして，ベンダーには専用のシステムを貸与，サービス提供者には標準となる接続仕様を提示することにより，様々な企業[94]との情報システム間の接続が進められ，データが必要な業務のサイクルに合わせて結合されていく。

2000年以降は，他CVSチェーンと前後して，ITを用いたサービスの整備が始まる。ビジネスプロセスに対する変化だけを見ると，ATMや電子マネー等のリアルタイム決済機能の整備を目的とした高度な情報システムが整備されていく。CVSチェーンの事業だけを見るとビジネスプロセス上の変化は少ないものの，狙いであるグループ横断での情報システム統合による調達や商品開発のシナジーの形成が進んでいく[95]。グループ企業の情報の統合は，セブンプレミアムに代表される商品開発やセブン銀行の収益性の向上等，グループ全体の競争力の向上に貢献することとなる。

以上のように，セブン-イレブンにおいて，情報システムは，セブン-イレブン内部だけでなく関係するグループ企業のビジネスプロセスも含め，各業務機能の結合に重要な役割を果たすことが確認された。

7.4.2. セブン-イレブンにおける「仕組」の形成と競争力

続いて，どのように「仕組（競争力に対して整合性を持った資源と活動の組合せ：3.4.3項参照）」が形成されてきたか，すなわち，競争力に対してどのように資源・活動が整合性をもって結合されていったか，各ステージにおける「仕組」の歴史的な変遷と競争力を代替する経営指標の関係を確認する。

(1) 〜1985年：CVSシステムの確立期

1970年台前半は，1973年の大規模小売店舗法が制定されたこともあり，多くのCVSチェーンが発足した時期である[96]。事業の開始にあたり，セブン-イレブンだけでなく，ローソン，ファミリーマートも，CVSチェーンで先行する米国のノウハウを得るため，ライセンス契約を進めていった。

ただし，セブン-イレブン社史にもあるように，「セブン-イレブンという商標（看板）」，「コンビニエンスストアのコンセプト」，「フランチャイズ会計システム（荒利益分配方式）」以外は日本に導入してもうまくいかないと判断された[97]。日本国内で事業を行うためには独自にCVSチェーンのシステムを開発していく必要があった[98]。セブン-イレブンは，直営店を持たない出店，共同配送，おにぎりなどのファスト・フード開発等，それまでの小売業にはない取り組みを推進していく。情報システム面でもベンダー間の通信網の整備や，POSの導入等，流通業界全体で見てもトップを行く先進的な取り組みであった。その際に獲得した資源セットに，ドミナント店舗網，ベンダーとの協力関係（日本デリカフーズにおける食品品質管理体制や共同配送等），ITインフラがある。

ただし，POS単品管理データそのものはまだ十分に活用できる仕組がなく，次の世代のグラフ情報コンピュータやGOTの導入が待たれるが，これら4つの資源セットは，100平方メートル程度の小規模小売店舗をチェーン展開するための基本的な仕組となるビジネスプロセスと資源セットが整備されていく。

図7-14 セブン-イレブン　資源セット間の関係（〜1985年）

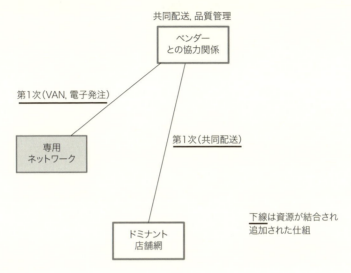

出所：筆者作成

　また，この世代で獲得した資源セットは，それ以降も質的・量的拡大がなされ，翌世代につながっていくベースとなるものである。あわせて，これら独自に構築した資源セットは数年の間，他CVSチェーンに模倣されることもなかった[99]。
　初期の競争力に貢献する資源セット間の関係を示すと**図7-14**のようになる。
　この時代，他CVSチェーンと日販を比較することができないが，店舗数の比較で競争力を代替すると，1985年度2月末において，セブン-イレブンは2,652店，ローソン1,965店（ローソン1,204店，サンチェーン761店）[100]，ファミリーマート767店となる。ローソンがサンチェーンとの合算の数字であることを考慮すると，セブン-イレブンの店舗数は他CVSチェーンの2倍以上となり大きくリードしていることがわかる[101]。各CVSチェーンは，事業開始時期を同じくし，同程度の事業運営期間となるため，セブン-イレブンが早期に店舗拡大のための資源セットを獲得していったことが分かる。

(2) 1985年〜2000年：サービスの多様化と利便性の追求期

　1985年の第3次総合店舗情報システム以降，6年ほどの期間で日販が50万円前後から65万円付近まで成長する。この成長は3つの「仕組」からなると考えられる。

　1つは「仮説-検証による発注」の仕組である。これまで売れ筋情報は把握できても，OFCが提供する数字の帳票をもとにしたものであった。第3次総合店舗情報システムでは，性別・年代別のキーボードがPOS端末に追加されるだけでなく，店舗にグラフィック情報コンピューターが設置され，店舗オーナーが販売状況の推移が確認できるようになる。データ入力，データ利用の両面から情報システムが整備され，OFCによるサポートもあり，POSデータ（初期のDWH）が資源セットとして本格的に活用されていく。

　さらに，第4次総合店舗情報システムでは，STにより欠品（機会損失）情報がDWHに加わるだけでなく，グラフィック情報コンピューターに変わりGOTによって，売り場で発注を行う際に，過去の販売実績が確認できるようになる。本部においてもPOS情報の収集はフロッピィディスクの収集を待たなくてはならなかったのが，ISDN通信網により日次の販売状況を把握できるようになる。大規模店舗網から得られる販売情報がITインフラを通じてDWHとして資源化され，GOTにより仮説-検証発注が可能となる。仮説-検証発注は，POS，GOT，ST等の店舗情報システムと，DWH，ITインフラの資源セットがうまくビジネスプロセス上で仕組として組み合わされることにより実現されている。このように，仮説-検証による発注の仕組が整備され，発注精度が向上していく。

　日販を向上させた2つ目の仕組として，「メーカーによる生産やセブン-イレブンオリジナル商品の開発」がある。セブン-イレブンにとって商品の品質は売り上げに直結する。1984年のキューピーの総菜工場に始まり，これまでの中小ベンダーだけでなく大手メーカーにも製造の委託が始まる。1986年には雪印乳業と共同開発商品の製造も始まり，セブン-イレブンでしか販売していない商品が店舗に並びだす。セブン-イレブンは3,000点前後の商品しか棚に陳列できないためGMS（総合スーパー）と比較して取扱商品自体はかなり少ない[102]。絞り込まれた商品を，国内トップの売上[103]を持つ大規模店舗網をもって販売

図7-15 セブン-イレブン　資源セット間の関係（1980年前後）

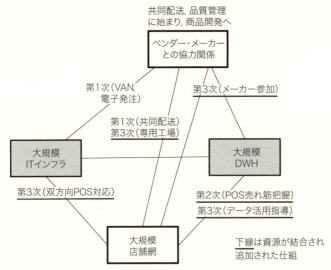

出所：筆者作成

を行うため、棚に陳列されると他の小売業態で販売するより単品当たりの売上が格段に大きくなる。このような背景もあり、ベンダー、食品メーカーとの強い協力関係（資源セット）が形成されることで、商品の魅力度を高め、日販を向上させていくこととなる。

まず1980年前後の、競争力に貢献する資源セット間の関係を示すと**図7-15**のようになる。

3つ目の仕組として、商品以外の来店顧客を増やす「利便性の高いサービスの取り組み」がある。1987年の東京電力の料金収納代行に始まり、この時、バーコードによる料金収納代行の情報システムが国内で初めて開発された。その後、東京ガス、第一生命、NHK、電話料金と料金収納代行サービスが拡大していく。東京電力がセブン-イレブンに声をかけたのは関東圏での24時間営業する店舗数の多さ（資源セット）が理由であるが[104]、それとともに電子的に決済できるPOSや外部企業と電子的にデータをやり取りできるITインフラ等がすでに整備されていたことが、サービスを実現するうえでの理由となっている。これ

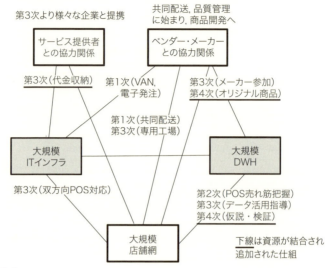

図7-16 セブン-イレブン　資源セット間の関係（1990年前後）

出所：筆者作成

ら資源セットを活用し，申し入れ後短期に施策を実行することができたことから，他CVSチェーンに対しサービス開始時期が2〜3年先行する形となる[105]。もちろん，本サービスの貢献だけではないが，平均来店客数も1988年には896名だったものが，2000年には959名に拡大する。

1990年前後の段階での，競争力に貢献する資源セット間の関係を示すと**図7-16**のようになる。

このように，2000年頃には，日販を伸ばす「仮説-検証発注」，「メーカーとの共同商品開発」，「利便性の高いサービス」3つの仕組は，社内の複数資源セットがビジネスプロセスによって結合されているだけでなく，外部企業の持つ資源セットについても情報システムを通じてビジネスプロセスに結合されることで実現されている。また，これら資源セットは仕組として結合されるタイミングで獲得されたものではなく，過去の取り組みから経路的に獲得された資源セットであることがわかる。

これら資源セットが組み込まれることで，発注〜販売ビジネスプロセス上の

業務機能の機能的向上をもたらし，その結果として66.9万円前後の平均日販まで成長することとなる。この時点で，ローソン46.5万円，ファミリーマート40.7万円となり，20万円以上の日販の差が実現されることとなる[106]。

(3) 2000年～：他CVSチェーンとのIT面での競争期

　1997年の消費税5％化，2000年の大規模小売店舗法廃止，2003年の酒販免許人口基準廃止等，小売業にとっては大きな規制緩和が行われる。また，ECサイトの大規模化等，小売業の業態間競争も激化していく。このような環境変化の中，セブン-イレブンでは，2000年以降は67万円前後あった日販がいったん2007年には60万円前後まで下降し，その後，2015年度には再度65万円前後まで回復させている。また，IT面の急速な進化と普及に伴い，2000年前後にまでは多くの施策でセブン-イレブンが先行していたが，この時期から施策の実施時期が他のCVSチェーンと前後することになる。

　ITを利用したサービスの遅れの1つにATMの設置がある。セブン-イレブンは2001年のアイワイバンク銀行（現・セブン銀行）の免許獲得を待ってスタートしたのに対し，ファミリーマートは1999年に共同ATM設置を行うための共同出資会社イーネットへ資本参加することでサービス提供を先行する[107]。またポイントカード（電子的な）についても，2002年にローソンは「ローソンパス」，ファミリーマートは2004年の「ファミマカード」を発行したのに対し，セブン-イレブンは2007年のnanacoまでポイントカードの発行を行ってない[108,109]。さらに電子マネーの対応は，2004年ファミリーマートが一部店舗でSUICAへの対応を始めたのに対し，セブン-イレブンは2007年のnanacoからのスタートとなる[110]。

　このように，ITを利用したサービスについては，他CVSチェーンと異なりセブン-イレブンは独自開発を進めたこともあり[111]，セブン-イレブンが一番早くサービスを提供できたわけではない。ただし，大規模なCVSチェーンにATMや決済端末を展開するノウハウやITインフラを生かして急速にサービスを立ち上げた[112]。そのことで，セブン銀行のATMは急速に設置台数を拡大し早期に黒字化を達成し[113]，またnanacoも4,000万枚を超える発行枚数[114]を実現している。このような背景もあり，他のCVSチェーンの先行は，来店顧客の減

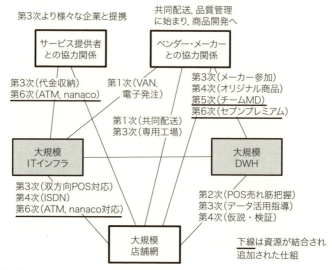

図7-17 セブン-イレブン　資源セット間の関係（2006年前後）

出所：筆者作成

少には至らず，顧客数の視点からは日販に表れるような大きな影響はなかったと考えられる。

また，いったん縮小しかけた日販の向上については商品開発面ではセブンプレミアムの貢献が大きい。セブンプレミアムは，2007年に最初の商品を販売以降，着実に売上を伸ばし，2016年度においてグループ全体で年間売り上げが11,500億円となり，商品当り売上10億円を超える商品が192アイテムとなっている[115]。2014年度の売上が8,150億円，10億円を超える商品が144アイテム[116]，2015年度の売上が10,010億円，10億円を超える商品が175アイテム[117]だったことを考えると，セブンプレミアム商品は売り上げを大幅に伸ばしていることがわかる。これら急速な成長は，国内最大規模の店舗網だけでなく，大手食品メーカーとの生産管理情報の連携やチームMDの取り組みを通じて得られた強い協力関係[118]がベースにあると考えられる。過去にさかのぼると，データの連携や販売情報の提供等，情報システムによるビジネスプロセス間の連携があり，外部の資源セットをうまく活用できる仕組が実現されていることが理由

に挙げられる。

　この段階での，競争力に貢献する資源セット間の関係を示すと**図7-17**のようになる。2000年前後と資源セット自体が増えていったわけではないが，外部企業の支援を得つつ，資源セット間をつなぐ仕組が強化されている。

　ITサービス面の施策自体は他CVSチェーンに遅れることもあったが，図7-3からも，2000年以降縮小した日販が，現時点ではその差が維持されていることが分かる。セブンプレミアム等の拡大によって，顧客数の拡大だけでなく，顧客単価を伸ばすことでその差も広がる傾向にある。平均来店客数も2003年には1日950人程度だったものが，2014年1052人を超え，また図7-4からも，平均顧客単価も，2007年に615円に落ち込んだものが，620円〜630円レベルを維持している状況にある。他CVSチェーンは2011年のリーマンショックの景気低迷以降に日販を減少させているが，セブン-イレブンのみ日販を維持している。

　これは，先に示した複数資源が結合された仕組が効果的に機能しているためと考えられる。また，各種施策が機能するためには，施策実施以前から経路的に獲得されたITインフラ，DWH，各種取引先との強い協力関係が，日販を向上させるための資源セットとして，うまくビジネスプロセスに組み合わされて機能する仕組が構築されているためと考えられる。

(4) 資源セットと仕組の時系列変化のまとめ

　以上より，「大規模（初期はドミナント）店舗網」とベンダー，メーカー，サービス提供企業など「外部企業との協力関係（商品開発力）」，「外部企業との協力関係（サービス）」，「大規模DWH」，「大規模ITインフラ」という5つの資源セットが，競争力に重要な役割を果たすことが分かる。これら各資源セットは，歴史的な推移の中で量的，質的にも拡大していくことが分かる（**表7-2**）。

　初期に店舗運営の基盤となる，店舗網の大規模化，ITインフラの用途拡大，DWHの規模拡大が進められる。それに伴い，売上，店舗数を拡大していくことで（つまり商品当たり，サービス当たりの売上を伸ばすことで），ベンダー・メーカーの商品開発力，サービス提供者の資源も取り込み競争力を増している。つまり，これら資源セットの量的拡大・質的向上は，各資源セットが独立して

表7-2 セブン-イレブン 資源セットの量的・質的変化

資源セット	CVSシステムの確立期	サービス多様化と利便性の追求期	他CVSチェーンとIT面での競争期
ベンダー・メーカーとの協力関係	●ベンダーとのファスト・フード共同開発 ●品質管理 ●共同配送	●商品開発に大手食品メーカ参画 ●専用工場	●チームMDの開始 ●オリジナルブランド商品の開発
サービス提供者との協力関係	(取り組みなし)	●サービス提供者との連携	●ATMの実現 ●電子マネーの実現
大規模店舗網	●ドミナント店舗網	●大規模店舗網(メーカー、サービス提供者の吸引力)	●全国展開(ATM、電子マネー収益性の拡大)
大規模DWH	(売れ筋情報の提供)	●仮説検証発注の支援 ●商品開発支援	●仮説検証発注の精度向上 ●オリジナルブランド商品開発の支援
大規模ITインフラ	●発注効率化のためのネットワーク	●多様なサービス提供を支援するネットワーク	●多様なITを利用したサービスを実現するネットワーク

出所：筆者作成

量的・質的に変化していったわけではない。ビジネスプロセス上，資源セットが相互補完的に組み合わされ機能していく過程で量的・質的に向上していったと考えられる。資源セット間の結合がどのように変化していったかを時系列に図示すると**図7-18**のようになる。

　大規模店舗網，大規模ITインフラ，大規模DWHの3つの資源セットがCVSチェーンを運営するための事業基盤となり，これに，魅力的な商品やサービスが追加されていく。さらに，セブン-イレブンにおいては，ATM, nanacoのような独自の取り組み，またセブンプレミアムにおける外部の商品開発力をチームMDによって内部に囲い込み，通常の小売業単独では持っていない資源セットも獲得していく[119]。

　ただし，2000年以降，他のCVSチェーンが様々なサービスや独自商品を追加し，競争環境が激しくなる。セブン-イレブンはITを利用したサービスで他CVSチェーンに前後することがあるが（表7-1参照），保有する資源セットを

図7-18 セブン-イレブン　ITを用いた資源セット間の組合せの変化

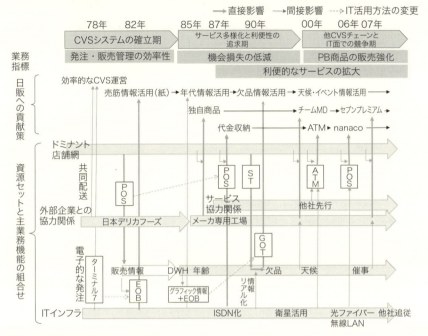

出所：筆者作成

活用し，新たなサービスを次々と実現することで他CVSチェーンに大幅に遅れることなく様々な施策を実現している[120, 121]。遅れたサービスについても，1～2年程度で同等のものを実現している。

つまり，新たなITの出現により競争環境の変化が急速となっていくが，セブン-イレブンはITを利用したサービスを単独の施策として実施しているわけではなく，既存の大規模店舗網，大規模ITインフラ，大規模DWH等の資源セットと関係を持ちつつ進められている。ATMやnanacoでは独自でサービスを開発する戦略をとっているが，これらの戦略がとれたのは，すでに優位な資源セットが確立されていたのも理由として考えられる。他のCVSチェーンにおいては，ATMや電子マネーの例のように，既存の資源セットと独立して開発することで，他社より早く施策を実現できたかもしれないが，セブン-イレブンでは，

自社で保有する資源を利用することにより，既存資源セットとの相互補完関係を持ったサービスを実現している。そのことで，サービス実現後も，例えばATMサービスの見直しや，nanacoを用いたキャンペーンなど，次々と追加サービスを実現することで，他CVSチェーンに対する差別化[122]を図ろうとしている。

別の見方をすれば，既存の資源セットと親和性の高い施策を実行することは，CVSチェーンの競争力をさらに向上させていくことが分かる。ATMやnanacoが既存の資源セットと関係性が低い場合，これほどまでに競争力に貢献しなかったかもしれない[123]。

また，セブン-イレブンにおいて，これら新たに実施されたITを利用した施策は，当初は基本的な機能やサービスを実現するものであった。7.3.5項でも述べたように，セブン-イレブンは大規模な店舗網への展開を必要とするため，情報システムの安定性が求められるためである。

それでも，情報システム部門が事業部門と深い関係を持つ位置づけにいるため，情報システムの安定化と並行して，機能やサービスの追加が次々と実施されていく。また，商品開発のチームMDに見られるような，ITベンダーやアウトソーサーとの協力関係の下，チーム内に複数取引先企業が混在した状態で，高いレベルでの情報システムの整備が進められていく。安定性とサービスの追加の両立は，このような事業部門，ITベンダーとの強い関係をベースとしている。

なお，サービスの追加に関しては，自社でサービスを実現していることのメリットも大きい。もちろん，うまくいかないケースもあるが，経営者の承認の下，情報システムを自社の資産として持つことで，独自のサービスの追加が早くなるだけでなく，繰り返し機能やサービスを追加することで，資源としての有用性と他の資産との相互補完関係が高まっていく。

以上から，近年実現した仕組の実現には，必ずといってよいほど変化の速いITが関係しており，ITを利用した施策の開始時期が多少遅れることもあるが，セブン-イレブンでは新たな施策と既存の複数資源セットとの組み合わせが指向されている。そのことで，最終的には，発注〜販売ビジネスプロセス上で複

雑な関係を持つ業務機能の連結が強まり，また複数資源が組み合わされることで，資源間の相互補完関係の強いビジネスプロセスを実現している。

7.4.3. 資源結合がもたらす価値と模倣・代替困難性について

7.4.2項から，セブン-イレブンの資源セットは量的，質的にも優れたものであるだけでなく，複雑な関係を持つことが分かる。本書では資源セットの価値と模倣・代替困難性について考察の補強を行う。

(1) 大規模店舗網，大規模DWH，大規模ITインフラ

量的側面では，大規模店舗網は国内で最大の店舗数となり優位性の1つと考えられる。現時点では店舗数自体が他CVSチェーンと比較して圧倒的に多いわけではないが，国内で一番であることは食品メーカーやサービス提供者を引き付ける要因になることは否定できない。あわせて，セブン-イレブンの店舗網は質的にも優れていると考えられる。創業当初からドミナントを意識していたことから，地域，特に首都圏を中心に集中的な店舗の展開を行っている[124]。ローソンが1997年には47都道府県に出店したのに対し，セブン-イレブンは2015年に沖縄を除く都道府県に出店したばかりである。別の視点から，店舗網が疎に広がりすぎないことから，チェーン運営の効率性等，ドミナント出店の効果が生まれている。例えば，東京電力が料金収納代行の提携先の最初にセブン-イレブンを選んだのは，料金支払い者が多く住む地域にセブン-イレブンが高い密度で出店していたことが理由である[125]。

また，DWHによる販売情報も量的に国内最大級となる[126]。質的側面でも，第3次総合店舗情報システムにて年代別データを収集できるようになっただけでなく，第4次総合店舗情報システムでは欠品情報（機会損失情報），第5次総合店舗情報システムでは天候情報，第6次総合店舗情報システムでは近隣の施設や立地に関する情報も組み合わせることができるようになっている。このようなデータ入力・収集面の取り組みだけでなく，グラフ情報コンピュータ（第3次），GOT（第4次），商品開発（1990年代後半）と，データの活用手段に

ついても有効な手法が採用されている。

　これら量的な特徴を持った資源セットは，その活用を通じて質的側面でも優れたものとなり，他CVSチェーンに対する競争力を形成していると考えられる。また，これら資源セットは大手食品メーカーやサービス提供者を引き付けるだけでなく，日販の高さから優良な立地への出店を可能とし，それが平均来店客数の多さ，顧客平均単価の高さという好循環を生み，日販の高さという競争力を生みだす要因となっていると考えられる[127]。

　これら資源セットは，単独で見ると模倣が可能かもしれない。店舗数について言えば，質的側面を追わなければ同規模のCVSチェーンの出店は可能かもしれない[128]。また，同等の情報を収集したDWHを構築することも可能である。さらに，ある店舗の日販だけを見るなら，セブン-イレブンの平均日販より高い店舗は多数あるだろう。ただし，CVSチェーン全体でセブン-イレブンと同等の日販を達成することはかなりの困難を伴うと予想される。

　例えば，少数であれば優れた立地の出店は可能である。ただし，あわせて高い日販を生む商品やサービスを継続的に提供していく必要がある。排他的な場所や施設を除き，競合店が近隣に出店することは可能であるため，その他の価値ある資源がないと，その店舗が継続的に高い日販を維持することは難しくなる。

　また，経路的に獲得してきた資源セットについては容易に模倣が難しい。高い日販を生む店舗が他のCVSチェーンへと契約を変更することは難しいだけでなく[129]，立地の需要によっては近隣へ出店することも難しくなる。そのため，高い日販を生むセブン-イレブンが押さえた好立地を他のCVSチェーンが置き換えていくことはかなりの困難が伴う。

(2) 外部の企業との協力関係

　また，セブン-イレブンは多数のベンダーや食品メーカーとの協力関係を持つが，一時的な関係であれば他のCVSチェーンも関係を持つことは可能であろう。ただし，取引先に継続的なメリットがないと関係は継続できない。そのためには，トータルの売上や効率的な業務運営，また情報提供などの付加的メリッ

トも付け加えなくてはならない。

　ベンダーとの関係も，同じく，経路的に獲得された資源セットである。例えば主力ベンダーであるわらべや日洋は1978年におにぎりの取引から開始し，2016年２月末期には売上8,049百万円，600万食の弁当を供給する企業となり，セブン-イレブンに対する売上も75.2%となる[130]。いくつかの大手食品メーカーもセブン-イレブン専用工場へ投資しており，製造設備だけでなくサプライチェーンや生産管理に関係する情報システムもセブン-イレブンから貸与されている場合がある。日本デリカフーズの活動など，長い取引の歴史の中で，他社へ簡単にスイッチできない事業の土台ができており，サービスを提供する企業も含め，他CVSチェーンにとっては同じ規模[131]で関係性を築くことは難しい状況にある。

　まとめると，セブン-イレブンの日販は他のCVSチェーンが容易に追いつくことが難しくなっているいくつかの理由がある。理由の１つは，7.4.2項でも述べたように，日販は単独の資源セットからもたらされるわけではなく，複数の資源セットの組合せを通じて達成されていることである。その際，発注〜販売ビジネスプロセス内の構造自体が複雑化していくということではなく，いくつかの業務機能が社内外にある多数の取引先をハブのように連結し，数多くの外部資源を結合した全体の構造が複雑化している。

　そしてもう１つの理由は，個々の資源セットは歴史的に時間をかけて獲得されていることである。セブン-イレブンの事例において，このような複数資源セットがもたらす価値や仕組は，容易に模倣や代替できないものとなっていることがわかる。

注■

1　創業当時は「(株) ヨークセブン」として事業を開始する。1978年に社名を「(株) セブン-イレブン・ジャパン」に改称する。

2　セブン＆アイHLDGS.「コーポレートアウトライン2016」より。

3　例えば，日経ビジネス2006年９月25日号「ローソン 脱セブン流で活路を探る」

P.72, 2012年7月2日号「経営新潮流 ローソン新浪剛史の経営教室 第1回『負け』の解体」P.49等から, 多くの取り組みがセブン-イレブンを参考にして実施されたことがうかがえる。また, 日経情報ストラテジー2009年10月号「ライバルのベンチマークは禁止「らしさ」極め, 選ばれる店に——上田準二[ファミリーマート代表取締役社長]」ではトップチェーンのベンチマークを行うことを禁止するという発言もある。

4 　特徴には, 他のCVSチェーンとの違いだけでなく, 他の小売業態との違いも含め示している。

5 　「セブン-イレブンの横顔2015-2016」より。

6 　契約期間は15年を基本とし, Aタイプ（オーナーが土地・建物を用意）, Cタイプ（本部が土地・建物を用意）の契約形態がある。チャージ額はAタイプ43%, Cタイプ54%～となる（セブン-イレブンHPより2016年8月アクセス）。セブン-イレブン・ジャパンの契約期間やロイヤリティは, 光熱費の負担等の違いはあるものの, 店舗オーナーにとって他のCVSチェーンより厳しい条件となる。例えばローソンでは, 契約期間10年, Aタイプ相当34%, Cタイプ相当45%となっている（ローソンHPより2016年8月アクセス）。

7 　鈴木（2014）P.108より。

8 　川辺（2003）P.160より。

9 　ローソンは1997年に沖縄を含めた47都道府県に店舗を展開している。ファミリーマートは2006年になる。

10 　「セブン-イレブンの横顔2015」より。

11 　「コーポレートアウトライン2005年」より。

12 　「セブン-イレブンの横顔2015-2016」より。

13 　販売金額の約30%をファスト・フードが占める。

14 　セブン-イレブンと同様の組合方式の組織化に, ファミリーマートは1995年, ローソンは1999年と大きな違いがある（田中, 2006）P.60より。

15 　「セブン＆アイ・ホールディングス事業概要－投資家向けデータブック（2014年度版）」より。

16 　例えば2000年に日清食品と開発した「有名ラーメン店」シリーズがある。当時開発された「すみれ」,「一風堂」は現在「セブンプレミアム」商品として販売されている。

17　川辺（2003）P.232，金（2001）P.95より。
18　きっかけとして1990年代後半のカップ麺の売上伸び悩みがあり，エースコック，東洋水産，明星食品の即席麺メーカー3社に容器メーカー等を加え，8社のメーカーが共同で商品開発を始めた。当時販売されたのが，1999年のご当地ラーメンのシリーズ「ラーメンの王道」である。各メーカーには戸惑いもあったが，反響も大きく，本取り組みはさらに「有名ラーメン店の味」へと発展していく（株式会社 セブン-イレブン・ジャパン, 2003）。
19　セブン-イレブンでは役員自ら試食を行っている。1990年には満足いくチャーハンが商品化できず店舗からチャーハンが消えることがあった。そのきっかけもあり1998年には商品の質を徹底的に見直すプロジェクトを発足している。本取り組みが先々の商品開発につながっている（鈴木, 2014 P.192より）。
20　小川（2006）により，従来商品開発面のイノベーションはメーカー側で起こると考えられていたが，セブン-イレブンの例のように消費者の情報を持った小売業でも起こることが示されている。
21　「セブンプレミアム」は2007年に販売を開始した。「セブン&アイ・ホールディングス－コーポレートアウトライン（2016年度版）」によると，7＆iグループ全体で，2016年度末には年間販売金額が10億円を超える商品が192品目を超え，売上も1.15兆円となり，毎年商品数と売り上げが伸びている。2019年度は1.5兆円の販売を計画している。
22　セブン-イレブン・ジャパンHP企業情報-商品開発
http://www.sej.co.jp/company/aboutsej/development.html（2016年8月アクセス）より。
23　田中（2006）P.161より。なお，FC会議は以前毎週開催されていたが，現在は隔週となっている。
24　川辺（2003）P.259，田中（2006）P.221より。
25　セブン＆アイグループにおいて，金融関連事業はCVS事業に次ぐ営業利益を上げている。2010年にはATM設置台数は15,000台，年間ATM利用件数も6億件を超えるまで成長した。またグループのカード発行数は2015年には5,500万枚に達する。
26　3社と同等の日販を持ち，北海道を中心とした出店を行っているセイコーマートのようなCVSチェーンもあるが，本研究では全国展開を進めているCVSチェーン間で比較を行う。

27 具体的には，日経ビジネス2016年5月2日号「企業研究 Vol.79 ローソン（コンビニエンスストア）3番手，「質」で巻き返す」によると，ローソンとセブン-イレブンの日販の差は，夕方から夜間の中食（弁当，総菜等）の品揃えと考えられている。ローソンは自動発注の仕組で品揃えをカバーしようとしている。同様に，日経ビジネス2016年9月5日号「時事深層　新生ファミマ始動（上）固まる「コンビニ三つ巴」の構図」から，ファミリーマートも中食の差が大きいと考えている。結果として，日販，来店数の差につながっていると競合するCVSチェーンは見ている。ファミリーマートは店舗指導員（SV；スーパーバイザー）の指導力についても改革を目指している。ただし，現時点では両チェーンとも顕著な日販の向上にはつながっていないように見える。

28 例えば，サービス産業生産性協議会のアンケート調査によると，セブン-イレブンは他CVSチェーンに対して高い満足度を達成している。(http://activity.jpc-net.jp/detail/srv/activity001442/attached.pdf　2016年9月アクセス)。また，「週刊ダイヤモンド2016年10月29日号」のアンケート調査（P.62）によると，商品の品揃えや品質で他CVSチェーンより満足度が高く，店舗利用の要因となっている。

29 日販は，3社で同一基準とするため「年度チェーン売上÷((期初の店舗数＋期末の店舗数)÷2)」で算出した。各社が公表する日販とはずれがある。また，店舗数，チェーン売上はある期間しか情報が公開されていないため，その範囲で記述する。

30 平均顧客数はIR資料から。平均顧客単価は図7-3の平均日販を平均客数で割ったもの。すべてのCVSチェーンで平均顧客単価が提示されているわけではないので計算方法を同一とした。また，公開されているデータの関係上2003年以降のデータとした。

31 信頼できるデータは公開されていないが，1980年代，1990年代の書籍の文面から，セブン-イレブンは他CVSチェーンより高い日販を確保していたことが予想される。

32 日経ビジネス2006年9月25日号「ローソン 脱セブン流で活路を探る」P.72等より。

33 例えば，サービス産業生産性協議会によると，セブン-イレブンは他CVSチェーンに対して高い満足度を達成している。(http://activity.jpc-net.jp/detail/srv/activity001442/attached.pdf 2016年9月アクセス)。

34 小川（2006）は，セブン-イレブンの競争優位の要因を事業システムの質的側面

に着目し，高度な単品管理と製品開発について述べている。その際，これら競争優位を測る指標として「納品精度（発注した商品が定刻に発注どおりに納品される程度）」，「発注精度（発注リストにすでに掲載されている商品群に関する店頭発注で，在庫ロスと機会ロスが極小化されている程度）」，「企画精度（川上の業者からの提案あるいは同社との共同開発の結果，新たに店舗の発注リストに掲載した商品が当該商品分野の売上げを限界的に引き上げる程度）」，「出店精度（当該出店地域で出店後に，開店前の出店予想来店客数が達成できている程度）」，「店舗支援精度（売り逃しのロス日販と売れ残りロスを極小化する支援を店舗指導員が行えている程度）」に分解して示している。本研究でも精度の定義は小川（2006）を参考に進める。

35 セブン-イレブン ニュースリリース 2006年05月25日「世界でも類例を見ないシステム構築"発注"支援機能を大幅に拡充した『店舗システム』を5月下旬より導入開始 セブン-イレブン「第6次総合情報システム」の概要～セブン&アイHLDGS. 各社・店舗を光通信網で結ぶ情報ネットワークを構築～」より。

36 セブン&アイホールディングス「コーポレートアウトライン2007」より。

37 JUAS（2016）より。「図表3-3-1 業種グループ別 売上高に占めるIT 予算比率」の商社・流通を見ると，2015年度は対売上で0.73%となっている。通常IT予算の何割かを新規のIT投資にあてる。

38 市販の発注端末は当時1台80万円ほどする高価な機器であった。多店舗展開を実現するため，約40万円の端末が開発された。コストについては日本電気との間でトップ同士の交渉が行われたという（株式会社セブン-イレブン・ジャパン,1991）。

39 当時，第一次通信回線自由化（昭和46年）前にあり，コンピュータを通じたデータ交換は原則的に禁止されていた。このため，当初は国際VANの利用を開始したが，規制が緩和され自由化されると，国内でも最初となる専用ネットワークへと完全移行することとなった（株式会社セブン-イレブン・ジャパン,1991）。

40 セブン-イレブンは人員の少なさもあり，野村コンピュータシステム株式会社（現，野村総合総研所）にシステムの開発から運用にいたる業務を全面委託した。「徹底した外部委託は当社の特色の1つともいえるが，これは効率追求とコスト意識に基づく経営ポリシーの一端を表しており，同社との関係もこれ以降システム化の最大パートナーとして今日の当社を支える基盤ともなった」とされている（株式会社セブン-イレブン・ジャパン,1991）。

41 当時CVSにふさわしいPOS端末は市販化されていなかった。操作性，小型化，低コスト，拡張性等を実現する必要から，全面的にオリジナル機器を特注する方法で開発はスタートした（株式会社セブン-イレブン・ジャパン，1991）。

42 当時，他業界では省力化，正確性の向上，不正防止を目的としてPOSの導入が進められていた。商品管理を目的としたものはセブン-イレブンが最初となる。

43 株式会社セブン-イレブン・ジャパン（1991）より。

44 この考え方は，米国や中国に最新のPOSを展開する際も同様で，自ら棚を見て商品の売れ行きを確認することを優先し，機械に頼った発注を行うことを回避している（鈴木，2014）。

45 現在，ほとんどの商品にバーコードが印字されているのはセブン-イレブンのこの取り組みがきっかけとなったと言われている。そのため，現在商品に印字されるバーコードの体系はセブン-イレブンが開発したものとなる（株式会社セブン-イレブン・ジャパン，1991）。

46 セブン-イレブン「コーポレートアウトライン2004」によると，ターミナルセブンを導入した1978年2月期末には在庫回転率が22.0日，店舗の平均粗利24.3％だったものが，1985年2月期末には11.0日，店舗の平均粗利27.2％と大きな改善がみられる。

47 1989年合併のサンチェーンを含む。

48 新型POSとして「双方向POS」が導入される。双方向POSは本部のホストに直接ネットワークで接続され，予約弁当，年末などのギフト商品，カタログ販売等も可能とした。

49 「グラフ情報分析コンピューター」とは，店舗で商品の売れ行き情報をグラフなどで確認するための専用のコンピュータである。後のストアコンピュータ，GOT（Graphic Order Terminal；発注端末）の開発のベースとなる。

50 株式会社セブン-イレブン・ジャパン（1991）より。

51 当時代金収納用に開発されたバーコードの体系や情報システムの仕組みが，以降の国内標準（JIS）となり，セブン-イレブン以外のCVSチェーンでも採用されていく。

52 株式会社セブン-イレブン・ジャパン（1991）より。

53 当時，1週間に1億件に上る膨大なPOSデータの通信が必要であった。また，各店舗からの発注情報1日300万件もこのISDNでさらに伝送時間が短縮された。

第 7 章　セブン-イレブン・ジャパン――連続的な変化が生む競争力　　137

54　WindowsNTは，当時の個人向けWindows95とは別に開発された，マルチタスクを制御できるOSとなる。本系列のOSが最初に公開されたのは1994年のWindowsNT3.1となり，セブン-イレブンが実用化した1996年当時はかなり初期のバージョンのものとなる。現在のMicrosoft社のOSは当時のWindowsNTの発展形となる。

55　米トップ層との直接交渉により，不要な機能を外して実装することへの協力，トラブルに素早く対応するためのOSソースコードの公開，完成後 7 年間にわたる長期サポート等，他社にはない特別な協力を得ている。

56　碓井（2009）は，本発想を，新しい事業インフラに基づく経営スタイルを「プラットフォーム経営」と呼んでいる。

57　ATMはNECと共同で，世界初のWindowsOSが採用された。

58　例えば，1995年にアサヒビールの製品を独占販売したり，サントリーと共同でビールの商品開発を始める。

59　2000年 2 月期において，料金収納は86,148千件，金額641,031百万円と大規模なものに成長している（『コーポレートアウトライン2003』より）。

60　客数の増加は，料金収納代行やオリジナル商品を含めた総合的な利便性の追求から来たものと考えられるが，料金収納代行を開始後の1988年 2 月期において，1 日の平均客数は896人だったものが，1993年 2 月期においては936人，2001年 2 月期においては976人に増加している（『コーポレートアウトライン2003』「セブン-イレブンの横顔2006」より）。

61　ローソンは2000年にダイエーから三菱商事に，ファミリーマートは1998年に西友から伊藤忠商事に筆頭となる株主が変更されている。

62　イーネット社への出資は，サークルKサンクス，ミニストップ，デイリーヤマザキと共同で行う。

63　株式会社セブン-イレブン・ジャパン（2003）より。

64　当初は，1999年ATM研究会を設置し，既存の銀行との提携を模索していたが，ATMの設置の条件や手数料等に関して銀行側と折り合いがつかず方針を変更することとなる。日債銀信託銀行（株）の買収も検討されたが，最終的に銀行法改正の動きに合わせて自社で銀行を保有する方針で固まった。

65　株式会社セブン-イレブン・ジャパン（2003）より。

66　ATM稼働率でみても，午後 7 時から午前 7 時までの夜間の時間帯における利用が全体の 4 割を占め，銀行窓口が閉まる時間帯にお客さまのニーズが高いことが

再確認された（株式会社セブン-イレブン・ジャパン，2003）。

67　ATMの検討はセブン-イレブン社内で進められていたが，途中からイトーヨーカ堂に変更される。

68　日経ビジネス2004年3月8日号ページ52〜57，日経情報ストラテジー 2008年4月号ページ112〜115より。

69　日経情報ストラテジー 2008年4月号ページ52〜57より。

70　セブン銀行沿革より。

71　ATMは顧客サービスだけでなく，セブン-イレブン店舗の売上入金にも利用しているため，店舗運営の効率化にも貢献している。

72　2006年5月25日ニュースリリース「セブン-イレブン『第6次総合情報システム』の概要」より。

73　「7＆iコーポレートアウトライン2006」より。

74　高付加価値PB商品は，1995年にサントリーとの共同開発が始まる。また2000年には，現在もセブンプレミアムブランドのヒット商品であるオリジナルカップ麺「有名店ラーメンシリーズ」が複数メーカーの共同開発を通じて販売が開始される。

75　セブンプレミアムは2006年11月に「グループMD改革プロジェクト」からスタートし，2007年よりグループ各社で取り扱いを開始する。「セブンプレミアム」は売上金額の高い商品を中心に，毎年約50%の既存商品のリニューアルを実施し，2016年2月期においては年間売り上げが10億円を超える商品数が192アイテムとなり，売り上げも年間1兆円に達している（「セブン＆アイ・ホールディングス－コーポレートアウトライン（2016年度版）」より）。

76　小川（2007）は「情報の粘着性」概念をもとに，セブン-イレブンにおいて，メーカーだけでなく，小売サイドでも革新的な商品の開発が行われていることを示している。この際，商品開発に重要な役割を果たすのが大規模DWHとなる。

77　具体的には，顧客平均単価（日販を顧客数で割ったもの）は2000年に698円だったものが，2007年には615円まで縮小し，2013年には623円に回復している。この間，平均顧客数が，959人，965人，1,053人となるため，日販の回復は顧客単価より平均顧客数増の影響が大きい。

78　「セブン-イレブンの横顔 2015-2016」によると，商品構成は加工食品（ソフトドリンク，菓子，レトルト食品等）が25.8%，ファスト・フード（米飯，麺類，サラダなど）が29.6%，日配品（牛乳，パン等）が12.9%となる。その他非食品が

31.7%となる。
79 日経ビジネス2016年5月2日号「企業研究 Vol.79 ローソン（コンビニエンスストア）3番手,「質」で巻き返す」等から。
80 インタビューより。
81 当時発注端末は80万円ほどの価格であったが, セブン-イレブンは交渉により40万円と半分の金額を提示した。
82 株式会社セブン-イレブン・ジャパン（1991）P.193より。
83 鈴木（2014）P.115より。
84 インタビューより。
85 インタビューより。
86 インタビューより。
87 「セブン銀行ディスクロジャー誌 2007」より。
88 インタビューより。ATMはセブン-イレブンの技術者が開発に関わっている。
89 日経ストラテジー2008年4月号「あのプロジェクトの舞台裏 セブン銀行」より。
90 セブン-イレブンへのATM設置台数だけ取ると, 2004年前後からローソン, ファミリーマートの設置台数を上回っている。これは店舗数の差によるところもあるが, 他CVSチェーンが店舗への設置比率で大きく遅れているわけではない。提携する銀行数も異なってはいるが, ATM自体はCVSチェーンの標準的なサービスとなっている。
91 インタビューより。
92 インタビューより。
93 インタビューより。
94 第6次総合店舗システム導入時において, 800を超える取引先との接続数がある。
95 「7&iコーポレートアウトライン2007」より。
96 川辺（2003）P.129より。
97 株式会社セブン-イレブン・ジャパン（1991）P.25より。
98 対するローソンは, 米国風高級デリカテッセンとしてスタートしたが, 1977年に一時出店を凍結し1979年に新生ローソンとして再出発を行っている（山下, 1995）。
99 CVSチェーンの運営方針が異なるため単純に比較はできないが, 電子的な発注

は他のCVSチェーンも親会社の設備を流用して進めていったが（例えばローソンと合併したサンチェーンは発注システムの導入が1978年とセブン-イレブンと同じ時期)，POSシステムの導入については，セブン-イレブン1982年，ローソン1988年，ファミリーマート1989年と大きな差がある。また，共同配送のような仕組も他社にはなかった。例えばローソンは自社で物流センターを整備する等，異なると仕組を実施している。ローソンはPOSに慎重な姿勢を示し導入までに時間がかかっている（山下，1987）。

100　ローソンはサンチェーンと1980年に提携，1989年に合併となるため，2つのCVSチェーンの合計店舗数となる。

101　セブン-イレブンを除く他のCVSチェーンは日販を公表していないが，当時セブン-イレブンが52万円，ファミリーマートが39万円，ローソン32万円，サンチェーン31万円程度であったと言われている（坂口，1989）。

102　取扱商品は改廃も激しいが30,000点前後と言われている。GMSは衣料等も含めると100倍以上の商品点数となる（インタビューより）。

103　2001年，それまで国内トップの売上であったダイエーを上回る売上規模に成長する。

104　株式会社セブン-イレブン・ジャパン（1991）より。

105　東京電力の料金収納代行に関してローソンは1989年，ファミリーマートは1990年となる。

106　平均日販は，図7-3同様チェーン全体の売上を期初と期末の平均で割ったもの。各社が公開している日販とは一致しないがほぼ近い数字となる。

107　ローソンは，2001年の共同ATM運営会社「(株)ローソン・エイティエム・ネットワークス」設立をもってサービスをスタートさせる。

108　日本国内では，ポイントカードの発行は航空会社のマイレージサービスが早く，1997年からとなる。

109　ローソンは2010年にpontaへ，ファミリーマートは2007年のファミマTカードに変更される。

110　電子マネー自体は，1999年にEdy，2001年にSuicaの発行が始まる。

111　ミニストップについてはAEON主導で銀行設立，電子マネーの発行を行っているがCVSチェーンの規模は大きな差がある。

112　日経情報ストラテジー 2008年4月号より。

113 2015年2月末期のセブン銀行の経常収益は110,465百万円，ATM設置台数22,472台となり，7＆iHDの2番目の収益源となっている（「7＆iHD事業概要2015―投資家向けデータブック（2015年度版）―」より）。

114 nanacoの発行枚数は2015年2月末で4,543万枚となる（「7＆iHD事業概要2015―投資家向けデータブック（2015年度版）―」より）。

115 「セブン＆アイ・ホールディングス－コーポレートアウトライン（2016年度版）」より。

116 「7＆iHD事業概要2014－投資家向けデータブック（2014年度版）－」より。

117 「7＆iHD事業概要2015－投資家向けデータブック（2015年度版）－」より。

118 日経ビジネス2014年6月16日号「セブン 鉄の支配力」によると，食品メーカーに対して優位な関係にあることが分かる。例として，カップラーメンの開発にパーツごとに開発を依頼するケースが掲載されている。

119 近年，CVSチェーンを代表例として，小売りが高品質の商品を開発することは少なくないが，2000年前後では数少ない例であった。この時代，衣料では1998年にフリースをヒットさせたユニクロに代表されるSPA（speciality store retailer of private label apparel：製造小売）業態も出現している。

120 各社のニュースリリースで新しいサービス提供数をカウントすると，2010年前後では，ほぼ同等のニュースリリース数となる。

121 同様のことが，新商品開発でも発生している。他CVSチェーンも新商品の開発や独自ブランド開発を強化している。ニュースリリース数をカウントしても，セブン-イレブンに近い新製品を販売している。

122 例えば，セブン銀行のATMでnanacoの入金ができる等，独自の施策を推進している。

123 例えば，Wi-Fiを用いたサービスはCVSチェーン以外の代替的なサービスを利用することもできるため，例えば大規模な店舗網が差別化要因とはならず，必ずしも顧客数の増加に貢献しないかもしれない。

124 2015年2月末において，セブン-イレブンの東京，埼玉，神奈川，大阪，名古屋の店舗数は，それぞれ，2,280，1,234，1,067，901，946となる。ローソンは，1,954，592，758，1082，557となる。ファミリーマートは，1,597，514，862，1,036，583となる。セブン-イレブンは関東圏都市部への出店が多いことがわかることがわかる。

125 株式会社セブン-イレブン・ジャパン（1991）P.212より。

126 日経コンピュータ2006年5月29日号「セブン-イレブンの研究」によると，1992年の第4次システムでは150GBのデータ容量だったものが，1998年の第5次システムでは1TB，2006年の第6次システムでは15TBとなる。

127 「週刊ダイヤモンド 2016年10月29日号」での調査（P.61）によると，セブン-イレブンの契約更新率は94.2%となり，ローソンの79.2%，ファミリーマートの72.2%を圧倒している。

128 実際，2016年にファミリーマートはサークルK・サンクスと統合することで，セブン-イレブンとほぼ同規模の店舗数を保持している。

129 セブン-イレブンの契約期間は15年となり，再契約率も90%を超えるという。

130 わらべや日洋　2016年2月末決算短信より。

131 日経コンピュータ2006年5月29日号「特集1　セブン-イレブンの研究　考えつくすための情報システム」によるとこの時点で，情報システムにより接続される取引先は857ヶ所にもなる。

第8章 ヤマト運輸
―― ITを用いた変革による競争力の形成

　続いて，ヤマト運輸の宅配事業を代表事例として取り上げる。
　ヤマト運輸は，1990年以前に日本通運，福山通運という強力な競合企業との競争で優位な立場を確立したが，2000年前後のインターネット通販企業の成長に対応が遅れ，新たに宅配事業に参入してきた佐川急便に，シェアの差が数％に肉薄する状況に追い込まれる。その後，配送網の整備やIT面の投資を通じて再度シェアを拡大し，リーダー企業としての地位を維持する。
　本章では，ヤマト運輸の主力事業である宅急便事業[1]の概要を述べ，2000年前後の変革期における経営戦略の見直しを通じて，情報システム，ビジネスプロセスの変化を中心に，競争力に対してビジネスプロセス，情報システム，および資源セットがどのように組み合わされてきたのかを考察する。また，その変化の過程において，競争力をどのように再構築していったかを示す。

8.1. ヤマト運輸の事業の概要

　ヤマト運輸は，1919年に創業し，関東一円で当時としては先進的なトラックによる運送を事業として始める。戦後，関東を代表する企業まで上り詰めるが，高度成長期に拡大する全国区の路線便の整備に遅れ，業績は悪化の一途をたどる。業績悪化の中，当時の小倉昌男社長は，役員の反対する中，組合等現場の協力を得て，1976年に宅配サービス「宅急便」を開始する。
　サービス開始当日はわずか11個の荷物だったが，その後順調に取扱個数が拡大し，1979年には年間1,000万個，1984年には1億個を達成する。1980年代には，日本通運（ペリカン便），西濃運輸（カンガルー便）等，大手運送会社が宅配事業に参入してきたが，ヤマト運輸はトップの座を維持している。その後，1998年には，それまで企業間の小口物流を得意とした佐川急便が参入してくる。取扱個数のシェアはいったん減少するが，その後徐々にシェアを回復し，サー

ビス開始以来常に宅配業界のトップの地位にある。2016年度末時点では，近年のインターネット通販の市場拡大により年間18億個を超える規模まで成長している[2]。

その競争力の理由として，初期は親しみやすいTVコマーシャルを通じた「宅急便」の認知度向上，取扱店の開拓，全国の自社路線便の免許獲得等も挙げられるが，魅力ある新規サービスの開発も要因として挙げられる。1983年のスキー宅急便，1984年のゴルフ宅急便，1986年のコレクトサービス（代金決済）に加え，現時点でも他社を大幅に引き離す取扱個数となる1988年のクール宅急便，また1998年の時間帯お届けサービス等，社会のインフラとなるサービスを提供してきた。ITを利用したサービスは，1998年のインターネットを通じた「荷物お問い合わせシステム」の提供に始まり，2002年のeメール通知サービス，2005年以降の電子決済，2008年のクロネコメンバーズ会員向けサービス等，近年，特に情報サービス面の拡充を図っている。

ヤマト運輸は情報システムの整備にも積極的である。1974年には，路線事業[3]のための初代NEKO（New Economical Kindly Online）システムを稼働させる。1980年には，宅急便事業に対応した新（第2次）NEKOシステムを稼働させ，その後5年程度のサイクルでセールスドライバーの端末や基幹となる配送系情報システムを刷新しており，2016年現在は第7次NEKOシステムとなる。革新的な宅配サービスの開発だけでなく，初期のポータブルPOS，クラスタネットワーク構造やICカードの活用，最近では携帯電話を利用したリアルタイムの配送情報ネットワーク，クロネコメンバーズの会員情報を利用した配達予定の通知等，ITを用いた革新的な仕組みやサービスを提供している。

投資金額も，例えば第7次NEKOシステムは約300億円となり大規模なものとなる[4]。第7次NEKOシステム投資当時（2010年度）の売上は約1.2兆円となるため，国内企業のIT予算（維持も含めた年間支出額）が平均して売上の1％弱となることから[5]，平均的な企業と比較して多額のIT予算が組まれていることがわかる。

図8-1に宅急便の個数の推移と主な施策実施時期を示す。

図8-1　宅急便個数の推移と主な施策

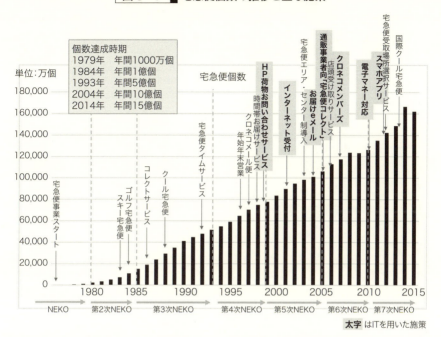

出所：ヤマト運輸の沿革，HP，ニュースリリース等をもとに筆者作成

8.2. ヤマト運輸の競争環境

　図8-2に2000年以降の国内宅配便個数に対する各社シェアの推移を示す[6]。ヤマト運輸は，1990年代後半にはシェア40％以上に達し[7]，他社を圧倒するリーダー企業であった。ところが，1998年の佐川急便の宅配事業参入により2000年にはシェアが10ポイント近く落ち込むこととなる[8]。ヤマト運輸の強力なライバルとして佐川急便が出現し，2000年以降も宅急便のシェアは停滞することになる。その後，後述の様々な施策により，2005年前後から徐々にシェアを伸ばしていく。2014年には，大手通販サイトがヤマト運輸に配送を切り替えたことで，佐川急便とのシェアの差が拡大している。

図8-2 宅配便シェア推移[9]

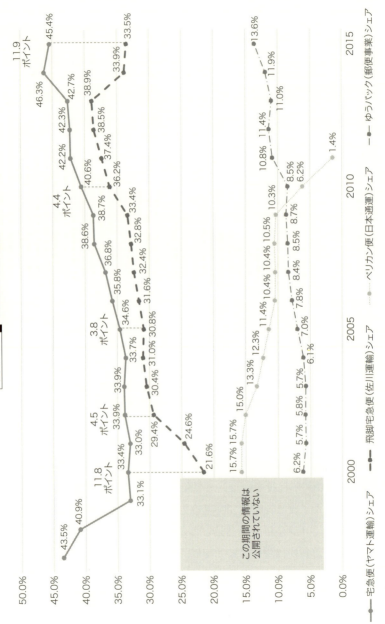

出所：各社の決算資料，国土交通省 宅配便取扱実績関係資料をもとに筆者作成

表8-1　ヤマト運輸と佐川急便　2016年3月期の事業比較

	ヤマト運輸	佐川急便
経営情報 （2016年3月期）	営業収益　：14,164億円 営業利益　：685億円 4.8% 総資産　　：10,894億円	営業収益　：9,433億円 営業利益　：540億円 5.7% 総資産　　：5,838百万円
従業員	<u>196,582人</u>	<u>47,594人</u>（2017年3月期 HPより）
営業所	<u>6,394</u>（有価証券報告書より支社の支店数を合計）	<u>429</u>（2017年11月　HPより）
宅配便個数 （2016年3月期）	宅急便：173,126万個（単価578円） <u>クール宅急便：19,284万個</u> 宅急便コレクト：12,532万個 クロネコメール便：153,643万冊	飛脚宅配便：119,828万個（単価509円） 　飛脚クール便　：3,242万個 　e-コレクト　　：10,545万個 メール便：24,763万冊（一部日本郵便委託）
宅配事業開始時期	宅急便　1976年 　クール宅急便　1988年 　コレクトサービス　1986年 　クレジットカード決済　2001年	<u>飛脚宅配便　1998年</u> 　飛脚クール便　1999年 　<u>e-コレクト（クレジットカード対応）2000年</u>
特徴	●宅急便を中心とするデリバリ事業が全体の約80%を占める ●C2Cが強いが、B2C、B2Bの事業ボリュームも大きい ●配達は社員が中心 ●バリューネットワーキング構想	●飛脚宅配便を中心とするデリバリ事業が全体の約83%を占める ●B2C、B2Bに強い ●配達は、他社に依存する部分が大きい ●グループシナジーを活用した事業拡大

注：<u>下線</u>は顕著な違いがみられる箇所
出所：両社の決算資料（一部HPより）より筆者作成

　ヤマト運輸は個人から集荷した荷物を個人に届ける宅配サービス（C2C）から事業をスタートしたのに対し，佐川急便は企業向けの小口配送（B2B）から事業をスタートした。ともにドア・トゥ・ドアで小口の荷物を届けることを得意とするが，個人と企業で市場はすみ分けられていた。しかし，1990年代後半のインターネット通販を中心とした宅配市場拡大[10]をきっかけに，佐川急便は個人宅への宅配（B2C）事業に参入することになる。

　ヤマト運輸と佐川急便の事業の違いを**表8-1**示す。

　ヤマト運輸と佐川急便は，事業のルーツに違いがあるため，事業運営上にいくつかの異なる点がある。その1つに，ヤマト運輸は配達を自社の社員中心に

表8-2 ヤマト運輸、佐川急便 ITを利用したサービス

	ヤマト運輸	佐川急便
1998年	●ホームページでの「荷物お問い合わせシステム」を開始。	
1999年		インターネットビジネスをサポートする「e's」サービス開始
2000年		●ホームページのインターネットサービスで「お荷物お問い合わせ」「配達受領印要求」サービス開始 ●携帯電話のインターネットサービスで配達完了e-mailサービス、「配達受領印要求」サービス開始 ●e-コレクト開始
2001年	●インターネットでの宅急便集荷・再配達受付を開始。 ●「クロネコ@ペイメント クレジットカード」サービスを開始。	●携帯電話で配達完了e-mailサービス開始 ●配達完了データのリアルタイム送信開始 ●多機能送り状発行ソフト「e飛伝(e飛伝Ⅱ)」サービス開始
2002年	●送り状をお客様が日時を変更できるとともに、ご都合が悪い場合は受け取り日・時間帯を変更していただける「宅急便[e-メール]通知サービス」を開始。	
2003年	●送り状を印刷するオンラインソフト「CATs送り状ソフトB2(ビーツー)」、	●「e-コレクトショッピングナビゲーション」開設
2004年	●一度の登録で荷物の届け状をメールでお知らせ、希望通りの発行システムC2(シーツー)」のサービスを開始。 ●インターネット伝票印刷送り発行システム「宅急便コレクト」を開始。	●「e-SAXIS」サービス開始
2005年	●「宅急便送り状印字サービス」を開始。 ●お届け時のカード払いサービス、郵便局払いパソコン・携帯払い通販事業者様向け総合決済サービス「宅急便コレクト」を開始。 ●荷物の配送伝票印刷完了通知・お届け予定・不在連絡・お届け完了の各種情報をメールでお知らせる「宅急便お知らせe-メール」、開始。	●「e飛伝Web」サービス開始
2006年	**届け先向けサービスの充実**	
2007年		
2008年		
2009年	●営業所を活用した法人向けパッケージサービス「クロネコBizセンター」を開始。	
2010年	●「クロネコメンバーズ宅急便 受取場所指定」開始。 ●「Web請求書発行サービス」開始。 ●宅急便コレクト「お届け時電子マネー払いサービス」開始。	
2011年	●クロネコメンバーズ電子マネーカードを発行開始。また、モバイルクロネコメンバーズ(おサイフケータイ会員証)も開始。	●飛脚マーケティングメール(現・エリアポスティングサポート)を本格展開 ●タッチパネル式送り状発行システム「e飛伝タッチ」を開発
2012年	●スマートフォンアプリ「クロネコヤマト公式アプリ」、業務支援アプリ「ヤマトビジネスメンバーズ」のサービスを開始。	●ホームページ公式アプリのオープン化完了
2013年		
2014年		●後払い決済サービス「SAGAWA後払い」の提供を開始
2015年	●スマートフォンアプリ「クロネコヤマト公式アプリ」をAndroidユーザー向けに提供開始。	●スマートフォンを利用した電子サインと24時間納品対応のスマート納品24の提供を開始

1年〜3年の差

出所:両社のニュースリリースをもとに筆者作成

行うのに対し，佐川急便は外部の企業にも配達を委託する比率が高い。そのため，2016年3月期末において，宅配便取扱個数が，ヤマト運輸173,126万個，佐川急便119,828万個に対し，従業員数はヤマト運輸196,582人，佐川急便47,594人[11]，また営業所の数もヤマト運輸6,394カ所，佐川急便429カ所[12]と大きな差となっている。小エリアに分割された配送網や社員による配達の違いは，後述するように，時間帯指定に対する配達精度の高さや個人宅向けの配達サービスの質等，ヤマト運輸の強みとして現れている[13]。

ヤマト運輸と佐川急便は現在も激しい競争を行っているが，お互いを意識した競争が始まったのは，2000年前後に佐川急便がITを利用したサービスでヤマト運輸に先行したあたりからである（表8-2参照）。拡大するインターネットビジネスに対し，佐川急便は1999年「e's」サービスを開始する。インターネットを通じた「荷物お問い合わせ」，「配達受領印要求サービス」，「e-コレクト（クレジットカード決済）」等，ヤマト運輸に1年から3年先行する形でサービスを開始する。図8-2における宅配便シェア推移からもわかるように，この2000年を前後する数年は佐川急便が急速にヤマト運輸を追い上げた年である。

その後，2005年あたりから，ヤマト運輸が短期間に各種サービスを実現させていく。もちろん，B2Bの比率の高い佐川急便と，C2Cの荷物を取り扱うヤマト運輸ではサービス内容が異なる。ニュースリリース等に公開されていないが，佐川急便は個別企業の配送ニーズに向けた個別のサービスに適宜対応している。対してヤマト運輸は，個人に向けた配達を意識したサービスが多い。サービスの多さで単純に比較することはできないが，現時点では，**表8-2**からも，B2Cにおける届け先個人に向けたサービス内容ではヤマト運輸が勝っている状況である。

8.3. ヤマト運輸における世代別ビジネスプロセス

8.3.1. ヤマト運輸におけるビジネスプロセス分析の枠組み

ヤマト運輸の事例では，競争力の評価指標を宅配便の「個数シェア」に置く。宅配便の個数は各社が競争力を測る一指標としてIR資料等に公開している。本

書でもシェアは顧客ニーズに対する満足度を代替する指標と捉える。直接的な顧客の満足度を測ることが難しいが，宅配業者のスイッチの容易性を考えると，荷主，届け先の宅配サービスへの賛同の強さが個数シェアとして現れていると考える。

また，シェアの分析のために「集荷～配達ビジネスプロセス」を中心に考察を進める。本ビジネスプロセスは，宅急便事業を行ううえで事業の根幹となるビジネスプロセスであり，顧客満足度や効率性等，競合他社に対する事業の競争力に直結する。具体的には，後の事例で述べるように，ビジネスプロセスの成果は，競争力の評価指標であるシェアを分解する「サービスの品質」，「配送能力・不在対応力」等の業務指標で表される。また，本ビジネスプロセスは，他社も含め，継続的に情報システムの投資が行われている領域でもある。

事例におけるビジネスプロセス分析は，環境変化を伴う変革期を挟んだ3つのステージに分けで考察を進めていく。

ヤマト運輸では，1974年の初代NEKOシステム以降，5年程度のサイクルで情報システムを刷新している[14]。大きな環境変化として，1998年の佐川急便の新規参入と2000年前後から始まるインターネット通販企業の事業拡大がある。本環境変化に対応するために，ヤマト運輸は情報システムの整備方針を含めた事業の変革を迫られる。その変革期を前後した代表的な3つのステージについて集荷～配達ビジネスプロセスについて考察を行う。

① ～2000年：「配送網」による競争優位期
　　配送網を通じた差別化，ただし佐川急便に代替されていく
② 2000年～2005年：資源セットの変革期
　　エリア・センター制，携帯電話の導入（後に配送情報のリアルタイム化），情報システムのオープン化（後のフルデジタル化への流れ）
③ 2005年～：「配送網」＋「配送情報」による競争優位の構築期
　　不在連絡票の2次元コード，配達予定eメール等，小エリア配送網と配送・会員情報を活用した差別化

8.3.2. ～2000年：「配送網」による競争優位期
第2次NEKOシステム～第4次NEKOシステム期（1980年～1999年）

　1976年の宅急便スタートにより，ヤマト運輸は路線事業から宅配事業へ大きく会社の舵を切ることとなる。宅急便開始以前に開発された初代NEKOシステム（1974年）は，これまでの企業間の大口配送を対象とした路線事業のために開発した情報システムであり，小口の宅急便事業は路線事業のシステムを間借りする形でスタートした。

　その後，1979年には年間1,000万個の取扱個数に急拡大し，情報システムの抜本的な再構築が急務となる。特に，初代NEKOシステムでは，営業所にてドライバーから伝票を集め，センターにて専任のパンチャーが入力する形態をとっていた。この場合，伝票数に比例してパンチャーを確保する必要があるため，宅急便のように小口の配送が中心となると，配送1回にかかる入力コストも大きな負担となる。

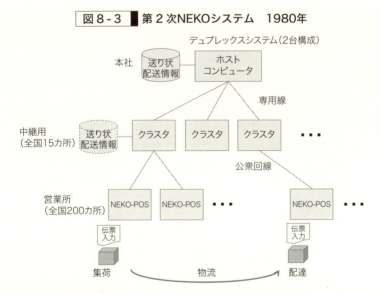

図8-3　第2次NEKOシステム　1980年

出所：資料より筆者作成

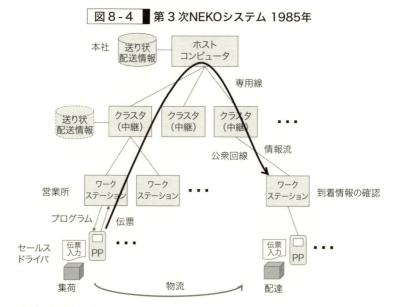

図8-4　第3次NEKOシステム 1985年

出所：資料より筆者作成

　増え続ける物量に対し，新（第2次）NEKOシステム（1980年）では，営業所に設置された簡易的に伝票を入力できる情報システム（NEKO-POS[15]）により，パンチャーではなくセールスドライバー自身が伝票を入力することを方針とし端末の設置を行った。入力を分散させることで物量に対応できるだけでなく，情報を荷物の動きに近づける（リアルタイム性を上げる）というコンセプトの始まりとなる（**図8-3**参照）。

　その後，スキー宅急便（1982年），ゴルフ宅急便（1984年）と，有力な宅急便サービスが追加される。サービスの多様化に伴い，宅急便の個数も拡大していく。営業所設置型のNEKO-POSでは，サービスの多様化，宅急便個数の増加に対応できないため，第3次NEKOシステム（1985年）では，新たにポータブルPOS（以下PP）とワークステーション[16]が開発される。PPはセールスドライバーが携帯できる端末で一人一台保持することとなる。そのことで，さらに伝票の分散入力が進んでいく。また，PPからホストコンピュータへ配送データの伝送や，新しいサービスに対応したプログラムをPPに配信する仕組みと

図8-5　第4次NEKOシステム 1993年（第5次NEKOシステムも同じ構成）

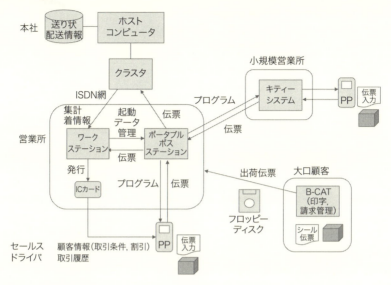

出所：資料より筆者作成

してワークステーション[17]が導入される。これにより，宅急便の量的対応だけでなく，サービスの追加にも柔軟に対応できるようになった（**図8-4**参照）。

宅急便の量的対応，サービスの多様化をさらに推し進めるために，1993年には第4次NEKOシステムが導入される。第4次NEKOシステム開発においては，「45歳・中途採用者」のセールスドライバーでもすぐに使えることを目指し，タッチ式，ICカード[18]，ポータブルポス・ステーション[19]が開発され，併せてISDN網の整備も進められる（**図8-5**参照）。

1990年以降，通信販売等による企業から個人への配送ニーズが高まり，送り状データ連携の仕組み（B-CAT）が開発される。当時はフロッピーディスクを交換する，今から見ると原始的な手法であったが，徐々に通信回線を用いたデータ連携の仕組みへと発展していく。

第2次NEKOシステムから第4次NEKOシステムまでの集荷～配達ビジネスプロセスを**図8-6**に示す。

ヤマト運輸は，集荷の依頼，営業店や取扱店での配送申し込みを受けて，送

図8-6　集荷〜配達ビジネスプロセス（1998年以前）

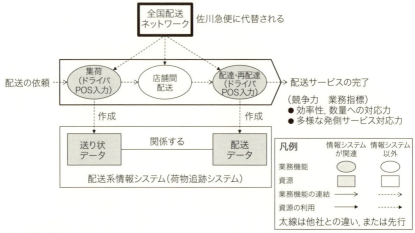

出所：筆者作成

り状伝票（紙）を記入する。送り状伝票はPP経由で送り状データとして，情報ネットワーク（図中には省略）を通じて情報システムに記録される。全国の配送ネットワークを通じて，発側の営業店から着側の営業店に荷物が配送され，その後届け先に配達を行う。その際，発側の営業店で入力された配送データはセンター，着側の営業所に送られ，最終的に元の送り状データに関係づけられるような形で配達完了データが記録される。

　ビジネスプロセスは，届け先への配達によりプロセスが完了することとなるが，本ビジネスプロセスの競争力は，効率性と様々なサービスに対応できる全国配送ネットワークであった。全国配送ネットワークにより，拡大する宅急便事業に対応できるだけでなく，クール宅急便や時間帯指定等，同等のサービス品質で他社が追随することが困難なサービスもある[20]。当時の全国配送ネットワークは価値ある希少な「資源」で，かつ模倣が非常に難しいものであった。1990年代後半には，宅配便のシェアも40％以上となる。

　この時点では，情報システム自体は企業内の配送業務を支援するもので，情報を顧客に向けたサービスとして提供されるわけではない。そのため，情報は競争力に直接的に貢献するものではなかった。つまり，高度な情報システムを

構築しているが，事業基盤としての位置づけであり，経営層も差別化を行うための資源としての認識が高いわけではなかった。

ただし，前述のように，佐川急便の宅配事業参入，インターネット通販市場の拡大という，大きな経営環境の変化が訪れる。個人に向けた全国配送ネットワークは価値あり模倣困難な資源であったが，企業向け小口配送（B2B）を得意としてきた佐川急便に代替されていく。佐川急便は，自社社員のドライバーを雇用するのではなく，また自社営業所を設置するのでもなく，地域の配送業者と連携することで，ヤマト運輸と同等の個人宅向け（B2C）全国配送ネットワークを構築した。ヤマト運輸の「配送網」という資源は模倣が困難であったが，同等の機能を代替することは可能であった。

全国配送ネットワーク，および低価格での配送により，図8-2に示すように両社のシェアは一気に縮まる。一時期ヤマト運輸のシェアは40%以上あったが，佐川急便参入後わずか2年後，2000年にはヤマト運輸33.4%，佐川急便21.6%と12ポイント弱の差となる。さらに，第5次NEKOシステムの導入が始まる2002年にはヤマト運輸33.9%，佐川急便29.4%と5ポイント以下の差となった。B2Bに強い佐川急便はB2C市場でもシェアを伸ばしていく。

8.3.3. 2000年〜2005年：資源セットの変革期
第5次NEKOシステム期（1999年〜2005年）

佐川急便は1998年に宅配事業に参入し，1999年には，ヤマト運輸に先行してITを利用したインターネット系サービス「e's（イーズ）[21]」を立ち上げていく（表8-2参照）。佐川急便は，もともと企業向けの小口配送を得意としていたため，電子的なデータ連携（Electronic Data Interchange；以下EDI）等の荷主である企業の個別ニーズに柔軟に対応していた。当時のヤマト運輸は，これら荷主企業のニーズにうまく対応できず，ビジネス機会のロスが発生している状況にあったと言われている[22]。

あわせて，佐川急便は2000年に，インターネットによる荷物検索だけでなく，ヤマト運輸に先行して，代引きでのクレジット決済「e-コレクト」や配達完了e-メールのサービスを開始する。ヤマト運輸は，これまで，有力なサービスに

おいて他社に先行されることはなかった。佐川急便にITを利用したサービスで先行されたことで，またシェアの急激な追い上げもあり，経営層の危機感が急速に高まる。

そもそも1999年に利用が開始された第5次NEKOシステム（図8-5参照）は，佐川急便のインターネット系サービス立ち上げ前に検討が開始されたものであった。ただし，第5次NEKOシステムは，量的対応という旧来の方針の延長線上にあった。企画段階においては，情報システムのオープン化，リアルタイム化を目指すというものであったが，投資金額の大きさもあり，経営陣から素直に投資の承認が下りたわけではなかった[23]。また，オープン化[24]は着手したものの，開発当時の段階では比較的新しい技術領域でもあり，プロジェクトも難航することとなった[25]。このため，2002年に，ようやく段階的な利用を開始するに至った。佐川急便にインターネット系のサービスで後手に回るのはこのような背景もあった。

この時期，ヤマト運輸は配送網の改革を進めていく。ヤマト運輸は，1998年に時間帯指定の配達サービスを開始しており，配達時間の精度を高める必要性もあった。2003年より，エリア・センター制を開始し配送拠点となる営業所の細分化を開始する。ヤマト運輸は，エリア・センター制移行の目的を，「宅急便ネットワークを再構築し，お客様へのアクセスタイム10分を目安に小集団組織化することによって，サービス品質を向上させ，取扱個数の拡大につなげる」と述べている[26]。2000年には支店数で2,000店程度であったものが，2003年には3,000店，2007年以降は6,000店と急激に店舗数を増やしている[27]。佐川急便は2016年段階でも450店程度であることから，佐川急便に対して10倍以上の配送拠点を持つことになる。

同時期，携帯電話の導入も始まる。2004年には「ドライバーズダイレクト」サービスを開始しており，地域担当のセールスドライバーが携帯電話を通じて再配達等の連絡を受けることが可能となった。これにより，細分化された「小エリア配送網」という資源を生かした再配達サービスを実施する。ただし，携帯電話はあくまでも連絡用で，現在のような通信手段としての用途には用いられなかった。

また，2002年には，荷物が届く日時をお客様にeメールで送る「宅急便メー

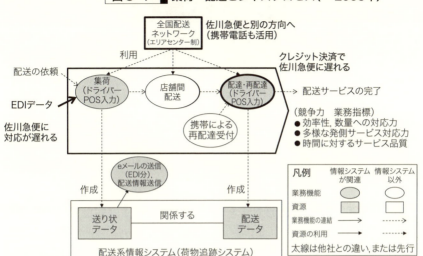

図8-7 集荷〜配達ビジネスプロセス(〜2005年)

出所：筆者作成

ル通知サービス」が開始される。協賛企業から電子的に配達先のeメールアドレスをいただくことで，届け先にeメールを送付するというものである。配送時間帯等の指定もできるが，eメールが送付できるのは協賛企業の数に依存するため，当時の段階ではまだサービスとしても限定的であった。

　以上，集荷〜配達ビジネスプロセスをまとめると，**図8-7**のようになる。

　先述のように，佐川急便に代替された全国配送網を，エリア・センター制により小エリアに細分化した配送網に変えていく。顧客に呼ばれればすぐに対応できる配送網は他社が持たないヤマト運輸独自の資源となる。同時に佐川急便に先行されたEDIの対応やeメールの送付についても追従していく。

　ただし，図8-7からもわかるように，追加された個々の業務機能が連携したものではなく，旧来の業務機能を個々に支援するものに留まっている。例えば，EDIで入手したeメールアドレスをもとに，届け先にeメールを送る取り組みが始まるが，時間帯指定等が連動しているわけではない。携帯電話も連絡手段に留まっていた。

　この段階で，「配送網」の再構築と「配送情報」の資源としての活用がすす

められる。全体が一貫したビジネスプロセスの構築はこれからとなるが，要素としては情報面の重要な施策がビジネスプロセスに組み込まれることになった。ただし，先行する佐川急便に追従する形で必要なサービスを整備していく段階であり，ITを利用したサービスが必ずしも差別化にはつながらなかった時期である。

この間，シェアの差は平行線となる。2004年は，ヤマト運輸33.7%，佐川急便31.0%と3ポイント以下の差となった。ヤマト運輸は，取扱個数は増えるものの，シェアは2000年の33.4%からほとんど変化していない。対する佐川急便は5年間に9.4ポイントのシェアの伸長があり，その差もわずかとなった。

8.3.4. 2005年～：「配送網」+「配送情報」による競争優位の構築期
第6次NEKOシステム～第7次NEKOシステム（2005年～）

第6次NEKOシステム（2005年）から第7次NEKOシステム（2010年）の世代は，経営戦略とIT戦略が一体となり，ヤマト運輸が新たな差別化を実現していく方向に舵を切った時期に相当する。決済やITを利用したサービスを拡充するとともに，個人宅へのドア・トゥ・ドアで荷物を届ける宅配サービスの最大の課題である「不在」にも対応していく。

まず，第6次NEKOシステム（図8-8参照）は，「お客様，特に荷物が到着する立場の方の利便性を向上させる。同時に，モバイル時代（携帯電話時代）に対応」と述べられている[28]。これまで，ヤマト運輸は個人を中心とした発送側のニーズに対応してきた。インターネット通販市場の拡大もあり届け先に対するサービスを充実させていく[29]。具体的には，軒先でのクレジットカード決済，不在連絡票の2次元コード（QRコード）による再配達指示の簡略化，配送情報のリアルタイム更新が実現される。これらは，施策として相互に連携されており，携帯電話に通信手段としての役割を持たせたことで可能となった[30]。屋外でのクレジットカード決済だけでなく，例えば配達情報をリアルタイムに更新できるため，問い合わせや再配達指示のためのデータ精度も向上することとなる。

さらに，第7次NEKOシステム（図8-9参照）では，「次世代NEKOシス

第8章 ヤマト運輸—ITを用いた変革による競争力の形成 159

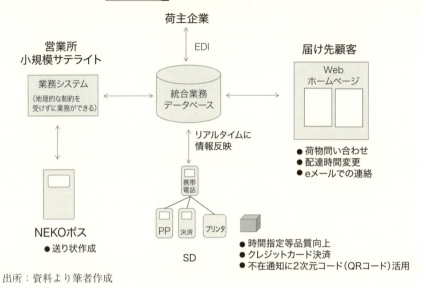

図8-8 第6次NEKOシステム 2005年

出所：資料より筆者作成

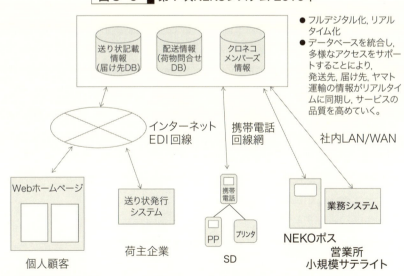

図8-9 第7次NEKOシステム 2010年

出所：資料より筆者作成

テムでは，ヤマト運輸とお客様とのコミュニケーションを深め，そこから生まれるご要望を実現していくことを目的にシステム構築を行っています」とある。これは，「平成12年に導入した第5世代までの情報システムにおける開発時の主要テーマは，増加し続ける宅急便に対応する社内の業務効率化。そのため比較的閉鎖的なシステムであり，インターネットが普及する中では時代の流れに遅れをとるような側面を持ち合わせていました」とあり，「基本的な発想を『社内の業務効率化システムからお客様に便利なシステムへ』と転換し，徹底的に『お客様の視点』を意識」とある[31]。第7次NEKOシステムは第6次NEKOシステムのコンセプトを継承し，配送面の量的対応やこれまでの延長線上にある発側個人向けサービスを追加するという発想ではなく，物流と情報流，決済流の統合を志向している[32]。

　具体的には，配送に関わる情報のデジタル化（フルデジタル化[33]）や会員情報（クロネコメンバーズ）の統合を図り，社内だけでなく顧客からもアクセス可能とする。これらデジタル化された情報を統合し，活用することで，例えば，クロネコメンバーズの会員情報をもとに配送前に配達予定情報（先送り情報）をeメールで送信することで[34]，インターネットから指定されればコンビニ等での受け取り方法の変更や，顧客が在宅の時間帯に合わせ配達するということを実現したものである。特に，インターネット通販を多用する単身世代は，日中自宅にいないことが多いため，例えば，自宅外でeメールを受信した時点で携帯端末から受け取り方法が指示できれば，顧客も確実に商品が受け取れるだけでなく，ヤマト運輸にとっても不在を削減できるというメリットがある。

　第6次NEKOシステム時点の集荷〜配達ビジネスプロセスを**図8-10**，第7次NEKOシステム時点の集荷〜配達ビジネスプロセスを**図8-11**に示す。第5次NEKOシステムでは，ビジネスプロセスとうまく同期されていなかったeメールの配信や再配達時間帯指定の機能が，段階的にビジネスプロセス内の業務機能として連携されていく。

　第5次NEKOシステム世代では，日次でしか配送情報が更新されないため，配送状況はセールスドライバーに直接問い合わせないと現時点の荷物がどのような状態にあるかわからなかった。第6次NEKOシステム世代になり，携帯電話を用いた配送情報のリアルタイム更新が行われると，

第8章 ヤマト運輸―ITを用いた変革による競争力の形成　161

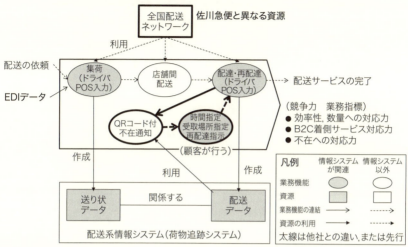

図8-10　集荷〜配達ビジネスプロセス（2005年〜）

出所：筆者作成

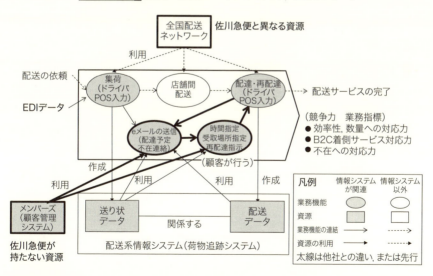

図8-11　集荷〜配達ビジネスプロセス（2010年〜）

出所：筆者作成

不在　→　再配達連絡票にQRコードのシールを貼る
　　　　　　　　→　携帯電話よる再配達時間の指定
のビジネスプロセスがリアルタイムで機能するようになり再配達の負荷が削減される（図8-10）。さらに，第7次NEKOシステムでは，統合された配送データベースにクロネコメンバーズの会員データが加わることで，
　　EDIデータ＋会員情報マッチング
　　　　　　　→　eメールで配達予定日を通知（先送り情報）
　　　　　　　　→　受け取り方法・配達時間帯の指定
の比率が増えていく（図8-11）。

　このように配送情報がビジネスプロセスと密に結合することで，ヤマト運輸の小エリア配送網を用いれば，時間帯指定があれば高い精度で在宅時に配達できる。そのことで，不在率の削減，再配達の効率化に大きく貢献することになる。2000年以前は地域によっては30～40%あった不在率が，2014年末時点は20%前後になったと言われている。この時点で年間15億個以上の配達を行っているため，その効果は計り知れない。

　以上のように，ヤマト運輸は，送り状のデジタル化，リアルタイム配送データ，クロネコメンバーズをフルに活用し，エリア・センター制で構築した地域に密着した小さなエリアによる配送網を最大限生かした施策をとる。また，これまで社内に閉じた集荷～配達ビジネスプロセスも，荷主からのEDIデータや，顧客の「配達時間帯の指定」がビジネスプロセスに加わり，社外の関係者がビジネスプロセス上重要な役割を果たすことになる。

　「配送網」という独自資源セットと，「配送情報（会員情報含む）」という新たな資源セットがビジネスプロセス上で結合され，また，情報システムによってビジネスプロセス上の業務機能が同期することで，他社が容易に模倣・代替できないサービスが実現されることとなっている。

　サービスの充実に伴い，2005年以降ヤマト運輸のシェアは徐々に拡大していく。2005年には34.6%だったシェアは，2010年には40.6%，2015年には45.4%となり，毎年シェアを伸ばしている。また，いったん縮まったヤマト運輸と佐川急便のシェアも徐々にではあるが広がっていく。2004年に3ポイント以下に縮

まった差は4〜6ポイントの差に広がる。2015年末で見ると、大口インターネット通販企業の配送業務の移管により、シェアは11.9ポイントの差となった。

8.3.5. 情報システムの再構築に関わる組織的活動について

本項では、ヤマト運輸において、2000年以降の情報システムの変革が、組織的にどのように進められていったか確認を行う。本項における議論を先取りすると、いくつかの取り組みは最終的な姿に対する細部の設計図があり、そこに向かって計画的に行われたわけではないことがわかる。事後的に資源セットの価値が認識され、経営戦略や情報システムの企画内容として取り込まれていく(Mintzberg, 1987)。

取り組みのなかでも比較的計画的に進めていったものとして、例えばエリア・センター制がある。エリア・センター制の前段階に時間帯指定サービスがあり、サービス品質向上の延長線上で進められていった。ヤマト運輸は個人向け翌日配送のための配送網構築を目指した先駆者であることから、当初から他社よりも営業店を多く保持していた。2003年以降、そのサービス品質をさらに高める目的からエリア・センター制が戦略的に計画化され実行されている。もちろん、不確実な側面もあるが、時間帯指定の効果を認めたうえで、競合企業とサービスの差別化を行うために更なる施策を計画的に実行に移していったことになる。

しかし、2000年以前において、「リアルタイムで配送情報を反映することについては、その重要性が経営陣には理解されなかった」と言う[35]。実際企画を進める責任者も、投資に対する効果を具体的に説明することができなかったため、投資案件をこれ以上進めることができなかった[36]。例えば2000年時点において、配送情報はインターネットを通じて検索可能となっていたが、セールスドライバーが帰社しないと配送情報は更新されない。翌日配送を基本とする宅急便ではあるが、情報は常に遅れた内容だった。ただし、「これは問題かもしれないが、経営者から見て、配送情報がリアルタイム化されることにより、どれだけサービスとして有効か、また収益上の効果があるかは全く不透明であった」と言う[37]。配送情報の収集をリアルタイム化することの機能的意味は理解

できても，リアルタイム化がもたらす事業的な意味や効果については企画者も説明が難しく，経営層もイメージを具体的なものに結び付けることはできなかった[38]。

　ヤマト運輸の経営者は，必ずしもITの専門家ではなかったため，新しい技術に対する利用方針を示すことが難しかったと考えられる。また，ITの専門家ではあるが，情報システムの企画責任者にとって，具体化された経営的な効果を示すことは容易ではなかった。

　その後，元みずほ銀行で情報システムのトラブルを経験し，情報システムの重要性に理解のある木川氏が社長となり，情報システムに対する整備が進んでいく。それまでの経営者は，ITの専門家ではなかっただけでなく，ITが経営に及ぼす影響については十分理解しているとは言えなかった。そのため，新しい技術がもたらす事業上の価値に対して方針を示すことが難しかったと考えられる。木川氏が社長となり，また佐川急便のシェア拡大もあり，ヤマト運輸経営層は，情報システム整備の遅れを経営課題レベルに取り上げ，担当役員を設置するなど，情報システムに対して積極的な関与を始める。そのことで，経営戦略とIT戦略の関係を深め，後続の施策が有効に機能していくこととなる。

　時を同じくして，コレクトサービスにクレジットカードの対応が求められ，軒先で決済ができる仕組が必要になった。決済にはリアルタイムの通信が必要となるため，当時サービスが始まったばかりの携帯電話によるデータ通信が採用され，あわせて配達完了情報もリアルタイムで更新されることになった。同時にQRコードによる不在連絡票との連携も進められていく。実際にサービスを提供してみると，個人世帯向けの荷物は不在が多くなるため，受け取り方法の指定や時間帯指定が有効な策として認知されるようになる。そして荷物発送時点で受け取り方法が指定できる仕組みの有効性が数値として社内で認知されていく[39]。同様のことが，eメールやクロネコメンバーズ会員にも言える。当初送り状発行のために小さく始めたものが，有効性に関する社内コンセンサスが得られ，新たな施策が推進されていく。これら施策が進んだことで，「リアルタイム配送情報は届け先顧客のサービスの向上につながる」との共有認識が形づくられ，2005年以降に配送情報をもとにしたIT面の施策が次々と実行されていく。

もちろん，新しい技術を利用した施策を実現するために，技術面でもベンダートップ層との交渉を通じ施策を実現している。ヤマト運輸が携帯電話によるデータ通信を行う際は，パナソニック，東芝，NTTデータの各社の役員層と技術面の交渉を行い，施策を実現することとなる。セブン-イレブン同様，パートナーとなる企業間での信頼関係が，新しい技術の利用に向けた推進のベースとなっている。

このように，2000年～2010年の情報システム面の変革は，機能的な必要性は理解できてもその経営的な有効性を示すことが難しく企画が推進されなかった。その後，様々な施策の有効性が事後的に確認され，既存の仕組をうまく利用することで段階的に推進されていった。不確実な経営環境において，綿密な計画によって，ビジネスプロセスに高い整合性をもって資源を組み込んでいくことは現実的には難しいと考えられる。計画的な取り組みと，事後的な施策や資源の評価を通じて，最終的にはITや資源をうまく活用する仕組が構築されていく。新たな施策の有効性が事後的に認知されることにより，1～2年ごとに次々と新たな施策や機能強化が繰り返し進められていく。そのことで，ITがもたらす価値が経営層の共通認識となり，ITを利用した様々なサービス[40]の整備がさらに進んでいくこととなる。

8.4. ヤマト運輸におけるビジネスプロセスの変化と競争力

前節では，情報システム世代別に集荷～配達ビジネスプロセスについて記述を進めてきた。以下，セブン-イレブンの事例分析と同様に，情報システムによる業務機能のリアルタイム結合状況，複数資源を組み合わせた「仕組」の形成，資源結合がもたらす価値と模倣困難性の3点について考察を進める。

8.4.1. 情報システムによるリアルタイム結合

ヤマト運輸の集荷～配送ビジネスプロセスは5年程度の期間をおいて大型の情報システム投資が行われている。8.3節の図8-6，図8-7，図8-10，図8-11では，情報システムが集荷～配送ビジネスプロセスにどのようにかかわっ

ているかを示してきた。

　第4次NEKOシステムまでの情報システムは，主に量的側面から，いかに社内の配送業務を効率的に行うかが第一の目的であった。集荷の段階での送り状伝票の起票に始まり，営業店間・センター間の配送を支援し，最終的に届け先への配達を情報面からサポートする。送り状データは，各業務機能を送り状番号で追跡可能となり，どこに荷物を届けるかだけではなく，現在どこに荷物があるかも把握できるようになっている。集荷から配送に至るビジネスプロセス上の業務機能が送り状番号をもとに日次レベルで連携されることになる。ただし，電子的に記録される情報は，伝票番号，商品種別，営業店コード，郵便番号等の配送に関わる限定的な情報であり，後の届け先に関するその他の情報まで電子化されているわけではなかった。

　2000年以降の第5次NEKOシステムでは，オープン化を進めると同時にEDIの推進，配送情報のeメール送信，携帯電話による再配達等，部分的にサービスや業務機能が結合されていく。続く2005年以降の，第6次NEKOシステムでは，携帯電話により配送データのリアル化とQRコードの採用，さらに第7次NEKOシステムでクロネコメンバーズの会員情報と送り状データの結合した配達予定メールの送信と受け取り方法の指定等，複数の業務機能がビジネスプロセス上でつながることになる。

　第6次NEKOシステム以降の段階で，情報システムを通じて送り状データ（配送データ），そして顧客情報がビジネスプロセス上の業務機能に結合され，ビジネスプロセス全体が効率化されている。ヤマト運輸では集荷から配達までのプロセスが伝票番号で管理されており，配送データのリアルタイム更新により各業務機能で実際の荷物と情報がほぼ同期がとれた状態になっている。そのことで2000年以前までの業務の効率化だけでなく，2005年以降のサービスの拡大につながっている。これらの施策の実現は情報システムなくして実現されない。情報システムによるビジネスプロセス上の業務機能の結合は，配達の効率化やサービス向上に向けて，重要な役割を果たしていることがわかる。

　以上のように，第5次NEKOシステムまでは，どちらかというと個々の集荷・配送業務を効率化するもので業務機能自体は情報システムによってリアルタイムには結合されていなかった。それが，第7次NEKOシステムの段階では，ビ

ジネスプロセスに新たな業務機能が加わり，集荷〜配達に至る一連の業務機能が，情報システムによってリアルタイムに結合され，業務の実施タイミングがコントロールされることで業務上のムダが削減されていく。そのことで，他社が持たないサービスを実現したり，不在への対応能力を向上させたりしている。

8.4.2. ヤマト運輸における「仕組」の形成と競争力

セブン-イレブンの事例同様，ヤマト運輸についても競争力を実現する「仕組（競争力に対して整合性を持った資源と活動の組合せ：3.4.3項参照）」の変化について確認を進める。

(1) 〜2000年：「配送網」による競争優位期

2000年前後までは，配送網資源セットを単独で高い競争力を築いてきた。ドア・トゥ・ドアで全国の個人宅に配送できる配送網は参入障壁が高く，競合する企業も少なかった。特に，クール宅急便のような専用のトラックと荷物の取り扱いノウハウは他社にとって非常に追従が難しい「資源」であった。この配送網資源セットにより，事業開始以来リーダーとしての地位にあり，佐川急便が宅配事業に参入する前には，シェアも40％を超えるまでになった。

ところが，先述のように，1998年の佐川急便の宅配事業参入がヤマト運輸にとって大きな脅威となる。佐川急便はヤマト運輸のような小エリアの配送網を持たないが，既存の企業向け物流網と外部の配送業者を組み合わせることでヤマト運輸に近づく配送網を構築した。ある意味，資源の模倣は行われなかったが，代替的な配送網を実現した。また，ヤマト運輸において後に資源となる配送情報は業務遂行上必要な範囲で利用されるに留まっていた。このため，単独で存在する配送網資源セットが代替されただけでなく，佐川急便に対して，情報システムを利用したサービスの整備で遅れを取ることになる。2002年のビジネスプロセス変革のタイミングでは，両社のシェアは，ヤマト運輸33.9％，佐川急便29.4％と5ポイント以下の差となる。

(2) 2000年～2005年：資源セットの変革期

　佐川急便の急速なシェア拡大に伴い，ヤマト運輸経営層の危機感が高まる。その中，ヤマト運輸では新たに競争力を高めるための変革が進められている。具体的には，配送網の再構築とともに，情報システムの大幅な見直しが行われる。

　情報システムの見直しの１つは2002年に行ったサーバのオープン化である。オープン化に伴い荷主企業との送り状データのEDIによる連携が進むだけでなく，外部に対する配送データの公開が技術的に容易になる。ヤマト運輸の場合，すでにインターネットを通じて荷物番号による配送状況の確認が可能であったが，先々に続く送り状のフルデジタル化等の推進において，オープン化のメリットが大きく拡大していく[41]。

　なお，送り状のデータ連携については2000年以前から対応しているが，荷主企業とのデータ連携による効率化を目的としたもので，ヤマト運輸内でのサービスへの活用を目的としたものではなかった。その後2002年の基幹系情報システムのオープン化を経てEDI自体が取り組みやすいシステム構造となり，また2003年から一部協賛企業よりeメールアドレスを入手し発送時点で連絡することができるようにもなるが，受け取り時間帯の指定が連続してできるものではなかった。つまりこの段階では，まだ小エリア配送網は独立して存在する資源

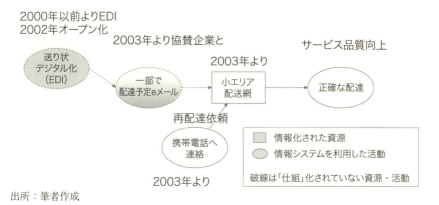

図8-12　配達業務効率化・不在対応に向けた仕組（～2005年）

出所：筆者作成

セットと言っても良い。

見直しの2つ目は携帯電話の導入である。これはエリア・センター制との関係が深い。エリア・センター制によりセールスドライバーが10分以内に配送できる小エリアを担当することとなるが，時間帯指定や再配達には何らかの連絡手段が必要となる。セールスドライバーに携帯電話を持たせることにより，時間精度の高い配達が可能となる。この段階で，小エリア化された配送網と整合性を持った業務機能が追加されていくことになる（**図8-12**）。

これら施策は，以降の新たな施策の展開に向けて重要な位置づけとなるが，この段階では他社に対して優位な競争要因となっているわけではない。佐川急便では配送状況の公開はすでに行われているだけでなく，企業との送り状データ連携についても，ヤマト運輸より対応の柔軟性が高かった。配送網の再構築と配送情報の活用（資源としての活用）が始まるが，資源セット間の連携は連絡手段としての携帯電話に留まり，それぞれの資源セットがうまく組み合わされた形で施策が実施されているわけではない。

ただし，視点を変えると，佐川急便の持つIT面の施策は数年の間で模倣が可能であったとも言える。他の資源と結合していないIT単独の資源は模倣が可能であり，一時的な競争優位となると言われており（Mata et al., 1995等），本事例においても同様のことが言える。

この間，シェアの差はほぼ平行線となるが，2004年には，ヤマト運輸33.7%，佐川急便31.0%と3ポイント以下と，その差もわずかとなった。

(3) **2005年～：「配送網」＋「配送情報」による競争優位の構築期**

2005年の第6次NEKOシステムによるビジネスプロセスの再構築を経て，ヤマト運輸は再度シェアを伸ばしていくことになる。その際，配送網という資源セット単独から生み出されるサービスから，情報面の資源セットを組み合わせた形で，顧客に対するサービスが数年ごとに繰り返し追加・改善されていく（表8-2参照）。同時に，量的対応や業務効率に関わる不在の対応等でも対応力を増していく。

1998年に始まった時間帯指定サービスで，不在の削減は進んだものの，不在時は旧来までの不在連絡票をもとにセンターへ電話することで再配達を受ける

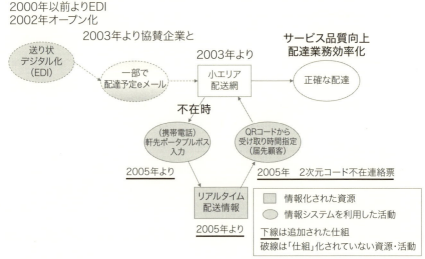

図8-13 配達業務効率化・不在対応に向けた仕組（2005年〜）

出所：筆者作成

しかなかった。第6次NEKOシステムの「不在連絡票のQRコード対応」，第7次NEKOシステムの「会員情報を用いたeメールによる配達予定の先送り」と「配達方法の指定」により，確実に商品を受け取りたい単身世代層に向けたサービスが格段に向上しただけでなく，コールセンターを経由した再配達や荷物の問い合わせも少なくなり，不在への対応が大幅に効率化される。

具体的には，2005年に携帯電話を通信用に用いることで，リアルタイムでの配送情報の更新が可能となった。また，QRコードのシールの貼られた不在連絡票をもとに配送時間帯を指定できるようになる。不在時の再配達に対して，小エリア配送網の強みが生きてくる。すなわち，資源である配送網とリアルタイム配送情報が組み合わされることで効果を発揮できることになった（**図8-13**）。

さらに2010年にはクロネコメンバーズの会員データと送り状データをマッチングすることにより，eメールによって配送情報を先送りすることで，配達前に自宅外からでも時間帯指定が可能となる。この段階で，ほぼ現在の仕組みが

図8-14 配達業務効率化・不在対応に向けた仕組（2010年～）

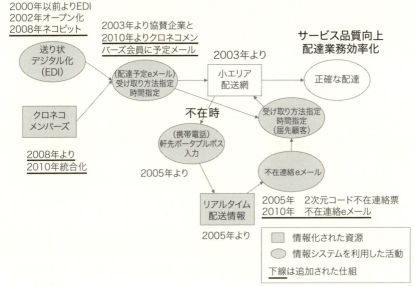

出所：筆者作成

実現されることになる。資源である配送網，配送情報，クロネコメンバーズ会員情報が情報システムを通じて相互に結合（連携）することとなる（**図8-14**）。

これらサービスは小エリア化された配送網とリアルタイム配送情報を前提としたものであり，ヤマト運輸独自の両資源セットの価値を有効化するものである。情報システムがビジネスプロセスを複線化し，配送網と配送情報（含む会員情報）がビジネスプロセス上で組み合わされることにより資源セット間の相乗効果として個人宅への配達能力が高まる。

サービスの充実に伴い，2004年に3ポイント以下に縮まったシェアは徐々にではあるが広がっていく。2015年度末では，大口インターネット通販企業の配送業務の移管により，シェアは11.9ポイントの差となった。

以上の考察から，情報システムを通じて「配送網」と「配送情報」の2つの資源セットがビジネスプロセス上で組み合わされることによって，資源がもた

らす競争力を再度高め，いったん落ち込んだシェアを取り戻していることがわかる。変革期（2002年）以前においては，ヤマト運輸と佐川急便は配送網の違いはあるが，宅配サービスについて大きな差があるわけではなかった。つまり配送網自体は同等の機能を持つ「資源」であったと考える。変革期（2005年）以降は2つの資源セットを組み合わせて，届け時間指定面のサービス品質，不在対応力という多面的な価値をもたらすだけでなく，この時点ではヤマト運輸のみが提供できる施策となり，単身世帯に向けた配達サービスでは他社が容易に追従できない優位性を実現している。

以上のような歴史的経路をたどって，単独資源セットによる競争力から，複数資源セットが組み合わされることにより，ヤマト運輸は競争力を維持している。

図8-15 ヤマト運輸　業務指標と資源セット間の組合せの変化

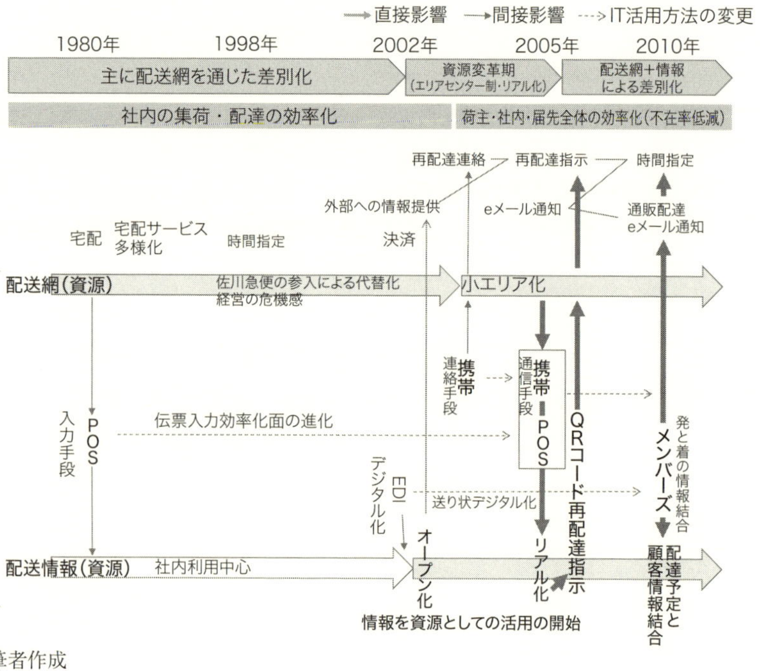

出所：筆者作成

(4) 資源セットと仕組の変化

　本節における資源セット間の結合についての考察を通じ，ヤマト運輸において，近年の価値あるサービスが突然出来上がったわけではないことが理解できる。当初は枝分かれしたいくつかの施策が，情報システムの整備を通じ，段階的にビジネスプロセスに組み込まれていくことで現在の仕組となっている。2000年以降の急速な経営環境の変化の時期において，業務機能と複数資源がどのように組み合わされていったか，時系列なまとめを行いたい。

　ヤマト運輸における「配送網」と「配送情報」という2つの資源セットが，ビジネスプロセス上で組み合わされて高い競争力を維持してきた。ヤマト運輸の競争力指標である宅配便のシェアを，ビジネスプロセスが目指す業務指標に分解し，各世代でどのような活動と資源セット，および情報システムが組み合わされた仕組が構築されてきたかを**図8-15**に示す。

　図8-15からも，ビジネスプロセスが急速に変化していくのは，2000年頃のライバルである佐川急便の急速なシェアの伸びがきっかけとなっている。それまでは，配送の効率化による量的対応，発側サービスの開発という，主に「企業内部の課題への対応」を中心としていた。第5次NEKOシステムまでは，その方向性をもとに情報システムの整備が進められた。

　2000年以降は，佐川急便のシェア拡大が要因となり，経営層の危機感が高まる。特に，B2C市場の拡大に対応してヤマト運輸は有効な策が出せていなかった。これら「外的な環境変化への対応」がトリガーとなり，情報システムの整備が加速される。また，発側サービス開発から着側サービス開発へと異なる方向にビジネスプロセスや資源の再構築が始まる。

　ただし，B2C市場に向けたサービスの整備という方向転換はあるものの，先々に向けた具体的な設計図がありすべてが計画的に進められたわけではないと言う[42]。配送網についてはエリア・センター制への移行が始まるが，携帯電話の導入やEDI等のITを利用したサービスは，佐川急便への追従レベルで何らかの差を生むものではなかった。

　ヤマト運輸において，配送情報という資源セットは，事後的にその有用性が認知されていく。配送情報のリアルタイム更新も，具体的な利用方法があって，それを実現するために開発されたものではなく，クレジットカード決済に対応

することで実現されたものであった。また，携帯電話も再配送の連絡が主な目的であった。その後，携帯電話，リアルタイム配送情報の実現が見えてくると，新たに得られた資源の活用が進みだす。同様に，クロネコメンバーズも，もともとは送り状の発行を目的とするものであったが，リアルタイム情報に注目することで，新たな施策の実現が始まる。これは，それぞれにかかる投資金額も大きかったため，投資後にさらなる事業への貢献が求められたことも要因であると考えられるが，実際は，これらの施策が投資前の段階から計画されたものではなく，経営者，情報システム部門が有用な「資源」として認知することで実現され，また実現された施策も有効性（もしくはうまくいかなかったこと）が確認されることで，繰り返し施策が追加・見直されていく。

　また，ビジネスプロセスを通じて結合した資源セットの構築には10年近い時間がかかっている。ただし，サービス自体は2年から5年程度の短い期間をおいて追加，または機能強化していることが確認できる。2000年から数年は，佐川急便のサービスにキャッチアップする意味合いもあったが，2005年前後から届け先顧客に向けたサービスが数年ごとに追加・機能強化されていく。

　この短期間に繰り返される取り組みにより，複数資源セットの組合せは相互補完性が高まり，段階的に関係が強くなっている。当初情報資源セットは，届け先顧客に向けたサービスという点では競争力には貢献しなかったが，安定的な配送網という資源と組み合わされ，また情報資源セットが新たなサービスを生み出すことで競争力が向上することになる。

8.4.3. 資源結合がもたらす価値と模倣・代替困難性について

　相互補完的に組み合わされた資源セットは，単独の資源では生み出せない価値を生み出していると考えられる。ただし，高い競争力が実現されたとしても，他の企業に資源がもたらす価値が模倣・代替されると，高い競争力が維持されているとは言えない。ヤマト運輸が提供す価値はどのようなものか，またその価値の模倣・代替困難性について考察の補強を行う。

　2000年前後までのドア・トゥ・ドアの配送網は，宅配事業を行う上での参入

障壁であり，他社にとって獲得が困難な資源であった。ただし，企業間小口配送網を持つ佐川急便の参入によって，優位性をもたらす資源とは言えなくなった。その後，自社配送，小エリアという独自の配送網は，情報システムと組み合わされることで，いくつかの価値を生み出すこととなる。

　価値の1つは，届け先顧客に対するサービスの向上である。近年，個人世帯も増えてきたことから，宅配ではなく個配が必要となっていると言われている。個人世帯は，インターネット通販の利用も多いが，日中不在であることが多い。確実に荷物を受け取るためには，指定時間に対する正確な配送や，コンビニエンスストア等での受け取り場所の指定が求められる。ヤマト運輸では，エリア・センター制で構築した，10分でサービスドライバーが配達可能とする小エリアの配送網と，自宅にいなくても受け取り場所指定，時間帯指定を可能とする情報サービスを組み合わせることで，他社がまねできない有利なサービスを実現している。合わせて，確実に早く届けられるということで，荷主の企業にとってもメリット[43]が大きい。

　もう1つの価値は，ヤマト運輸にとっての業務効率に関するメリットである。個人宅への配達は不在への対応が問題となる。例えば不在の率が30％だとすると，100個の荷物を配送するためには，1度で再配達ができたとしても130回の配達が必要となる。また，いつ在宅しているのかわからないセールスドライバーにとって，不在が繰り返されると精神的な負担も大きいと言われている[44]。受け取り場所や時間帯の指定により1回で配達できることは，宅配業者だけでなく，セールスドライバーにとってもメリットが大きい。このように，配達効率が増すということは，収益力の向上だけでなく，増加する個数への対応のためにも必要な施策である。

　以上のように，顧客から見て，荷主企業から見て，事業の責任者から見て，セールスドライバーから見て，それぞれにとって価値ある仕組となっている。ヤマト運輸において，新たな資源群がもたらす価値は，ある1つの価値ではなく，それぞれの関係者に多面的な複数の価値をもたらしていることがわかる。

　このような価値をもたらす仕組は，前述の考察を通じて，小エリアの配送網とリアルタイム配送情報，クロネコメンバーズ会員情報がうまく組み合わされ

たものであることがわかる。優位性のある仕組を構築するには，小エリア配送網と配送情報（会員情報含む）のどちらが欠けても実現できない。配送網，配送情報を個々に取り上げれば，部分的に模倣・代替することは競合企業にとって難しくないかもしれない。ただし，最終的な価値を提供するために複数の資源が相互に結合され，かつ資源間の相互依存性が強まると，全体を模倣することはかなりの困難を伴う。

　この相互依存関係が実現されている理由は，例えば，正確に配送情報を入力したり，時間帯指定通りに確実に荷物を届けたり，自社の社員による配達であることも何らかの影響がある[45]。つまり，相互依存関係が生まれたのは，企業の戦略の違いや組織文化[46]等，資源の周辺にある要素，またそれら要素が生まれた歴史的経路が複雑に関係していると考えられる。また，相互依存関係を保つのは企業内の活動だけではない。ヤマト運輸の集荷から配達に至るビジネスプロセスには，顧客が受け取り方法や配達時間帯を指定するという活動が連結されている。もちろん全ての顧客がこの機能を利用しているわけではないが，クロネコメンバーズのような継続的にサービスを利用する会員の情報を持たない他社にとって，EDIデータだけで同等のサービスを実現することは難しい[47]。このように顧客の活動と密接に結び付いたビジネスプロセスは，他社にとってさらなる模倣の難しさにつながる。

　最後に，競争力に対して複数の価値を持つ仕組は単純に代替することは困難と考えられる。ある価値に限定されるなら，何らかの代替の手段があるかもしれない。確かに，2000年ごろの佐川急便の企業向け小口配送網＋地域の配送業者との連携は，ヤマト運輸の配送網を代替するものだった。逆に，佐川急便が先行したEDIやメールサービスも数年で模倣が可能であった。今回，配送網と情報資源が組み合わされ，配達サービス品質，業務効率，その他多様な価値を生み出すことになると，仕組の複雑さと合わせて，ひとつひとつの価値を代替していくことは他の企業にとって容易ではない。

　以上から，ヤマト運輸においては，複数資源が相互依存的関係をもって価値を生み出していること，また組み合わされた資源群が複数の価値をもたらしていることから，その模倣・代替困難性より高い競争力が長く維持されていく可能性があると考えられる。

注■

1 ヤマトホールディングスにおいて，宅急便事業はデリバリ事業に属し売上全体の8割となる。その内訳は，個人から個人に向けたC2Cが10%程度，インターネット通販等企業から個人向けのB2Cが50%程度，企業間の小口配送であるB2Bが40%程度となる。
2 「第152期ヤマトHD有価証券報告書（2017年3月期）」より。
3 路線事業とは，全国の配送拠点間を結ぶ物流事業で，企業向けの大ロットの荷物が中心となる。個人向けの小口宅配事業とは大きく事業形態が異なる。
4 ヤマトホールディングス　ニュースリリース2010年1月22日「宅急便サービスを飛躍的に向上させるための次世代NEKOシステム導入のお知らせ」より。
5 JUAS（2016）より。通常，IT予算の何割かがIT投資に充てられる。
6 現時点では，2000年以降と同じ基準で佐川急便の取扱個数のデータが公開されていないため，図8-2のシェア比較は2000年以降のデータのみ記載した。国土交通省の統計データも1998以前は佐川急便に関するデータを集計していない。
7 国土交通省の「宅配便取扱実績」より。
8 10ポイントの低下は国土交通省の統計データ上の数字より。佐川急便は2000年までの取扱個数を公開していない。宅急便の個数自体が落ち込んでいるわけではないことから，シェアの急激な低下は，佐川急便が宅配と同じ配送基盤に乗るB2Bの荷物も含めて取扱個数としてカウントを始めたことによる影響が大きいと考えられる。
9 1999年以前については，各社からのデータが公開されていないため未記入。また，シェアは国土交通省「宅配便取扱実績」資料の全国の宅配便個数に対する比率となる。
10 1990年代後半から，楽天（1997年），ヨドバシ.com（1998年），amazon（2000年）等の国内の有力サイトがオープンしている。経済産業省調査の「電子商取引実態調査」によると，日本国内の BtoC-EC（消費者向け電子商取引）市場規模は，2000年 0.8兆円，2005年 3.5兆円，2010年 7.8兆円，2014年 12.8兆円となる。
11 佐川急便は決算資料に従業員数を公開していないため，ここではホームページ掲載の2017年3月末の従業員数となる。2015年度末は46,295人であったため，大きな変化はない。
12 佐川急便は決算資料に営業所数を公開していないため，ここではホームページ

掲載の2017年11月の営業所数となる。2015年は429店舗であったため，大きな変化はない。

13　サービス品質の高さは，例えば「オリコン日本顧客満足度ランキング　宅配便（http://life.oricon.co.jp/rank-home-delivery/　2015年9月アクセス）」や，「2015年度JCSI（日本版顧客満足度指数）第3回調査結果発表（http://www.service-js.jp/modules/contents/?ACTION=content&content_id=783　2015年9月アクセス）」等に現れている。

14　ヤマト運輸「第146期第2四半期事業報告書」において，第6次NEKOシステムより，情報システム整備の方針が業務効率化からお客様起点へ転換していることが記載されている。

15　NEKO-POSはバーコードをペン型のスキャナーで読み取ることで，セールスドライバーが簡単に伝票を入力できる仕組み。営業所に1台ずつ設置された。

16　ワークステーションとは，いわゆる1980年代後半に製品化されたUNIXサーバー機のことを指すのではなく，ヤマト運輸が営業所向けに開発した情報システムの名称となる。

17　ワークステーションは，データやアプリケーションの送受信だけでなく，到着予定の荷物の確認や営業資料の出力機能も持つ。

18　ICカードは，顧客用，取扱店用，社員用のものがあり，顧客別運賃の入力等が簡略化された。

19　ポータブルポス・ステーションとは，第3次NEKOシステムのワークステーションのデータ伝送機能を代替するもので，接続可能なPPが4台から最大48台となり，データ伝送の待ち時間の短縮に貢献した。

20　例えば，クール宅急便は，2017年現在でも他社に対し大きな個数の差がある。2016年度，ヤマト運輸は19,284万個の取り扱いに対し，佐川急便は3,242万個と大きな開きがある。

21　「e's（イーズ）」は，物流EDI（Electronic Data Interchange）によって，商品の入出庫・在庫管理からピッキング，発送，注文番号によるインターネット貨物追跡，インターネット集荷依頼サービス，さらに代金引換のカード決済まで行う総合的なサービスシステムである。http://www.sg-hldgs.co.jp/company/history/kiseki/service/06.html　（2015年9月アクセス）

22　日経ビジネス2000年12月04日号「特集　どうした!?　ヤマト運輸―成功のジレ

ンマに悩む革新集団」から，2000年時点において，配送品質の評価は高いがデータ連携等の企業のニーズには十分に対応できていない状況がうかがえる。また，当時オープン系の技術を用いた企業間データ連携が中心となっていたが，ヤマト運輸は，標準では旧来の全銀方式という1世代前のデータ通信方法が標準的なものであった。

23　例えば，日経情報ストラテジー1999年4月号に「5次システム構想を凍結　情報化投資の分散図る」という記事に，「ヤマト運輸は，これまで5年ごとに実施してきた基幹業務システムの全面的な刷新を中止した。投資負担を軽減すべく，開発を分散化する方針に転換する」とある。

24　情報システムのオープン化（ホストコンピュータからの脱却）は企業間のデータ連携で大きな意味を持つ。インターネット通販企業は，社内のシステムをオープン系の技術で構築しているため，データの受信側のシステムも親和性の高い技術の選択が必要となる。2000年以降はTCP/IPプロトコルによるEDIが基本となり，オープン系の技術がデファクトスタンダードとなっている。

25　石橋・髙尾（2005）によると，このプロジェクトは，5,000人月を超える巨大なものだったと言う。

26　ヤマトホールディングス「アニュアルレポート2005」より。

27　各年度の有価証券報告書に記載された支店数の合計数。

28　ニュースリリース　2005年5月19日「次世代システム導入について」より。

29　エリア・センター制と同期する形で，情報システムの企画段階から「着主導型宅急便サービスの推進」のコンセプトをもとに検討が進められた。

30　当時，佐川急便が通話とデータ通信で別の機器を準備したのに対し，ヤマト運輸は1台の携帯電話で通話とデータ通信を実現した。1台の端末で実現するために，携帯電話メーカー（東芝），ポータブルポス（パナソニック），カード決済処理（NTTデータ管理のCAFIS）での企業間仕様の調整に苦戦しつつも，当初目標を達成することになる。

31　ニュースリリース2010年1月27日「宅急便サービスを飛躍的に向上させるための次世代NEKOシステム導入のお知らせ」より。

32　「アニュアルレポート2011」では，情報技術，物流技術，金融技術の融合されたラストワンマイルネットワークがコンピタンスであると述べられている。

33　フルデジタル化とは，これまで紙ベースでしか存在しなかった送り状の伝票を，

できる限りデータ化する活動である。EDIデータだけでなく，紙の送り状伝票も配送に必要な情報がPOSを通じで入力されていく。POSから電子化される情報として，伝票番号，発店所コード，着店所コード，届け先郵便番号，商品種別（クール等），サイズ，運賃がある。さらなる情報面の整備を目指している。

34 　第6次NEKOシステムでは，協賛企業のEDIデータにeメールアドレスが入っている場合に限られた。大手のインターネット通販サイトではeメールアドレスを入手できない荷主企業も存在する。第7次NEKOシステムになると，例えば郵便番号や電話番号でクロネコメンバーズの登録データとマッチングできれば，eメールアドレスが入手できなくとも配達予定情報をeメールで発信することが可能となる。

35 　インタビューより。

36 　リアルタイム配送情報は2000年ごろから検討が行われてきた。当初は無線等を使い配送情報を基幹系情報システムにアップロードする方法も考えられたが，投資額に対する効果を具体化できなかった（インタビューより）。

37 　インタビューより。

38 　その他，インターネット通販の拡大に対して，オープン技術を用いたEDIが必要であったが，個別の対応はあってもヤマト運輸では旧式の全銀手順が利用されていたりした（インタビューより）。

39 　正確な数字はないが，2000年ごろ地域によっては30～40％の不在があったものが，現在は徐々に下がり20％弱と言われている。あわせてコールセンターへの問い合わせも，インターネットを通じた時間帯指定が広まると，最近では15％程度の電話削減率が確認されている。

40 　具体的にはスマートフォン上のアプリやSNSを利用したサービスも提供されている。

41 　一般的にホストコンピュータとのデータ連携やデータ公開を行うためには，専用のソフトウェアが必要となる。オープン化された環境の場合，汎用的な，例えば無料のソフトウェア（インターネット通信等のオープンソフト）の利用も可能となる。

42 　例えば，当時の情報システムの企画資料に先々の姿が明確に書かれていたわけではない。

43 　確実に荷物が届けられることは，注文のキャンセル削減にもつながることがわかっており，荷主である企業にもメリットがあるといわれている。

http://www.kuronekoyamato.co.jp/business_solution/mail_order/index.html（2015年9月アクセス）

44 インタビューより。

45 インタビューより。

46 利益よりサービス品質を優先する考え方や，「ヤマトは我なり」という社訓からも全員経営の精神が浸透している。

47 2017年段階で，佐川急便は「Webトータルサポート」という類似したサービスを提供している。登録されたユーザ情報と荷主からの情報をマッチングし，配達予定通知のメールを送る仕組となる。ただし，宅急便のように配達場所を指定できない等，一部制約がある。http://www.sagawa-exp.co.jp/service/wts/（2017年12月アクセス）。2017年12月現在日本郵便については同等のサービスは用意されていない。

第9章 高密度化を通じてリーダー企業はいかに競争力を高めてきたのか

　第7章，第8章では，セブン-イレブン，ヤマト運輸における，情報システム世代別の資源セット，ビジネスプロセスと競争力の関係について分析を行ってきた。事例の考察を通じて，競争力には，資源ベース論でいう複数資源が関係するだけでなく，ケイパビリティ論，ビジネスシステム論でいうように，個々の資源が業務機能と整合的に組み合わされて「仕組」が形成されることで業務指標を高め，競争力が実現されていることを確認してきた。

　また，資源が組み込まれた仕組には，リアルタイムに業務機能を結合するという情報システムの機能的役割が深く関与していることを述べてきた。本章では，これまでの分析内容を統合し，高密度化の概念から事例企業を考察することで，「情報システムに依存度の高い業界において競争力を維持している企業の性質」を明らかにしていく。具体的には，「高密度化」に関する3つの論点についての議論を深めることで命題の提示を行っていく。

9.1. 論点1：ビジネスプロセスの高密度化と競争力

　第7章，第8章における，情報システムによるリアルタイム結合，資源が業務指標向上に対して整合的に結合された「仕組」の記述をベースとして考察を進めてきた。

　考察の内容を簡潔にまとめると，初期のセブン-イレブン，ヤマト運輸は，規模の拡大に対して事業が効率的に運営できることが経営上の課題であった。店舗網，配送網が急速に拡大していくなかで，業務の質を落とさず効率的に業務が推進できることを目的として，事業運営に必要となる基本的なビジネスプロセスと情報システムが整備されていく。

　その後，大規模な情報システムの刷新が繰り返され，ビジネスプロセス上，情報システムによってサポートされる業務機能の範囲が拡大していく。そして，

初期に，ビジネスプロセス上断片的にしか導入されていなかった情報システムが，近年，ビジネスプロセス上の広い範囲に適用されることとなる。

論点1では，まず最初に，両事例企業におけるビジネスプロセスの「高密度化」の過程について確認を行う。そのことで，競争力を構成する業務指標を高めるために，どのように高密度化が進められているか確認を行いたい。結論として，繰り返し情報システムの刷新を行うことで，競争力に対して経路的に高密度化されていることを確認する。

|論点1|

「競争力を高めるためには，資源，および活動の組合せや，戦略に対する要素間の整合性が言われている。この整合性に対して，情報システムによるビジネスプロセスの高密度化によって，どのように競争力を構成する業務指標が高められているのか？」

(1) セブン-イレブンにおける高密度化の進展

情報システムの役割について個々の事例を確認すると，まずセブン-イレブンにおける初期の課題は，効率的な小規模店舗の運営であった。具体的には，おにぎりや弁当等の商品を効率的に発注し，共同配送を通じて商品を納入するための仕組みを必要としていた。そのためには，ターミナルセブンのような電子的な発注によってベンダー間の受発注業務を正確，かつより短時間で処理していくことが求められた。これら取り組みを実現することで，多店舗を効率的に運営していくための基本的な仕組が形成される。その後のPOSの導入も含め，セブン-イレブンは，ドミナント出店やベンダーとの協力関係等，いくつかの取り組みで他のCVSチェーンに先行しているだけでなく，これら仕組の実現には数年以上の時間を要する取り組みもあるため，他社は容易に追いつくことができなかった。そのこともあり，先行して規模を拡大することができ，他社に対して競争上の優位性を持つこととなる。

初期の情報システムを活用した仕組例（下線はITを利用）：
　　　　ドミナント店舗網＋共同配送＋<u>電子的な発注</u>　→　効率的な商品納入

その後，1985年の第3次総合店舗情報システムにおいて，CVSチェーンとしての基本的な情報システムの構成が固まっていく。この段階から，次のステップとして，セブン-イレブン内の業務機能だけでなく，サービスを提供する外部の複数企業とも情報システムでリアルタイムにつながれ，業務機能の結合関係が拡大していく。詳細は先の図7-13や図7-17に示すとおりであるが，この時形成された代表的な仕組として，仮説-検証発注の仕組（大規模DWH＋EOBによる発注），多様なサービスを提供する仕組（大規模ITインフラ＋外部のサービス提供者）がある。これらの仕組は，大規模店舗網や取引先との協力関係にも支えられ，図7-13に示すように，発注〜販売ビジネスプロセスをハブとして様々な業務機能がリアルタイムに結合されていることが分かる。

後期の情報システムを活用した仕組例（下線はITを利用）：
　　商品開発力＋大規模DWH＋GOT発注　→　仮説検証による発注精度向上
　　外部サービス＋ITインフラ＋POS受付　→　利便性の高いサービスの提供

まず，セブン-イレブンの事例において，日販に大きく貢献する「発注精度（売れ筋の品揃えと，機会損失の削減）」と「利便性の高いサービスの提供」について取り上げる。情報システムのリアルタイム結合により，ビジネスプロセスが高密度化されていく様子をそれぞれ**図9-1**，**図9-2**に示す。ともに，大きな円を「発注精度」，「利便性の高いサービスの提供」に対する高密度化の範囲とし，そのなかにどのような業務機能が属するか記述を行っている。

セブン-イレブンの「発注精度（図9-1参照）」については，初期のPOSの導入で単品の売上をつかむところから，売れ筋データを用いた発注，また最近では，推奨商品の改廃サイクルの短期化に貢献している。そのために，STや天候情報など，分析データをインプットのための業務機能がリアルタイムに結合されていく。

また，「利便性の高いサービスの提供（図9-2参照）」については，POSを用いた代金収納への対応に始まり，多機能コピー機との連携によるチケットの

図9-1　セブン-イレブンの「発注精度」に対する高密度化の推移

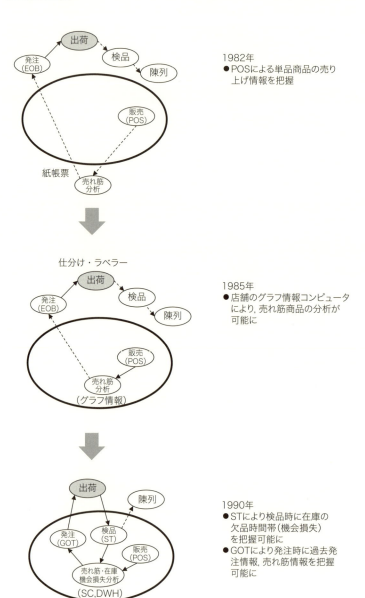

第9章 高密度化を通じてリーダー企業はいかに競争力を高めてきたのか 187

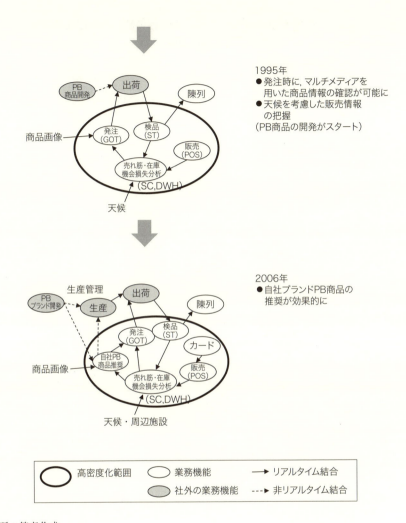

出所：筆者作成

販売，さらに決済系の機能を充実させることにより，多様なサービスの提供を実現している。その際，関係する外部の企業も多数リアルタイムに結合されていくこととなる。

　このように，セブン-イレブンの発注精度と利便性の高いサービスの提供に

図9-2 セブン-イレブンの「利便性の高いサービス提供」に対する高密度化の推移

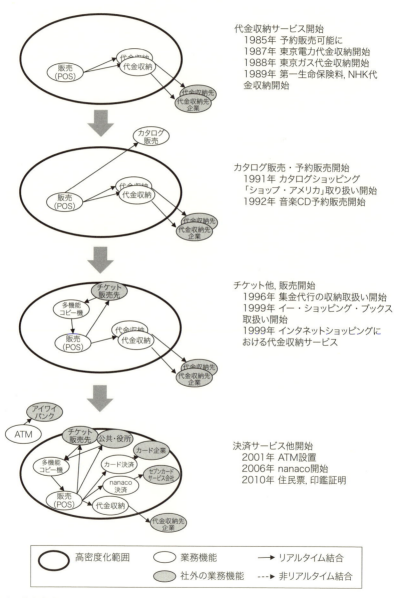

出所：筆者作成

ついて，情報システムの刷新を通じて高密度化（ある業務指標に対しリアルタイムに結合される業務機能の範囲拡大）が進んでいることが理解できる。

(2) ヤマト運輸における高密度化の進展

　ヤマト運輸においても，セブン-イレブン同様に，初期は効率的な配送網を中心とした取扱個数増に伴う規模拡大への対応が第一歩である。旧来の路線便に代表される大ロットの配送と異なり，小口の配送を効率的に行う取り組みが国内には例がなかった。ヤマト運輸は，一個口からでも荷物を翌日配送できる，集荷の方法，営業店の設置，配達用トラックと合わせて，セールスドライバー用端末（ポータブルPOS）の整備を行う。このことで，量的拡大にも対応できる配送網と情報システムの基本となる仕組が構築される。ヤマト運輸は，既存の事業である路線便事業からも完全に撤退し，宅急便に人・資金含め経営資源を集中していく。そのことにより，社内の事業と競合することなく，他社より早く，個人向け小口配送のビジネスプロセスを実現できた[1]。このように，配送網・情報システム整備で先行するヤマト運輸は配送の品質でも優位に立つだけでなく，スキー宅急便やクール宅急便等，独自のノウハウを必要とする発側ニーズに対応した競争力のある配送網を確立していく。

初期の情報システムを活用した仕組例（下線はITを利用）：
　　全国配送網＋様々な配送サービス＋<u>NEKO-POS</u> → 発側ニーズへの対応力

　ただし，ヤマト運輸は，1990年後半まで情報システムの処理能力を増していくものの，リアルタイムに結合される業務機能の範囲は当初と大きな差がない。それも関係して，1990年後半において，8.3.2項で述べたように，配送網という単独の資源セットだけではシェアの差を維持することが難しくなっていく。
　その後，セブン-イレブンが社内外のビジネスプロセスを結合することで競争力を高めていったのと同様に，ヤマト運輸は，情報システムを通じて，ビジネスプロセス内に新たな業務機能（サービス）を追加し情報システムで結合していく。具体的には，これまで注目されなかった配送情報を資源として利用して新たな仕組を形成していく。これは，インターネット通販の拡大という環境

変化に対応したもので，クロネコメンバーズ情報，配送情報，小エリア配送網という資源を用い，配達予定情報を提供することで着側顧客への利便性を上げつつ不在への対応力を増していく取り組みである。ビジネスプロセス上の業務機能をリアルタイムに結合していくことで，これら仕組を実現し，一旦落としてしまったシェアを徐々に拡大していく。

後期の情報システムを活用した仕組例（下線はITを利用）：
　　大規模小エリア配送網＋<u>配送情報（会員情報）</u>＋<u>配達予定・不在情報送信</u>
　　　→ 着側利便性の向上＋不在への対応（配送負担減）

ヤマト運輸の「配送能力・不在対応力」について，情報システムのリアルタイム結合により，ビジネスプロセスが高密度化されていく様子を**図9-3**に示す。ここでは，大きな円の範囲を「配送能力・不在対応力」に対する高密度化の範囲とし，そのなかにどのような業務機能が属するか記述を行っている。

ヤマト運輸は，初期の集荷，配達に対する情報システムの整備から始まる。ただし，業務機能のリアルタイム結合の観点からは，2005年以降の通信用携帯電話の導入までほとんど進んでいない。2005年に通信用携帯電話が導入されると，配達情報がリアルタイム化され，それに伴い荷物追跡業務がリアルタイムに結合される。その後，配達予定・不在通知のメール連絡を開始することで，EDIの仕組みも不在対応力という観点からうまく業務機能が活かされるようになり，複数の業務機能が不在対応に対して機能していく。

このように，ヤマト運輸の不在対応力は，2005年に通信用携帯電話の導入を機に，高密度化（ある業務指標に対しリアルタイムに結合される業務機能の範囲拡大）が進んでいることが理解できる。

(3) 高密度化と競争力形成における情報システムの役割

以上のように，両事例企業においては，競争力を高めるために，必ずといっていいほど情報システムが関係していることがわかる。そして，情報システムが関わる業務機能の結合はリアルタイム性が高いだけでなく，結合される業務機能の範囲が情報システムの刷新を通じて拡大している。

第9章 高密度化を通じてリーダー企業はいかに競争力を高めてきたのか 191

図9-3 ヤマト運輸の「配送能力・不在対応力」に対する高密度化の推移

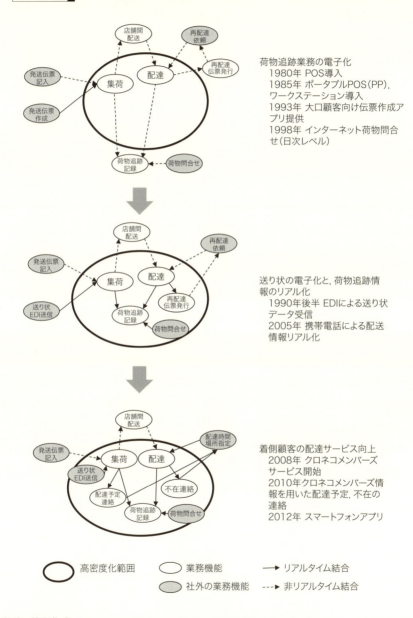

出所：筆者作成

リアルタイムに結合された業務機能間では，必要とする正確な情報が必要なタイミングで伝達されることになる。業務機能間でデータがダイレクトに伝わっていくことは，データ上の矛盾が無い形で連携されていることを意味する[2]。つまり，入力された情報に対して後続業務機能が想定されるアクションを正しく実行することができるようになっている。具体的には，サービス提供業者が必要なサービスを提供する，届け先の顧客が配達予定を指定するというように，業務機能間で迅速かつ正確な連携が実現されている。

また，両社に共通して，業務機能を結合する前提となる，広域ネットワークを他社に先行して構築しているだけでなく，業界の標準となるコード体系（セブン-イレブンの商品コード・サービスコード，ヤマト運輸の物流コード）の整備も情報システム導入当初から進められている。これらITインフラ等の整備を通じて，初期の段階から業務機能がデータによってリアルタイムに結合しやすい基盤が形作られている。

このように，情報システムは，リアルタイムに業務機能を結合しているだけでなく，リアルタイム結合を通じて業務機能間の整合性を高める役割を持っている。そのことで，ビジネスプロセスが複雑化しても，目標とする競争力（日販や宅配シェア）もしくは構成する業務指標（発注精度や不在対応力）に対して個々の業務機能が連携して機能できる構造となっている。競争力を高めるためには，情報システムの「ビジネスプロセス上の業務機能をリアルタイムに結合する」機能的役割が重要性をもっていることが理解できる。

また，結合される業務機能の範囲が拡大することは，業務指標を高めるために複数の「仕組」自体が整合性をもって組み合わされていくという意味もあわせ持つ。少し視点を変えると，ある業務指標を取り上げても，それを実現するための業務機能や仕組は過去と同じ方法とは限らない。現在保持している仕組の質的向上だけではなく，新たな仕組が追加されることで業務指標の向上が行われていると考えられる。つまり，高密度化された状態においては，複数の仕組が整合的に組み合わされた状態にあり，そのことで業務指標のレベルを高め，競争力が実現されていると言える。情報システムへの依存度の高い業界で高い競争力を持つ企業において，高密度化，すなわち情報システムの「リアルタイ

ムに業務機能を結合する」という役割が重要な意味を持つことが示された。
　以上より，論点1について，以下の命題を得る。

> 命題1
>
> 「情報システムへの依存度の高い業界で高い競争力を持つ企業では，競争力を高めるために，情報システムによって複雑化するビジネスプロセスのリアルタイムかつ整合的に結合する業務機能の範囲を広げ，競争力を構成するある業務指標に対しビジネスプロセスの高密度化を図っている。」

9.2. 論点2：変化の速いITに対するビジネスプロセスの変化

　論点1では，情報システムへの依存度の高い業界で高い競争力を持つ企業は，競争力を高めるためにビジネスプロセスが高密度化されていく性質を持つことを述べてきた。両事例企業において，当初は個々の業務機能の効率化目的から情報システムの整備が始まっており（セブン-イレブンの電子発注やヤマト運輸のNEKO-POSの導入），必ずしも業務機能が広く情報システムによってリアルタイムに結合されているわけではなかった。その後，競争力に直接影響するビジネスプロセスは，繰り返し情報システムの刷新を行うことでビジネスプロセス内外の業務機能がリアルタイムに結合されていく。
　ただし，2000年前後からのITの急速な進化により，競合企業にも新たな競争力を得る機会が生まれている。そのため，両企業とも，ITを利用した取り組みについては，競合する企業と施策の実現時期が前後するケースが見られるようになる。これに対して，両事例企業は，数年と遅れず同等のサービスを提供することで，結果として競合企業の先行優位性を一時的なモノとしているが，2000年以前のように両企業がIT面の施策で常に先行しているわけではない状況にある。
　論点2では，高密度化の過程のさらなる分析を進めるために，「データ入力側面」と「データ利用側面」の2つの側面から先進的なITの活用や情報システムの整備内容の確認を行う。そして，競争力を高めるために変化の速いITがビジネスプロセスにどのように組み込まれているのか，ITとビジネスプロ

セスの関係を論じる。結論として，データ入力サイドで先進的なITが次々と採用され，また高密度化の過程で蓄積したデータに対して，新たなデータ利用方法が複線的に追加されていくことで，競争力を高めていることを確認する。この複線化の議論は，論点1で分析した「高密度化」の定義でいうある業務指標に対して業務機能のリアルタイム結合と整合性の範囲が拡大するという議論を実証面から補強するものである。

|論点2|

　「変化の早いITによる競争力は一時的なものだと言われている。そのような変化の早いITを用い競争力を持続するために，高密度化されたビジネスプロセスにおいて，企業は変化の早いITをどのように取り込んでいるのか？」

(1) 先進的ITは高密度化の過程でどのように利用されているのか

　具体的な先進的なITの導入状況を見ると，2000年以前のセブン-イレブンにおいては，初期のPOSやEOBを開発した時代は，ITのコモディティ化のスピードも緩やかで，他のCVSチェーンが容易に追いつくことはできなかった。その後，2000年以降にATM，ポイントカード，SNSの対応等，数年の間をおいて短期間にITを利用したサービスが提供されるが，いくつかの取り組みについては，ローソン，ファミリーマートが先行している（表7-1参照）。ただし，これらサービスは，CVSチェーンにおいては現在標準的なものとなっており，CVSチェーン間で大きな差があるわけではなくなっている[3]。そのため，IT導入による表面的な競争ではなく，CVS本来の発注精度の高さ，商品開発力，またこれらを支える店舗の立地が現時点の競争力（日販）となって現れている可能性が高い。実際，平均顧客数の推移等から（図7-4参照），決定的な先行優位性を生むものではなかったと考えられる。このようにITを利用したサービスがコモディティ化していくことで，先行は許したもののサービスの差が縮小し，現段階では他CVSチェーンと比較しても提供しているサービスの種類においては大幅な違いがあるわけではない[4]。

　同様に，ヤマト運輸においても，初期のポータブルPOSは他の企業が容易に模倣できるものではなかった。ただし，2000年を前後して，セブン-イレブン

同様，EDI，クレジットカード決済等でライバル企業である佐川急便に先行を許すことになる。ヤマト運輸も，基幹システムのオープン化後，EDIの推進やインターネットによるサービス提供，またクロネコメンバーズを通じたサービス等，次々とITを利用したサービスを提供していくことでサービスの拡充を図っている（表8-2参照）。ただし，宅配業界においても，CVSチェーン同様，ITサービスのコモディティ化が進んでいると考えられる。現時点ではEDIや決済，インターネットを通じた荷物問合せサービスは，サービス内容としては，他の宅配業者も含め，差を生むものではなくなっている。逆に，旧来の配送品質や小エリア配送網に加え，自社で独自に開発したクロネコメンバーズの会員データベースによって配達予定情報を送付することで，不在対応力やサービス品質が競争力を生むようになっており，独自の優位性を形成している。

　このような現状に対し，情報システムの整備について，さらに深く考察するために，これらIT施策を「データ入力」と，「データ利用[5]」の2つの側面から，先進的なITの採用状況を考察する。後述するように，セブン-イレブン，ヤマト運輸は，先進的なITの採用において特徴があることがわかる。
　まず「データ入力」側面においては，両事例企業に置いて，積極的な先進的なITの導入が見られる。例えば，セブン-イレブンの初期においては，POS（単品の販売情報）やST（検品を通じた欠品時間の把握），また2000年以降では，ポイントカードや電子マネーへの対応等，効率的に精度の高いデータを得るために先進的なITが導入されている。同様にヤマト運輸においても，初期のポータブルポス（配送情報入力），ICカード（顧客料金計算にも利用），2000年以降の通信用携帯電話（リアルタイムの配送情報）やクロネコメンバーズ（発送，配達先個人情報）がある。これら先進的なITの導入によって，精度の高いデータを効率的に得られるようになっている。ただし，後期になるほどITのコモディティ化が進み模倣も容易であるだけでなく，他社と導入時期が前後することとなっている。
　対して，「データ利用」側面は，必ずしも先進的なITが導入されているわけではないが，業務精度の向上に効果的な施策となっている。例えば，セブン-イレブンのグラフ情報コンピュータ（現在のストアコンピュータ）やGOTは，

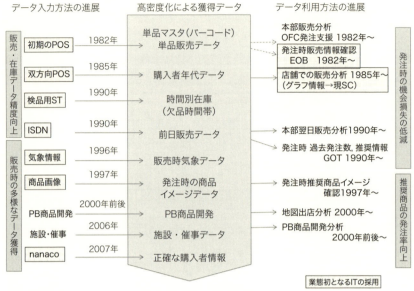

図9-4 セブン-イレブンの発注精度向上に対する情報システムの整備

出所：筆者作成

発注精度を上げるためになくてはならないものであり，各種サービスもPOSで得られた取引データを，サービス提供企業と連携することで，例えば夜間や休日の対応等サービス提供時間の延長を可能としている。ヤマト運輸においては，EDIやリアルタイム配送情報（不在時）のデータをもとに，届け先からの配達指示を可能としている。これらIT施策は，既に企業が独自に蓄積したデータがあることが前提になっており，そのことによって新たな情報システムの整備が進められている。

具体的には，セブン-イレブンの発注精度の向上について，またヤマト運輸の配送能力・不在対応力について，データ入力，データ利用の両側面からの情報システムの整備と業務指標の関係を示したのが，**図9-4**と**図9-5**になる。

図9-4より，セブン-イレブンはデータ入力側面に先進的なITを採用するだけでなく，繰り返し情報システムの整備を行っている。そのことで，多様なデー

図9-5 ヤマト運輸の配送能力・不在対応力に対する情報システムの整備

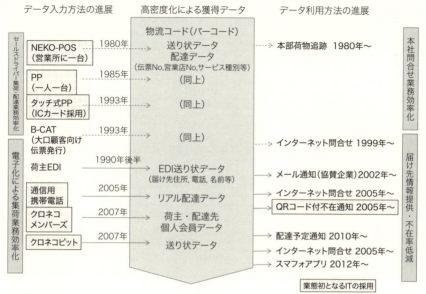

出所：筆者作成

タが広く蓄積されていく。この入力側面の高密度化の過程で蓄積されたデータを，発注時の機会損失低減に向けて，何度もデータ利用方法を見直し・追加することで発注精度を向上させている。また，発注業務に限らず，関連する商品開発や出店時の評価等，幅広い業務でデータ利用を進めている。

一方のヤマト運輸においては（図9-5参照），集荷・配達業務の入力作業効率化のために先進的なITの導入を進めている。ただし，入力されるデータ自体に大きな変化はない。実際，論点1でも議論したように高密度化が停滞していた時代である。そのため，データ利用側面において，競争力上，社内の荷物問合せに対応するレベルに留まっている。その後，EDIや通信用携帯電話の導入など，新たなデータ入力手段を得ると同時に，インターネット問い合わせのリアルタイム化や，配達予定や不在時のメール連絡等，新たなデータ利用方法が追加されていく。そのことで，不在率を低減し再配達を回避している。

以上のように，ビジネスプロセスが高密度化は，競争力を向上するために，

データ入力側面，データ利用側面から繰り返し情報システムの整備を行うことから実現されている。また，データ入力側面は広く精度の高いデータを効率的に得ることを目的としているのに対し，データ利用側面はビジネスプロセスの成果となる業務指標を向上させるために実施されていることが理解できる。

(2) 高密度化データをハブとした複線化の構造

以上の考察をもとに，高密度化過程における，情報システム整備の特徴についても議論を進めてみたい。

図9-4，図9-5から，これまでの先進的なITの採用については，主に「データ入力」側面において，大規模な情報システム刷新の際に，繰り返し新たなITの導入が進められてきた。両事例企業において，精度の高いデータを広く，効率的に獲得するためには先進的なITの導入が必要となっている。ただし，IT自体に継続性が求められているわけではなく，より有効な入力手段があれば新たな手段が採用されていく（DWHのデータ収集方法やNEKO-POSの進化）。ただし，表7-1，表8-2に示すように，先進的なITであっても，2000年前後から先行した取り組みを短期に模倣することが可能となっており（EDIやカード決済），ITのコモディティ化の進展が差別化を難しくしている。そのため，データの入力を目的とする限りにおいては，IT自体を模倣すれば，効率性においては，競合企業は同等の業務機能の水準を達成できる可能性がある。

対して，「データ利用」側面は，過去に蓄積されたデータを利用することとなり，情報システムの整備は経路依存性の強い発展プロセスを取ることとなる。そのため，必ずしも先進的なITを必要としているわけではないが，他社が同等のデータを持たないと情報システムを構築しても，同じ水準の業務指標を得ることはできない。経路的に獲得したデータとそれを利用する仕組みの両方を同時に実現することは容易ではなく，競合企業が同等の業務機能の水準で仕組みを構築することを難しくしている。

もちろん，効率的なデータの入力と，蓄積したデータの利用は独立した施策ではなく，高密度化の文脈では補完的な関係を持つ。言い換えると，データ入力側の業務機能とデータ利用側の業務機能は，それぞれの業務機能間で高い「整合性」が実現されている。情報システム整備の両側面が整合的に結合して

図9-6 データ入力側面とデータ利用側面の複線化による業務指標の向上

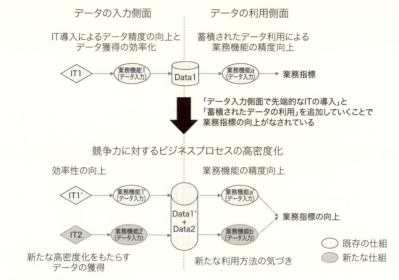

出所：筆者作成

いくこと，またデータ入力側面，データ利用側面に業務機能が繰り返し追加され，複線化していくことでビジネスプロセスの高密度化が進んでいくと考えられる（**図9-6**）。このように，複線化された業務機能はビジネスシステム論で言う「整合性が高く模倣が非常に困難」なものとなっている。

先行研究においては，経営環境の変化が激しくなると，競争力の持続は一時的な競争優位の連続によってもたらされるという主張もあり（Eisenhardt and Sull, 2001; D'Aveni et al., 2010; McGrath, 2013），その文脈においては，ITによる一時的な競争優位を連続して繰り返すことの必要性が導き出される。一方で，IT自体が急速にコモディティ化していくと（Carr, 2003; Brynjolfsson and McAfee, 2008），また，そのようなITは競合企業にとっても先行して導入可能であることから，単に先進的なITの導入だけでは競争力の持続を説明することは難しいと考えられる。両事例企業においても，ITを用いた施策のコモディティ化の早さや，競合企業とのIT施策の前後を考えると，単純に先進的なITを繰り返し採用することだけでは競争力の維持を説明することは難しいと言っ

てよいだろう。

　対する高密度化の概念では，ビジネスプロセスのリアルタイム結合を通じ，経路的に獲得したデータの利用を進めることで業務指標を高めていくことを主張している。具体的には，新たなITの導入によるデータ獲得の効率化とデータ利用による業務精度の向上が，ビジネスプロセスの改変を通じて複線化され，最終的にビジネスプロセス自体は複雑化するが，情報システムによって業務機能間を流れるデータが制御されることで，業務機能間で高い整合性が確保されたビジネスプロセスが形成されていく（論点1）。このように，高い競争力が維持されるのは，単発的なIT導入の繰り返しではなく，データ入力・データ利用の補完的なITの活用が進んでいくという高密度化の概念（業務機能のリアルタイム結合と整合性の範囲拡大）によって，変化の早いITと競争力の関係について説明力を増すことができる。

　以上から，論点2に対して以下の命題を得る。

 命題2

　「高密度化の文脈では，入力側面においては，より広く，より効率的に，より精度の高いデータを先進的なITを用いて獲得することが追求されると同時に，蓄積されたデータを使って，業務指標を向上させる新たなデータ利用方法を付け加える取り組みもなされている。リーダー企業においては，このようなデータ入力と利用の複線的な高密度化の取り組みによって競争力が高められている。」

9.3. 論点3：リーダー企業における高密度化の過程と持続的競争優位

　論点1，論点2より，両事例企業において，データ入力サイドへの積極的なITの採用とともに，新たな蓄積データの利用の仕組みが繰り返し追加されていることが確認された。

　なお，一般論として，企業が大規模な情報システムの刷新を行う場合，何らかの成果を生むことを目的として投資が行われていると考えてよいだろう。両

事例企業においも，競争力を高めるために繰り返し大規模な情報システムの刷新が行われている。情報システム刷新のきっかけとなる課題（投資を行う目的）を分析することは，リーダー企業がなぜ競争優位を持続しているのかを分析するうえで重要な視点となるであろう。

論点3では，まず，両事例企業の高密度化の過程で，情報システムの整備がどのような課題から行われてきたのかを確認する。そして，それぞれの課題に対応する情報システム整備時期を他社と比較することで，高密度化の文脈から，リーダー企業において競争優位が持続する要因について論じる。結論として，両事例企業においては，情報システム刷新と関連して課題が連鎖的に発生していることがわかる。このような連鎖的に発生する課題を他社よりも早く発生させ，他社よりも早く対応することが競争優位を維持できている要因であることを確認する。

|論点3|

「高密度化の進む情報システムへの依存度の高い業界で，リーダー企業が他社の模倣に対して長く競争力が持続する要因はどのようなものか？」

(1) **セブン-イレブンにおける課題の連鎖**

まず，セブン-イレブンが発注精度・サービス利便性の向上に対して，どのような課題から情報システムの整備を進めてきたか，その関係を**図9-7**に示す。

初期のセブン-イレブンでは，店舗数の増加や狭い店舗で効率的に販売を行うために，小口の発注，またそれに伴う発注業務の効率化が必要であった。この課題に対応するために，1978年にターミナルセブン（バーコードによる発注端末），ベンダーとの専用線が整備される。ただ，発注業務が効率化されたとしても，どのような商品が売れているのか理解する必要があり，また狭い店舗では売れない商品が棚を占めると売り上げを圧迫することになる。このような課題に対応するために，1982年には商品別の売上を把握するPOS，また実際に棚の在庫を見ながら発注できるEOBが整備される。

さらに売り場の販売効率を上げるためには，アルバイトを含む各店舗の発注

図9-7 セブン-イレブン 情報システム整備にいたる課題の連鎖

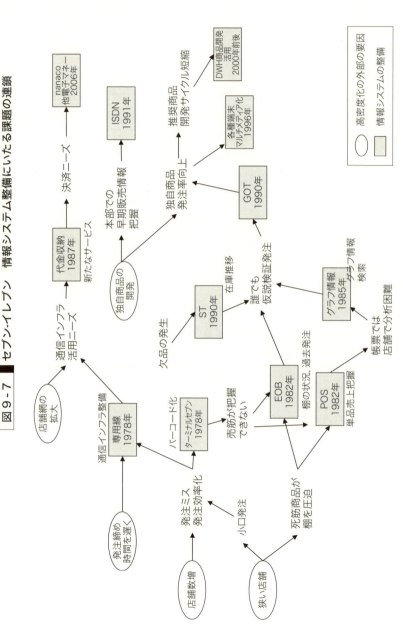

出所：筆者作成

者の発注精度を上げていかなくてはならない。この時，顧客が欲しいと思う商品を，欠品を起こさず発注する必要がある。そのためには，商品別の過去の発注個数や販売個数を可視化して容易に確認できること，また欠品がどの時間帯に発生したかを知ることで，発注数を適正化する必要がある。この適正化に向けて，いわゆる「仮説検証」を繰り返すための発注端末として，1990年にGOT，同時に欠品時間帯を捉えるためにSTが整備される。

本発注精度を上げる取り組みとは別に，セブン-イレブンは1990年代後半より自社規格のPB商品を増やしていく。特に2007年以降はセブンプレミアムブランドで商品数を大幅に増やしている。このような自社開発商品を成功させるためには，店舗で確実に発注される必要があるだけでなく，売れない場合はすぐに生産数を減らして新しい商品を投入していかなくてはならない。このような課題に対して，1991年の本部で早期に販売情報を捉えるためのISDN導入，1996年の推奨商品のイメージ表示（衛星通信，マルチメディア端末），また商品改廃サイクルの短縮化を進めている。

このように，セブン-イレブンにおいては，情報システムの整備によりいくつかの課題を解決すると，**図9-7**からもわかるように，さらに業務指標を向上するための新たな課題が連鎖的に発生する。その解決のために，さらに情報システムの整備が進められていることがわかる。

次に，セブン-イレブンとローソン，ファミリーマートとの情報システム整備時期の違いを**図9-8**に示す。

図9-8に示す通り，セブン-イレブンは，ローソン，ファミリーマートより，データ入力側面でも，データ利用側面でも，情報システムの整備が早いことが分かる。例えば，商品の販売状況を把握するためにPOSが必要となるが，セブン-イレブンは，ローソンに対して約6年，ファミリーマートに対して約7年早いだけでなく，その間にもう一度POSの見直しを行っている。同様に，売り場で発注できるEOBのような発注端末もファミリーマートと比較して約8年の差がある。このように，セブン-イレブンは発注精度を向上させるための課題に対して，他のCVSチェーンより早く，かつ繰り返し情報システムの整備を行っていることが分かる。

図9-8 セブン-イレブン、ローソン、ファミリーマート各社の発注精度に関わる情報システム整備時期の違い

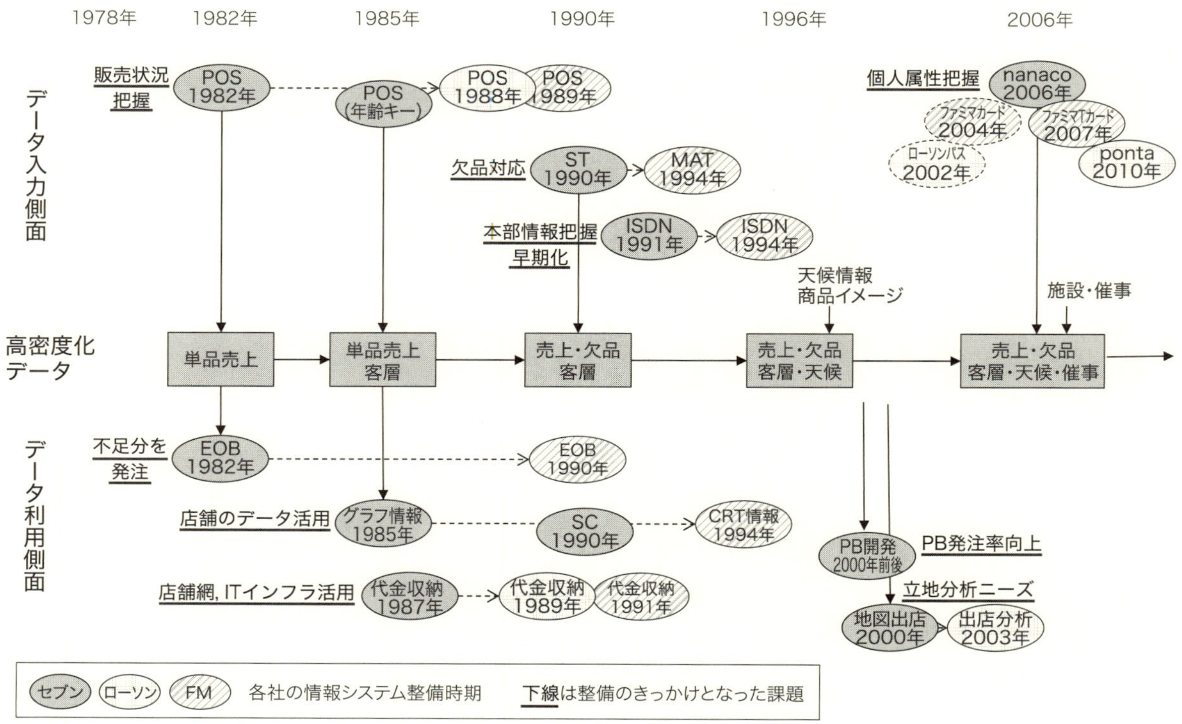

出所：筆者作成

逆に，図には示していないATMや交通系電子マネーの対応では，セブン-イレブンは他のCVSチェーンに遅れをとることがある。ただし，これらの情報システムは，直接的には発注精度とは関係を持たないため，発注精度という側面で競争力を見た場合に限定すれば，施策の遅延は業務指標に大きな影響を持たないことになる[6]。

(2) ヤマト運輸における課題の連鎖

　同じく，ヤマト運輸が配送能力・不在率低減に対して，どのような課題から情報システムの整備を進めていったか，その関係を**図9-9**に図示する。

　初期のヤマト運輸では，個人向け（C2C）配達荷物の増加に伴い，集荷・配達の伝票処理を効率化するという課題のために，1980年に営業店設置型のNEKO-POSが整備される。さらに，個人向け配達サービスの多品種化に伴い，セールスドライバーが正確な料金計算ができる，かつ営業店でセールスドライバーの入力待ちを解消するために，1985年セールスドライバー一人一台のポータブルポスが整備される。その後，取扱個数の増加に対応するため，図9-5にもあるように，これまでと同じ個人発の配送業務を効率化するための情報システム整備が繰り返し行われている。ただし，個人発のサービスを中心としている限りにおいては，それまでと大きく異なる課題が発生しているわけではない。

　その後，企業の宅配ニーズにも対応するために，例えばB-CATのような送り状の印刷システムが整備される。さらに，1990年代後半になると，インターネット通販企業を中心としたB2C企業の市場が広がり，B2C企業を荷主とした宅配ニーズが高まる。新たな課題として，B2C企業に向けた出荷後の荷物確認手段の提供，EDIによるデータ連携という課題が発生する。ヤマト運輸は，これらの課題に対応するため，基幹システムのオープン化やインターネットを通じた問合せサービスの提供を始める。さらに，クレジットカード決済，荷物問合せ情報のリアル化等の課題対応が求められ，2005年携帯電話を通信機能として利用することで，配達状況のリアルタイム情報提示，クレジットカード代引きへの対応のために情報システムが整備される。さらに，増え続ける荷物に対し，不在への対応が課題となり，2010年に配達予定メールの送信や配達時間・

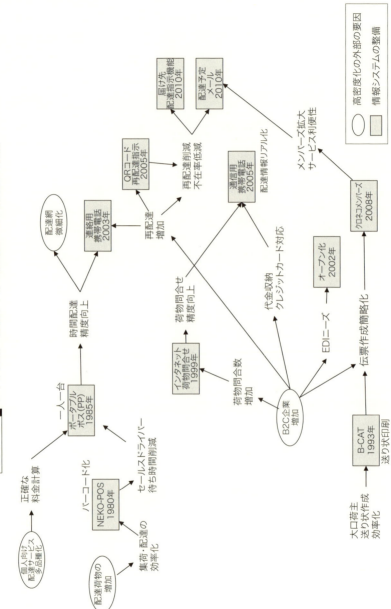

図9-9 ヤマト運輸 情報システム整備にいたる課題の連鎖

出所：筆者作成

場所の指示のための情報システムの整備が行われる。

以上のように，ヤマト運輸についても，セブン-イレブン同様，業務指標を向上させるために連鎖的に発生する課題を解決するため，繰り返し情報システムの整備を進めていることがわかる。

次に，ヤマト運輸と佐川急便との情報システム整備時期の違いを**図9-10**に示す。

1990年後半以前は，C2Cから事業を始めたヤマト運輸に対し，佐川急便はB2Bを中心に事業を展開していた。そのため，荷主と電子的に送り状データをやり取りするという課題に対し早期から取り組んできた。佐川急便はデジタル化したデータを用いたサービスにおいて，ヤマト運輸よりも早く対応がなされており，1～3年の差が生まれている。配送能力とは別に，荷主のニーズにこたえるという意味では佐川急便が先行することとなる。

対して，ヤマト運輸は個人宅への配達を長く行ってきたことから，常に不在や再配達の問題を抱えていた。時間指定のサービスを導入することで，ある程度不在には対応できていたが，B2C企業の荷物量が急激に増加するに従い，不在・再配達の問題が特に重要度を増すこととなる。2003年，配送網の小エリア化と合わせて再配達連絡用に携帯電話の導入が進められる。さらに2005年には，QRコードによって届け先が再配達を簡単にできる仕組みが整備され，また2010年には，時間・場所指定の比率を上げるために，クロネコメンバーズのメールアドレス情報を活用した配達予定メールの送付が行われる。その後，スマフォアプリやLINEの活用など，ITを用いた不在対応の対策が繰り返し行われている。

対企業向けの配達はほぼ不在が発生しないため，以前の佐川急便にはこのような不在・再配達の問題が発生しなかった。対するヤマト運輸は，時間指定や配送網の再構築など，情報システムの整備とは別に不在・再配達に向けた取り組みを繰り返し行ってきた。ヤマト運輸は，そこで発生した課題に対応するため，情報システムの役割を見直している。このような背景もあり，現段階では，ヤマト運輸は，不在・再配達の課題に対し，佐川急便より進んでいる状態にある。

図9-10 ヤマト運輸、佐川急便の配送能力・不在対応力に関わる情報システム整備時期の違い
（佐川急便宅配事業参入以降）

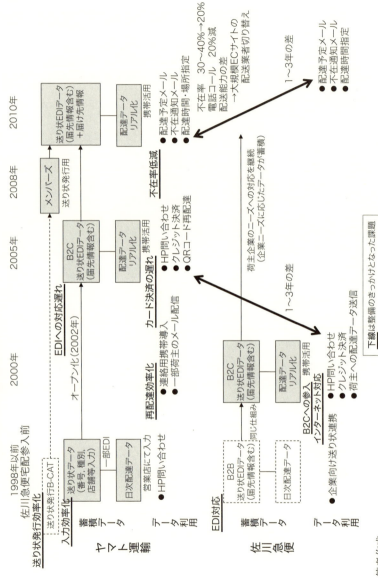

出所：筆者作成

第9章 高密度化を通じてリーダー企業はいかに競争力を高めてきたのか 209

(3) 高密度化に伴う連鎖的課題の先行的取り組みが競争優位を持続

　情報システム設計方法論からは，情報システムは経営戦略と同期すべきであると述べられてきた。また，ダイナミックケイパビリティ論からは，資源の再構築に関する能力について議論が行われてきた。ただし，両研究領域において，情報システムはどのように整備されていくのか，また資源やケイパビリティはどのように再構築されていくのか，これら先行研究では具体的な事象をもとに議論されてはこなかった。本論点では，これら議論を補完するために，ビジネスプロセスレベルで，競争力向上に向けた課題と情報システム整備の関係について分析を進めてきた。

　分析を通じ，両事例企業では，競争力を構成する重要な業務指標を高めるために，連鎖的に発生する課題に対し，情報システムを繰り返し整備していることが確認された。ここで，連鎖的とは，ある課題に対応するために情報システムを整備すると，関連する新たな課題への対応が求められ，業務指標を高めるためには，これら関連して発生する課題に繰り返し情報システムの整備が必要となることを述べている。

　リーダー企業においては，当初から他社より早く情報システムの整備を行っていることから，他社よりも早く新たな課題への取り組みが求められている。そのことで，他社よりも早く新たな情報システムを整備するきっかけとなっている。つまり，連鎖的に発生する課題と対策のサイクルが他社よりも早く繰り返されることで，経路的に高密度化が進み，競争優位を持続させている。ダイナミックケイパビリティ論で言う，変化の必要性や機会の認知とケイパビリティ再構築の両プロセスが繰り返されている様子が分かる。つまり，情報システムに依存度の高い業界では，機会の認知と再構築はある特定の時代に発生するのではなく，常に繰り返され，かつ経路依存的であることが確認された。

　以上をまとめると，情報システムへの依存度の高い業界で，リーダー企業は課題の連鎖を通じて他社よりも早く課題を発生させ，他社よりも早く対応することで，他社よりも早く高密度化を進められている。そのことで競争力がより高まり，他社に対する競争優位が持続している要因となっていると考えられる。

　以上から，論点3に対して以下の命題を得る。

命題3

「情報システムへの依存度の高い業界では，情報システムの投資に伴い発生する様々な課題への取り組みが行われている。業界のリーダー企業は，このような経路依存的に発生する課題の連鎖に対して，繰り返し情報システムの整備を行うことでビジネスプロセスを改善し，重要な業務指標に対して他社よりも早く高密度化を進めることで競争優位を実現している。」

注■
1　例えば日本通運は，路線便が大きな収益源となるため，宅配事業（ペリカン便）に資源を集中することができなかった。2000年前後に宅配事業を成長の柱に置こうとしたが，遅配等の発生により事業を拡大できず，2011年に事業を日本郵政に渡し宅配事業から撤退することになる。
2　本研究では，詳細なデータ項目の分析まで行ったわけではないが，セブン-イレブンでは，商品コード，商品分類，発注量，ヤマト運輸では，送り状Noや届け先情報等，業務を行う上で重要な情報が正確かつリアルタイムに連携されるようになっていることを確認している。
3　各社HPより。
4　補足しておくと，ATMや電子マネーは，サービス自体はコモディティ化しているが，大規模店舗網や，ITインフラ等の既存資源を活用し独自に始めたこともあり，グループの収益力に貢献する事業に成長している。
5　ここで「データ利用」とは，データを活用して業務指標を向上させる，例えば，分析や管理目的に対するデータの利用だけでなく，後続業務におけるサービスの提供や改善を含めて言っている。
6　リアルタイム結合を必要としないATMのようなサービスは，他CVSチェーンに先行されてもサービスのコモディティ化も速いため，結局発注精度のような業務指標の重要性が高まり，競争力自体に大きな影響を及ぼさないとも考えられる。

第10章 まとめ
──「高密度化」概念によって何が得られたのか

10.1.「高密度化」概念の結論は何か

　本書の目的は,「情報システムへの依存度の高い業界で競争力を維持している企業の性質を明らかにすること」である。情報システムによるビジネスプロセスの「高密度化」を構成概念として,ビジネスプロセス,資源と仕組,情報システムを分析対象に置き事例企業の歴史的考察を行ってきた。分析を通じ,両事例企業では,競争力を構成する業務指標に対して,ビジネスプロセスが情報システムによって高密度化されていくことで競争力が維持されることを確認した。

　伝統的な資源ベース論では,企業の競争優位を企業の保有する資源の差によって説明を行ってきた。本主張をさらに深め,ケイパビリティ論やビジネスシステム論からは戦略に対する資源や活動の整合性（フィット）が述べられてきた。ただし,これら要素間の組合せや整合性について,業務機能をデータで結合するという機能を持つ情報システムがどのような役割を担うのか説明されてきたわけではない。一方,情報システムの設計方法論では,データの連携範囲やITインフラの柔軟性など,機能的優位性を実現するための方法論を規範的に述べるにとどまり,なぜその設計方法が効果的なのかについては企業の競争力の視点から議論はされてこなかった。本書では,業務機能間をデータでリアルタイムに連結する情報システムの機能的役割を議論の枠組みとして「高密度化」という構成概念を示すことで,情報システムの依存度の高い業界における競争力形成のメカニズムに対して議論を進めてきた。

　事例企業において,事業の初期段階は,ビジネスプロセスは単純で少数の資源で構成されており,情報システムは特定の業務機能に対して整備が行われて

いた。これら情報システムは規模の拡大に必要なもので，ビジネスプロセスを効率面から支援することで企業の競争力に貢献してきた。そこから，情報システムの刷新を通じ，様々な社内外の業務機能が情報システムによりリアルタイムに結合されていく。そして，多様な価値を持つ複数の仕組が結合されたビジネスプロセスが形成されることで高い競争力を実現していることを確認した（論点1）。

　また，変化の早いITに対して，リーダー企業は，繰り返しデータ入力側面に先進的なITを導入していく。一方で，これら先進的なIT導入で得られたデータの新たな利用方法を追加していくことで業務指標を高めている。データ入力，データ利用の両側面がうまく補完的に複線化することでリアルタイム結合かつ整合性をもった業務機能の範囲が拡大，つまり「高密度化」が進んでいくことで競争力を高めていることを確認した（論点2）。

　さらに，この高密度化の過程において，業務指標を高めるために様々な課題が連鎖的に発生する。情報システムの整備によりある課題に対応すると，業務指標を高めるためには新たな課題が発生する。リーダー企業においては，他の企業より早く課題が発生し，かつ早く課題に対応する情報システムの整備を進めることで競争優位を持続していることを確認した（論点3）。

　以上より，「高い競争力を維持しているリーダー企業は，変化の早いITをデータ入力側面に用いることでデータ獲得の精度と範囲を向上させ，かつ，蓄積データの新たな利用方法を追加していくことで，業務指標を高める複線化した仕組が構築されている。つまり業務機能がリアルタイムかつ整合性をもって結合される範囲を情報システムの刷新を通じて拡大するという『高密度化』の性質を持つ。さらに，繰り返されるITの導入や情報システムの整備は，業務指標を高めるために連鎖的に発生する課題への対応を通じて行われている。情報システムへの依存度の高い業界をリードする企業は，経路的に発生する課題の連鎖に先行して対応していくことで競争優位を維持しているという性質を持つ」ことが確認された。

10.2. 「高密度化」概念をどう使うか

10.2.1. 研究者に向けて

　本研究の1つ目の貢献は，「高密度化」という構成概念により学際的に研究領域間の溝を埋める試みである。

　本書の問題意識の1つとして，これまで情報システムの設計方法論とITと競争優位に関する研究が独立して議論されてきたため，それぞれの研究領域で得られた知見の接合がうまく進んでいないことがある。情報システムの整備をどのように進めるか，またそのために情報システム部門はどのような機能を持つべきか，多数の書籍や方法論が公開されているにもかかわらず，これら文献において，競争優位との関係については経験則をベースとしたもので学術的に説得力のある説明がされているとは言い切れなかった。逆に資源ベース論やビジネスシステム論に代表される競争優位の研究において，ITは重要な研究テーマであり，ITと競争優位の関係について様々な研究がなされてきたが，ITや情報システムの持つ本来的な役割をもとにして競争優位の議論が深められることはなかった。

　両研究領域は，多岐にわたる研究成果を保持しているため，すべての成果を体系化して結論を示すことは本研究の範疇を超えるものであるが，「情報システムによる業務機能のリアルタイム結合」，「競争力に対する資源・活動の整合性」という両研究領域の重要な視点を取り上げ，ビジネスプロセスを接合点となる分析対象に置き，両研究領域間にある溝を埋めることを試みた。複数資源・活動の組合せによる競争力，および業務機能（活動）を結合する情報システムの役割について議論を進め，また「高密度化」という構成概念を導入することで，情報システムへの依存度が高い企業がどのように高い競争力を維持しているか，説明力のある命題を得ることができた。

　もう1つの貢献は，ビジネスプロセス概念を用いた分析手法の提案である。ビジネスシステム論におけるこれまでの事例研究の手法では，主観性を排除した分析手法が提示されているとは言えなかった。今回，情報システムの設計方法論も参考に，できるだけ客観性のある形でビジネスプロセスを通じた競争力

の分析手法を示してきた。事例分析という手法を採る以上，各種説明において主観性をすべて排除することには限界があるが，ビジネスプロセス，情報システムという形式化された業務を記述する手法を採用することで，観察者によらず，より再現性をもって事実に接近することが可能となった。本分析手法は，他の企業の分析にも応用可能性が高いと考える。

最後に，1つ目の貢献と重なる部分があるが，詳細な情報システムの歴史的記述をもとに企業の競争力との関係を示した資料としての貢献である。セブン-イレブン，ヤマト運輸は長く業界リーダーの位置づけにあり，情報システムが競争優位に貢献していることが言われてきたが，情報システムがどのようなもので，またどのように競争優位に貢献しているのか，詳細に記述した文献があるわけではなかった。本書では，両企業の情報システム責任者にインタビューを行い，また関連する資料を整理することで，戦略論の視点で情報システムの利用方法の整理を進めた。本書における結論だけでなく，さらなる研究を進めるための貴重な記述資料として貢献できたと考える。

10.2.2. 経営者・実務者に向けて

本研究では，実務者が持ついくつかの課題に向けて，解決のヒントを提供できたと考える。

まず，情報システムの企画者を対象として，ITと競争優位の考え方をもとに，情報システムが経営にいかに貢献するかの説明力を増した点が挙げられる。情報システムが大型化していくに従い，投資額も大きくなる。そのため，情報システムへの投資の際は，経営戦略や経営課題を意識していかなくてはならなくなっている。実務書では，経営戦略への同期が主張されているが，経営戦略と同期しているとは具体的にどのような状態であるかを示した例はほとんどない。本書の主張であるビジネスプロセスの高密度化，すなわち競争力（もしくは目標する業務指標）はビジネスプロセスを構成する資源・活動のリアルタイム結合と高い整合性によってもたらされると考えると，自社の優位な資源や活動をどのように効果的・効率的にビジネスプロセスに結び付けていくかが重要な検討の視点となる。

そして，先進的なITを採用する意味合いや，業務機能間の連携を，情報システムを用いてどの範囲で実現していくか，情報システムの整備のための方針を定義することが可能となるであろう。特に，データの取集と利用の複線化は，情報システム設計上重要な意味合いを持つ。他社が持たないデータを先進的なITを用いて獲得するとともに，既存のデータと組み合わせ，データのユニークな利用方法を考える。そのことにより，容易に模倣できない競争力ある仕組を実現する。そして実践を通じて，他社より早期に利用の方法を進化させていく。このように，本書では，情報システムの企画を進める者にとって，これまでの実務書では欠けていた競争力に対する説明力を補完することが可能である。ITインフラの整備も含め，高密度化という文脈から，先々の競争力獲得のロードマップを示すことも可能であろう。

　合わせて，情報システム部門以外の者にとって，情報システム設計方法論をもとに，情報システムの役割を深く理解するためのケースを提供できたと考える。具体的には経営者にとって，また事業部門の責任者や情報システムの利用者にとって，本書を通じて情報システムの有効性についての理解を深めることができると考える。情報システムを整備する目的は，事業部門の仕事を楽にすることではなく，競争力に対して効果的・効率的なビジネスプロセスを獲得することであり，それにより競争上の優位性や顧客の満足度が得られることとなる。情報システムの整備を行う際は，業務指標に対する高密度化（リアルタイム結合と整合性）の視点で整備が進められているかどうかが，重要な評価のポイントとなり得る。本書では，方法論としてのビジネスプロセス分析手法を提示することで，具体的な評価の視点を提供することができたと考える。

　また，事例企業の詳細な分析を通じて，上記以外にも実務者へ気づきを提供できたのではないかと考える。本書は，実務的な方法論も踏まえた研究となっているが，これまで実務者には具体化されなかった新たな視点を提供できたと考える。

10.3. 「高密度化」概念には限界もある

　本研究は代表企業をもとにした事例研究であるため，学術面ではいくつかの

限界点を含んでいる。

　まず，1つ目の限界として，定量化の問題，および企業間の比較に関する問題を内包している。定量化については，競争力，また競争力を構成する業務指標に対するデータ入手可能性の問題が発生している。本来であれば，日販，シェアを構成する業務指標を厳密に分解し，それぞれの業務指標を定量化していくべきであるが，両事例企業においても正確なデータが存在しないものが多い。そのため，因果関係の分析においても定性的な比較の側面が残っている。合わせて，競争力や高密度化の程度に対して定性的側面を含んでいる。例えば，高密度化を構成する「情報システムによるリアルタイム結合」については，ビジネスプロセスと情報システムの関係を特定することで記述できるが，「競争力に対する整合性」については，厳密な定量化が難しく整合性を程度問題として扱っている。本書では事実を深く記述することで説明力を積み上げようとしているが，このような定量化に関する問題が十分に解決できているとは言い切れない。

　これら定量化の限界もあり企業間の比較を難しくしている。そのため，競争優位についての厳密な説明は難しく，これが情報システムへの依存度の高い企業の「性質」を示すに留まった点にある。さらに企業間の比較の難しさは，説明変数の多さや説明変数に対するデータの入手の難しさも理由となっている。競合する企業の分析を詳細化していくと必ず取り組みの違いが現れるが，競争力が複数資源や活動による複雑な組合せからもたらされるという本書の主張が正しいとすれば，数多くの活動や資源の違いと競争力の差の説明を行うことは，かなり無理があると考える。本書で事例研究を採用したのも，このような複雑な因果関係を持つ企業の競争力を説明しようとしたからである。そもそも，母数となる企業数が少ない場合，企業間の個々の違いを多数積み上げることができたとしても，競争優位の差を説明できるとは限らない。ただし，競争力を今後の研究のテーマに置く限り，競争優位の説明力を増す取り組みは必要となると考える。今後の研究課題としたい。

　2つ目の限界として，競争力を構成する業務指標が大きく変化する場合については，高密度化概念は説明力を持たないかもしれない点である。高密度化は，継続性のある業務指標に対し繰り返し情報システムの整備を進めていくことを

述べている。そのため，蓄積データや課題の連鎖等，経路依存性を前提とした説明を行っている。ある事業が断続的な変化を必要とする場合，この経路的に構築された資源や仕組を大きく見直さなくてはならない場合もあるだろう (Leonard-Barton, 1992)。また，ITの急速な進化により，全く異なるビジネスシステムを持つ企業が突然優位な立場になることは否定できない。そのような経営環境の変化についての，高密度化は説明力を持たない可能性がある。ただし，企業の情報システムへの依存度，つまり企業内で広く情報システムが利用されだすのは1990年代以降の安価な機器やオープンなソフトウェアの普及以後である。そのため，情報システムに深く依存した競争力形成の歴史はそれほど長いわけではない。現時点では業務指標の非連続的変化を伴う事業変革の目立った事例が発生しているとは思われない。一方で，今後，多くの業界において高密度化が進んでいくことが想定される。業務指標の非連続的変化を伴う場合の競争力説明は今後の研究課題となるだろう。

　3つ目の限界として，ビジネスプロセス，資源，情報システムの分析を通じて，競争力に対する情報システムの重要性を確認してきたが，競争力はそれだけですべてを説明できるものではなく，別の説明方法もあることを付け加えておきたい。本書はビジネスプロセス，また構成する情報システムを，説明のための概念として用いてきたが，それ以外の説明の方法があることを否定するものではない。本分析でも，セブン-イレブンにおける商品開発力や店舗の発注力，またヤマト運輸における配達の品質を1つの変数として表してきたが，情報システム以外の競争力に関係するだろう変数については，同じレベルで詳細な分析を進めたわけではない。企業によっては別の分析概念が有効となる場合があるかもしれない。本書の説明の手法は，万能で包括的な手法となるものではない。ただし，研究対象となる業態における事業の情報システムへの依存度や刷新の頻度を考慮すると，本書におけるビジネスプロセスの高密度化の過程は競争力の持続に対して注目すべき視点を提供できたと考える。

　今後，得られた命題に対する一般化の可能性を評価，さらに外的妥当性を向上させるためには，対象を広げてさらなる経験的知見を積み上げ，本書の命題の検証を進めていくことが課題となるであろう。

10.4. 「高密度化」概念はどこまで発展できるか

　最後に，本研究の限界を認識しつつ，今後の展望として「高密度化」概念の発展可能性について触れておきたい。

　本書は，研究書という側面から，厳密に設計された研究手法や事実に基づいて理論的根拠を示す必要があるため，主張できる範囲を限定して述べてきた。一方，「高密度化」概念は多くの事象を説明する概念として，大きく展開できる可能性がある。それは，近年，多くの企業がITを用いて製品・サービスだけでなくビジネスシステムもソフトウェア化，デジタル化していく傾向にあることと関係する。

　例えば，少し古い視点かもしれないが，なぜERP（Enterprise Resource Planning）パッケージのようなものを導入するのかを考えてみよう。ERPパッケージは，企業を事業垂直的，もしくは事業水平的に業務機能を整合的に結合していく役割を持つ。そのことで，企業運営における有効な意思決定の速度を上げることができる。このようなERPパッケージは，コモディティ化したものであるが，ビジネスプロセスの高密度化を1度に行うことで，ある意味企業の運営の効率化を一足飛びに獲得するツールとなる。同じことが，SCM（Supply Chane Management）やCRM（Customer Relationsip Management）に代表される大型アプリケーションパッケージにも言えるだろう。

　また，最近のIoT，SNS，シェアリングエコノミー，オープンデータ等についても考えてみよう。これら最近のビジネスモデルやツールは，その背景において，ビジネスプロセスの高密度化が必然となる。人やモノそれぞれがITによってリアルタイムにつながり，意図した方向に個々の活動が矛盾なく組み合わされていくと，巨大なプラットフォームやビジネス形態を構築することができる。そこには，もちろんネットワーク効果など，高密度化以外の力学が働いているが，リアルタイム結合と要素間の整合性は重要な概念であり，その範囲が拡大していくことは企業やプラットフォームの競争力を拡大させていくこととなる。また，高密度化の過程で取り組んだ施策は，ビジネスシステムの複雑性を生み出し，他社が模倣することを難しくする。これまでのビジネス形態以

第10章 まとめ―「高密度化」概念によって何が得られたのか 219

上に寡占化（Winner takes all）を促進することになる。

このように，高密度化は企業の競争力形成だけでなく，社会のある側面の説明を後押しするものとなっている。これら先進企業の寡占化や社会事象まで説明を拡張することは，高密度化概念を大いに飛躍したものであるとの批判を受けるかもしれないが，これら事象の説明のための概念になり得ると考える。

あとがき

　本書は，早稲田大学商学研究科で博士学位を授与された時の論文を再編集したものである。本書のベースとなる博士学位論文を書くまでには長い苦悶の道のりがあった。

　遡れば，2005年。まさにSI企業（システムインテグレーター）のERPパッケージのコンサルタントとして，実務の世界で情報システム導入の提案や企画に四苦八苦していたこともあり，顧客に情報システムの価値をうまく説明するためにはもっと経営戦略の勉強をしなくてはならないという思いがあった。今でこそ多くの大学で社会人のためのMBAコースが設定されているが，当時は国内にそのようなコースがあること自体の認知度も低く，何かのきっかけで早稲田大学商学研究科に社会人のための修士課程コース（現・早稲田大学ビジネススクール）があることを知ったのが，本書執筆に至るそもそものきっかけである。

　当時，そして今も変わらないのだが，IT関連の企業やメディアから「経営戦略実現のために，ITはなくてはならないものである」という発言があふれ，国内では楽天やamazonの急成長が注目されていた。入学当初は，学術の世界にはうまくITと競争力の関係を説明する理論があり，それを学べると考えていた。実際，修士論文作成時は，期待をもってITと持続的競争優位の関係について論文を書くべく参考文献を確認していたのだが，「ITと持続的な競争優位は無関係である」ということがわかりはじめ，かろうじて修士論文は提出したものの，「ITは一時的な競争優位をもたらすことはあっても，持続的な競争優位をもたらすものではない」という主張が世の中でコンセンサスを得られていると理解できたレベルであった。それでもITは何かしら競争優位に関係するのではないかと考え，いや，それでもそれは単なる私の希望ではないかという思いに揺れつつ，そこから実務と研究の二足わらじの長い生活が始まることとなった。

　私の苦悶と裏腹に，多くのITを用いた先進的な企業が出現する。ウォルマート，マイクロソフト，SAP等，何十年も競争力を維持し続けている企業が存在

するだけでなく，amazon，faceboook，Apple，最近ではUber，Airbnb，アリババのようにITを用いたサービスで急速に成長している企業もある。また，旧来の事業の枠組みから飛び出し，コマツ，GE，シーメンスのように，ITで強力なエコシステムを構築し競争優位を実現しようとしている企業もある。さらに，これまではITと距離のあった業界，例えば，自動車，家電，放送等業界でもITを用いたサービス抜きでは，企業の存続を危うくするという空気が広がっている。実際，現実に理論が追いついていないと感じられることが多くなってきた。

　本書のベースとなった博士学位論文は，先進的なITを利用しているが，比較的古くからある企業を研究対象としている。実際，実務家である読者からは「新しさ」を求められることも多いが，著者は，「理論を構築する」ためには実績を積んできた企業から学ぶべきであると考えている。そこに普遍性の高い理論のベースがあるはずである。10年間，継続して同じことを調べ，考え，発信してきた成果が本書となる。出版には至ったが，まだまだ道半ばで欠点もいくつかあると考える。それでも「高密度化」概念を，ここで世に問うのは，いいタイミングであると考えた。

　情報システムに関わる実務者には，「高密度化」はこれまで経験してきた，ある意味常識的な話かもしれない。ただし，概念として提示されることはなかったため，優秀なシステムエンジニアの経験則に留まっているであろう。これは多くのエンジニアが必ずしも経営理論への深い関わりから議論しているわけではないからだろう。本書は経営戦略論のアプローチから情報システムの設計を見るとどう解釈できるのか，1つの説明方法を示している。本「高密度化」概念が，経営学の研究者だけでなく，実務に関わる方がITと競争優位について深く考えるためのヒントになれば幸いである。

　最後に，本書を執筆するにあたり，数多くの方の支援をいただいた。まず何よりも早稲田大学根来龍之教授には感謝の念に堪えない。修士課程の時代から博士論文を受理されるまで，10年以上指導いただき，数多くの有益な示唆をいただいた。また，研究者としての姿勢や研究を進めていくうえでの様々な助言をいただいた。博士論文の完成に至ったのも，根来先生の励ましがあったから

だと言える。同じく，博士論文の指導をいただいた，早稲田大学 平野雅章先生，同 淺羽茂先生，法政大学 岸真理子先生には論文作成の上で有意義な助言をいただいた。博士論文の完成は，本指導あってのことと考える。さらに，平野先生，岸先生は4年間理事を務めた経営情報学会でもお世話になり，いろいろな場面で応援いただいた。

もう一つ忘れてはならないのは，根来先生とともに2010年に『CIOのための情報・経営戦略』(中央経済社) の編集に関わらせていただいた時，何名もの先生方の考え方に触れられたことが，研究を進めるうえで大いに刺激となったことである。現在でも，当時の執筆者の先生方と交流があり，全員の名前を記載できないが，継続してよい刺激をいただいている。おそらく，本書の編集に関わったことが，現在研究者としての道に進むきっかけとなったと考える。そのなかでも，修士論文の副査を引き受けていただいた手島歩三先生の考え方には共感する面も多く，本書のビジネスプロセス分析のヒントにもなっている。

また，根来ゼミの同僚の方にも感謝したい。社会人研究者として，お互い苦しいときに，励ましあえる研究仲間がいることは幸運であった。ゼミの運営だけでなく，独りよがりになりやすい場面で研究のヒントをいただけたことは非常に有意義であった。あわせて，IT投資マネジメントに造詣の深い松島桂樹先生，経営情報学会IT資産価値研究部会の皆さんにも重要な視点をいただけた。

最後に，家族の支援があって，本書の執筆につながったことを付け加えておきたい。会社から帰宅しても，PCの前に座ったきりで，たまの休日も趣味のマラソン大会に行ったきりで，家族サービスが後回しになっていた。数多くの反省点があるが，家族に支えてもらって本研究の到達点に至った。家族の支援があってのたまものであると考える。

2018年5月

著 者

〔参考文献〕

Amit, Raphael and Schoemaker, Paul J.H. (1993), "STRATEGIC ASSETS AND ORGANIZATIONAL RENT", *Strategic Management Journal*, Vol. 14, Issue 1, pp.33-46.
Aral, Sinan and Weill, Peter (2007), "IT Assets, Organizational Capabilities, and Firm Performance: How Resource Allocations and Organizational Differences Explain Performance Variation", *Organization Science*, Vol.18, Issue 5, pp.763-780.
Barney, J.B. (1991), "Firm resources and sustainable competitive advantage", *Journal of management*, Vol.17, No.1, pp.99-120.
Barney, J. B. and Arikan, A. M. (2001), "The resource-based view: Origins and implications", In M. A. Hitt, R. E. Freeman.
Barney, J.B.; Ketchen, D.J.; Wright, M. (2011), "The Future of Resource-Based Theory: Revitalization or Decline", *Journal of Management*, Vol.37, Issue 5, pp.1299-1315.
Barreto, Ilídio (2010), "Dynamic Capabilities: A Review of Past Research and an Agenda for the Future", *Journal of Management*, Jan 2010, Vol. 36, Issue 1, pp.256-280.
Barua, A.; Kriebel, C.; Mukhopadhyay, T. (1995), "Information Technologies and Business Value : An Analytic and Empirical Investigation" *Information Systems Research*, Vol.6, Issue 1, pp.1-23.
Becker, M.C. (2004), "Organizational routines: a review of the literature", *Industrial and Corporate Change*, Vol.13, No.4, pp.643-677.
Bharadwaj, Anandhi S. (2000), "A Resource-Based Perspective on Information Technology Capability and Firm Performance: An Empirical Investigation", *MIS Quarterly*, Vol.24, No. 1, pp.763-780.
Black, J.A. and Boal, K.B. (1994), "Strategic resources: Traits, configurations and paths to sustainable competitive advantage", *Strategic Management Journal*, Vol.15, Issue S2, pp.131-148.
Bossert, Oliver ; Ip, Chris; Laartz, Jürgen (2014), "A two-speed IT architecture for the digital enterprise", *Digital McKinsey*, http://www.mckinsey.com/business-functions/business-technology/our-insights/a-two-speed-it-architecture-

for-the-digital-enterprise（2016年9月アクセス）.

Broadbent, Marianne and Weill, Peter (1997), "Management by Maxim: How Business and IT Managers Can Create IT Infrastructures", *MIT Sloan Management Review*, Spring 1997, pp.77-92.

Brynjolfsson, E. and Hitt, L. (1996), "Paradox lost? Firm-level evidence on the returns to information systems", *Managment Science*. 42, 4, pp.541-558.

Brynjolfsson, Erik; L.M. Hitt; S. Yang (2002), "Intangible Assets: Computers and Organizational Capital", *BROOKINGS PAPERS ON ECONOMIC ACTIVITY*.

Brynjolfsson, Erik and McAfee, Andres (2008), "Investing in the IT That Makes a Competitive Difference", *Harvard Business Review*, Vol. 86, Issue 78, pp.98-107.

Byrd, Terry Anthony and Turner, Douglas E. (2000), "Measuring the Flexibility of Information Technology Infrastructure: Exploratory Analysis of a Construct", *Journal of MIS*, Summer 2000, Vol. 17, Issue 1, pp.16-208.

Byrd, Terry Anthony; Pitts, Jennifer P.; Adrian, Anne Mims; Davidson, Nancy W. (2008), "EXAMINATION OF A PATH MODEL RELATING INFORMATION TECHNOLOGY INFRASTRUCTURE WITH FIRM PERFORMANC", *Journal of Business Logistics*, Vol. 29, Issue 2, pp.161-187.

Cao, Guangming (2010), "A four-dimensional view of IT business value", *Systems Research and Behavioral Science*, Volume 27, Issue 3, pp.267–284.

Carr, Nicholas G. (2003), "IT Doesn't Matter", *Harvard Business Review*, May 2003, pp.41-49.

Clemons, Eric K. and Row, Michael C. (1991), "Sustaining IT Advantage: The Role of Structural Differences", *MIS Quarterly*, Vol.15, Issue 3, 1991, pp.275-292.

Collis, David J. (1994), "RESEARCH NOTE: HOW VALUABLE ARE ORGANIZATIONAL CAPABILITIES", *Strategic Management Journal*, Vol.15, pp.143-152.

Danneels, Erwin (2010), "Trying to become a different type of company: dynamic capability at Smith Corona", *Strategic Management Journal*, Vol.32, Issue 1, pp.1-31.

D'Aveni, Richard A.; Dagnino, Giovanni Battista; Smith, Ken G. (2010), "The age of temporary advantage", *Strategic Management Journal*, Vol.31, Issue 13, pp.1371-1385.

Davenport,T.H. (1992), *Process Innovation: Reengineering Work Through Information Technology*, Harvard Business School Press, Boston, Massachusetts（卜部正夫・伊東俊彦・杉野周・松島桂樹訳（1994），『プロセス・イノベーション：情報

技術と組織変革によるリエンジニアリング実践』日経 BP 出版センター).
Davenport, T.H. and Linder, J. (1994), "Information management infrastructure: the new competitive weapon", *Proceedings of the Twenty-Seventh Annual Hawaii International Conference on System Sciences*. IV, pp.885-896.
Devaraj, Sarv and Kohli, Rajiv (2003), "Performance Impacts of Information Technology: Is Actual Usage the Missing Link", *Management Science*, Vol. 49, Issue 3, pp.273-289.
Dierickx, Ingemar and Cool, Karel (1989), "Asset Stock Accumulation and Sustainability of Competitive Advantage", *Management Science*, Vol.35, No.12, pp. 1504-1511.
Duncan, Nancy Bogucki (1995), "Capturing Flexibility of Information Technology Infrastructure: A Study of Resource Characteristics and their Measure", *Journal of Management Information Systems*, Fall95, Vol. 12 Issue 2, pp.37-57.
Easterby-Smith, Mark; Lyles Marjorie A.; Peteraf Margaret A. (2009), "Dynamic Capabilities Current Debates and Future Directions", *British Journal of Management*, Vol.20, Issue s1, pp.S 1-S8.
Eisenhardt, Kathleen M. and Martin, Jeffrey A. (2000), "Dynamic Capabilities: What Are They", *Strategic Management Journal*, Vol.21, Issue 10-11, pp.1105-1121.
Eisenhardt, K.M. and Sull, D.N. (2001), "Strategy as simple rules", *Harvard business review*, JANUARY, pp.107-116.
El Sawy, Omar A. and Pavlou, Paul A (2008), "IT-ENABLED BUSINESS CAPABILITIES FOR TURBULENT ENVIRONMENTS", *MIS Quarterly Executive*, Vol. 7, Issue 3, pp.139-150.
Feeny, David F. and Willcocks, Leslie P. (1998), "Core IS Capabilities for Exploiting Information Technology", *Sloan Management Review*, Spring 98, Vol. 39, Issue 3, pp.9-21.
福澤光啓 (2013),「2章 ダイナミック・ケイパビリティ」,組織学会 (編)『組織論レビューⅡ』,白桃書房.
Grant, Robert M. (1991), "The Resource-Based Theory of Competitive Advantage", *California Management Review*, Vol.33, pp.114-135.
Grant, Robert M. (1996), "TOWARD A KNOWLEDGE-BASED THEORY OF THE FIRM", *Strategic Management Journal*, Winter 96 Special Issue, Vol. 17, pp.109-122.

Hammer, Michael and Champy, Jim(1993),*Reengineering the Corporation*, Nicholas Brealey Publishing(野中郁次郎訳(1993),『リエンジニアリング革命─企業を根本から変える業務革新』,日本経済新聞社).

Helfat, C.E.; Finkelstein, S.; Mitchell, W.; Peteraf, M.; Singh, H.; Teece, D.; Winter, S.(2007), *Dynamic Capabilities: Understanding Strategic Change in Organizations*, Malden, MA: Blackwell.

Helfat, C.E. and Peteraf, M.(2009),"Understanding dynamic capabilities: Progress along a developmental path", *Strategic Organization*, Vol 7, Issue 1, pp.91-102.

Helfat, C.E. and Winter, S.G.(2011),"Untangling Dynamic and Operational Capabilities: Strategy for the(N)ever-Changing World", *Strategic Management Journal*, Vol.32, Issue11, pp.1243-1250.

Henderson, C. and Venkatraman, H.(1993),"Strategic alignment: Leveraging information technology for transforming organizations", *IBM Systems Journal*, Vol.32, No.1, pp.472-484.

平野雅章(2008),「IT投資の収益性に対する組織特性の影響の研究:経済産業省『IT経営百選』の分析」『経営情報学会誌』,Vol.16, No.4, pp.31-49.

平本健太(2007),『情報システムと競争優位』,白桃書房.

伊丹敬之(2012),『経営戦略の論理 第4版』,日本経済新聞出版社.

伊丹敬之・加護野忠男(1993),『ゼミナール経営学入門』,日本経済新聞出版社.

井上達彦(1994),「情報技術とビジネス・システムの進化」BUSINESS INSIGHT, 1994 Autumn, pp.92-108.

井上達彦(2006),「事業システムのP-VAR分析−不完備な収益原理を超えて」,『商学研究科紀要』,第62号, pp.1-20.

井上達彦(2008),「ビジネスシステムの新しい視点−価値創造と配分に関するルールの束と自生秩序的な仕組み−」,『早稲田商学』,第415号, pp.287-313.

IPA(独立行政法人情報処理推進機構)(2016),『IT人材白書 2016』独立行政法人情報処理推進機構.

Johnson, Mark W.; Christensen, Clayton M.; Kagermann, Henning(2008),"Reinventing Your Business Model", *Harvard Business Review*, December, pp.50-59.

JUAS(一般社団法人日本情報システムユーザ協会)(2008),『企業IT動向調査 2008』,一般社団法人日本情報システムユーザ協会.

JUAS(一般社団法人日本情報システムユーザ協会)(2016),『企業IT動向調査 2016』,日経BP社.

JUAS(一般社団法人 日本情報システムユーザ協会)(2017),『企業IT動向調査

2017』,日経BP社.

加護野忠男(1999),『<競争優位>のシステム　事業戦略の静かな改革』,PHP新書.

加護野忠男・井上達彦(2004),『事業システム戦略　事業の仕組みと競争優位』,有斐閣.

Kaplan, R. S. and Norton, D. P. (2004), Strategy Maps: Converting Intangible *Assets into Tangible Outcomes*, Harvard Business School Press（櫻井通晴・伊藤和憲・長谷川憲一監訳(2005),『戦略マップ』ランダムハウス講談社）.

Keen, P. G. (1993), "Information technology and the management difference: A fusion map", *IBM SYSTEMS JOURNAL*, VOL.32, NO.1, pp.17-39.

Keen, P.G. (1997), *The Process Edge: Creating Value Where It Counts*, Harvard Business School Pr.

Kettinger, William J.; Grover, Varun: Guha, Subashish; Segars. Albert H. (1994), "Strategic Information Systems Revisited: A Study in Sustainability and Performance", *MIS Quarterly*, Vol. 18 Issue 1, pp. 31-58.

Kettinger, William J.; Marchand, Donald A.; Davis, Joshua M. (2010), "DESIGNING ENTERPRISE IT ARCHITECTURES TO OPTIMIZE FLEXIBILITY AND STANDARDIZATION IN GLOBAL BUSINESS", *MIS Quarterly Executive*, Vol. 9, Issue 2, pp.95-113.

Kohli, Rajiv and Grover, Varun (2008), "Business Value of IT: An Essay on Expanding Research Directions to Keep up with the Times", *Journal of the Association for Information Systems*, Vol. 9, Issue 1, pp.23-39.

栗山敏(2013),『情報システムを成功に導く経営者の支援行動　失敗する情報システム構築に共通する社長の行動』,白桃書房.

Leonard-Barton, Dorothy (1992), "CORE CAPABILITIES AND CORE RIGIDITIES: A PARADOX IN MANAGING NEW PRODUCT DEVELOPMENT", *Strategic Management Journal*, Summer 92, Vol.13, pp.111-125.

Levitt, B. and March, JG. (1988) "Organization Learning", *Annual Reviews in Sociology*, Vol.14, pp.319-340.

McGrath, Rita Gunther (2013), "Transient Advantage", *Harvard Business Review*, Jun 2013, Vol.91, Issue 6, pp.62-70.

Malone, Thomas W.(1997), "Is Empowerment Just a Fad Control, Decision Making, and IT", *Sloan Management Review*, Vol. 38, Issue 2, pp.23-35.

Makadok, Richard (2001), "Toward a synthesis of the resource-based and dynamic-capability views of rent creation", *Strategic Management Journal*, Vol.22, Issue 5, pp.387–401.

Mata, Francisco J.; William L. Fuerst; Jay B. Barney (1995), "Information Technology and Sustained Competitive Advantage: A Resource-Based Analysis", *MIS Quarterly*, Vol.19, No.4, pp.487-505.

March, James G. (1991), "Exploration and Exploitation in Organizational Learning," *Organization Science*, Vol.2, No.1, pp.71-87.

松島桂樹 (2007),『IT投資マネジメントの発展―IT投資効果の最大化を目指して』, 白桃書房.

Melville, Nigel; Kraemer, Kenneth; Gurbaxani, Vijay (2004), "INFORMATION TECHNOLOGY AND ORGANIZATIONAL PERFORMANCE: AN INTEGRATIVE MODEL OF IT BUSINESS VALUE", *MIS Quarterly*, Vol.28, No.2, pp.283-322.

Mintzberg, Henry (1987), "Crafting strategy", *Harvard Business Review*, July.

向正道 (2013),『経営・事業・ITの三者ですすめるITマネジメントの新機軸』, 日経BP社.

Mukai, Masamichi and Tatsuyuki, Negoro (2010), "Contribution of Information Systems to Business Performance as an Embedded Factors of Differentiation Mechanism: A Case Study of Seven-Eleven Japan", *Journal of Japan Society for Information and Management*, Vol.30, No.3, pp.122-133.

南波幸雄 (2010),「IT経営と企業情報システムアーキテクチャ」『CIOのための情報・経営戦略』, 中央経済社.

根来龍之 (2004),「事業戦略と因果モデル―活動システム, 戦略マップ, 差別化システム―」, 早稲田大学IT戦略研究所 Working Paper, No.6.

根来龍之 (2008),「差別化を支える仕組とその維持・強化・変革のシステム」,『富士通総研経済研究所 ECONOMIC Review』Vol.12 No.4 pp.4-11.

根来龍之・角田仁 (2009),「差別化システムの維持・革新の仕組に関する研究：ダイナミックビジネスシステム論への展開」, 早稲田大学IT戦略研究所 Working Paper, No.27.

根来龍之・向正道 (2010),「『仕組』と競争優位」,『CIOのための情報・経営戦略』, 中央経済社.

Newbert, Scott L. (2007), "Empirical research on the resource-based view of the firm: an assessment and suggestions for future research", *Strategic Management Journal*, Vol.28, Issue2, pp.121-146.

O'Reilly III, C.A. and Tushman, M.L. (2008), "Ambidexterity as a dynamic capability: Resolving the innovator's dilemma", *Research in organizational behavior*, Vol.28.

O'REILLY Ⅲ, CHARLES A. and TUSHMAN, MICHAEL L. (2013), "ORGANIZATIONAL AMBIDEXTERITY: PAST, PRESENT, AND FUTURE", *Academy of Management Perspectives*, Vol. 27, Issue 4, pp.324-338.

Pacheco-de-Almeida, Gonçalo and Zemsky, Peter (2007), "The Timing of Resource Development and Sustainable Competitive Advantage", *Management Science*, Vol.53, Issue 4, pp.651–666.

Pavlou, P.A. and El Sawy, O.A. (2006), "From IT leveraging competence to competitive advantage in turbulent environments: The case of new product development", *Information Systems Research*, Vol.17, Issue 3, pp.198–227.

Penrose E.T. (1995), *The Theory of the Growth of the Firm*, Oxford University Press: Oxford.

Peteraf, M. A. (1993), "The Cornerstones of Competitive Advantage: A Resource-Based View", *Strategic Management Journal*, Vol.14, Issue.3, pp.179–191.

Peteraf, Margaret; Di Stefano, Giada; Verona, Gianmario (2013), "The elephant in the room of dynamic capabilities: Bringing two diverging conversations together", *Strategic Management Journal*, Vol.34, Issue 12, pp.1389-1410.

Porter, Michael E. (1985), *Competitive Advantage: Creating and Sustaining Superior Performance*, New York: Free Press.

Porter, Michael E. (1996), "What Is Strategy?", *Harvard Business Review*, 1996-November-December, pp.61-78.

Powell, Thomas C. and Dent-Micallef, Anne (1997), "INFORMATION TECHNOLOGY AS COMPETITIVE ADVANTAGE: THE ROLE OF HUMAN, BUSINESS, AND TECHNOLOGY RESOURCES", *Strategic Management Journal*, Vol.18, Issue 5, pp.375-405.

Prahalad, C.K. and Hamel, Gary (1990), "The Core Competence of the Corporation", *Harvard Business Review*, 1990 May-June, pp.79-91.

Priem, Richard L. and Butler, John E. (2001), "Is the Resource-Based 'View' a Useful Perspective for Strategic Management Research?", *Academy of Management Review*, Vol.26, No.1, pp.22-40.

Rai, Arun; Patnayakuni, Ravi; Seth, Nainika (2006), "FIRM PERFORMANCE IMPACTS OF DIGITALLY ENABLED SUPPLY CHAIN INTEGRATION CAPABILITIES", *MIS Quarterly*, Vol. 30, Issue 2, pp.225-246.

Ray, Gautam; Barney, Jay B.; Muhanna, Waleed A. (2004), "CAPABILITIES, BUSINESS PROCESSES, AND COMPETITIVE ADVANTAGE: CHOOSING THE DEPENDENT VARIABLE IN EMPIRICAL TESTS OF THE RESOURC", *Strategic Management Journal*, Vol.25, Issue 1, pp.23-37.

Ray, Gautam; Ling Xue; Barney, Jay B. (2013), " IMPACT OF INFORMATION TECHNOLOGY CAPITAL ON FIRM SCOPE AND PERFORMANCE: THE ROLE OF ASSET CHARACTERISTICS", *Academy of Management Journal*, Vol.56, Issue 4, pp.1125-1147.

Ravichandran, T. and Liu, Yu (2011), "Environmental Factors, Managerial Processes, and Information Technology Investment Strategies", *Decision Sciences*, Vol.42, Issue 3, pp.537-574.

Redman, Thomas C. (2008), *Data Driven: Profiting from Your Most Important Business Asset*, Harvard Business School Pr.（栗原潔訳（2010），『戦略的データマネジメント』, 翔泳社).

Ross, Jeanne W.; Mathis, Cynthia; Beath, Goodhue, Dale L. (1996), "Develop Long-Term Competitiveness through IT Assets", *SLOAN MANAGEMENT REVIEW, FALL* 1996, pp.31-42.

Ross, Jeanne W. (2003), "Creating a Strategic IT Architecture Competency: Learning in Stages", *MIT CISR Working Paper*, No. 335.

Rumelt, Richard P. (1984), "Towards a Strategic Theory of the Firm" in R. B.Lamb (ed.), *Competitive Strategic Management*, Englewood Cliffs, N.J.: Prentice-Hall, pp.556-570.

Schreyögg, Georg and Kliesch-Eberl, Martina (2007), "How dynamic can organizational capabilities be: Towards a dual-process model of capability dynamization", *Strategic Management Journal*, Vol.28, Issue 9, pp.913-933.

Sirmon, David G. and Hitt, Michael A. (2009), "Contingencies within dynamic managerial capabilities: interdependent effects of resource investment and deployment on firm performance", *Strategic Management Journal*, Vol.30, Issue 13, pp. 375–1394.

Sirmon, David G.; Hitt, Michael A.; Arregle, Jean-Luc; Campbell, Joanna Tochman (2010), "The dynamic interplay of capability strengths and weaknesses: investigating the bases of temporary competitive advantage", *Strategic Management Journal*, Vol.31, Issue 13, pp.1386–1409.

Soh, Christina and Markus, M. Lynne (1995), "How IT creates business value: a process theory synthesis", *Proceedings of International Conference on Information Systems*, pp.29-41.

Spewak, Steven H. and Hill, Steven C. (1993), *Enterprise Architecture Planning: Developing a Blueprint for Data, Applications, and Technology*, A Wiley-QED Publication.

Stalk, George; Evans, Philip; Shulman, Lawrence E. (1992), "Competing on Capabilitie: The New Rules of Corporate Strategy", *Harvard Business Review*, Vol.70, Issue 2, pp.57-69.

田村正紀 (2006),『リサーチ・デザイン　経営知識創造の基本技術』, 白桃書房.

Teece, David J.; Pisano, Gary; Shuen, Amy (1997), "Dynamic Capabilities and Strategic Management", *Strategic Management Journal*, Vol.18, Issue 7, pp.509-533.

Teece, David J. (2007), "Explicating dynamic capabilities the nature and microfoundations of sustainable enterprise performance", *Strategic Management Journal*, Vol. 28, Issue 13, pp.1319-1350.

Teece, David J. (2012), "Dynamic Capabilities; Routines versus Entrepreneurial Action", *Journal of Management Studies*, Vol.49, No.8, pp.1395-1401.

Teece, David J. (2014), "The Foundations of Enterprise Performance: Dynamic and Ordinary Capabilities in an (Economic) Theory of Firms", *Academy of Management Perspective*, Vol.28, No.4, pp.328-352.

手島歩 (2010),「ビジネス組織の基盤構造としての情報システム」,『CIOのための情報・経営戦略』, 中央経済社.

Tippins, Michael J. and Sohi, Ravipreet S. (2003), "IT COMPETENCY AND FIRM PERFORMANCE: IS ORGANIZATIONAL LEARNING A MISSING LINK？", *Strategic Management Journal*, Vol. 24 Issue 8, pp.745-761.

遠山曉 (2005),「ITケイパビリティの可能性と限界」,『オフィス・オートメーション』, Vol.26, No.1, pp.10-16.

遠山曉・村田潔・岸眞理子 (2015),『経営情報論 新版補訂』 有斐閣.

Wang, Nianxin; Liang, Huigang; Zhong, Weijun; Xue, Yajiong; Xiao, Jinghua (2012), "Resource Structuring or Capability Building: An Empirical Study of the Business Value of Information", *Journal of Management Information Systems*, Vol. 29 Issue 2, pp.325–367.

Weill, Peter and Broadbent, Marianne (1998), *Leveraging the New Infrastructure: How Market Leaders Capitalize on Information Technology*, Harvard Business

School Pr.（福嶋俊造・マイクロソフトコンサルティング本部訳（2003），『ITポートフォリオ戦略論』，ダイヤモンド社）．

Weill, Peter and Aral, Sinan (2006), "Generating Premium Returns on Your IT Investments", MIT Sloan Management Review, Vol.47, No.2, pp.39-48.

Weill, Peter and Ross, Jeanne W. (2009), *IT Savvy: What Top Executives Must Know to Go from Pain to Gain*, Harvard Business School Pr.

Wernerfelt, Birger (1984), "A Resource-Based View of the Firm", *Strategic Management Journal*, No.5, pp.171-180.

Willcocks, Leslie; Feeny, David; Olson, Nancy (2006), "Implementing Core IS Capabilities: Feeny–Willcocks IT Governance and Management Framework Revisited", *European Management Journal*, Vol.24, Issue 1, pp.23-37.

Winter, Sidney G. (2003), "Understanding Dynamic Capabilities", *Strategic Management Journal*, Vol..24, No.10.

Wiseman, Charles (1988), *Strategic Information Systems*, Richard D. Irwin（土屋守章・辻新六訳（1989），『戦略的情報システム ― 競争戦略の武器としての情報技術』，ダイヤモンド社）．

Yin, Robert K. (1994), *Case Study Research: Design and Methods,* SAGE Publications, Inc.（近藤公彦訳（2011），『新装版 ケース・スタディの方法（第2版）』，千倉書房）．

Zachman, John A. (1987), "A framework for information systems architecture", *IBM Systems Journal*, Vol.26, No.3, pp.276-292.

Zollo, Maurizio and Winter, Sidney G. (2002), "Deliberate Learning and the Evolution of Dynamic Capabilities", *Organization Science*, Vol.13, Issue 3, pp.339-351.

Zhu, K. and Kraemer, K.L. (2002), "E-commerce metrics for net-enhanced organizations: assessing the value of e-commerce to firm performance in the manufacturing sector", *Information Systems Research*, Vol.13, No.3, pp. 275–295.

〔Appendix〕

a．セブン-イレブン・ジャパンの参考資料
- セブン-イレブン・ジャパン　有価証券報告書　1980年2月期～2005年2月期．
- セブン＆アイHD　有価証券報告書　2006年2月期～2016年2月期．
- コーポレートアウトライン　2003年～2016年（2006年以降は7＆i HD，2014年以降は7＆i HD事業概要－投資家向けデータブック－，2016年以降は7＆i HD　コーポレートアウトライン）．
- セブン＆アイHD　コーポレートプロファイル　2010年～2016年．
- セブン-イレブンの横顔　2005年～2016年．
- 株式会社セブン-イレブン・ジャパン（1991），『終わりなきイノベーション 1973-1991』．
- 株式会社セブン-イレブン・ジャパン（2003），『終わりなきイノベーション 1991-2003』．
- 鈴木敏文(2003a)，『商売の原点』，講談社．
- 鈴木敏文(2003a)，『商売の創造』，講談社．
- 鈴木敏文(2014)，『挑戦 我がロマン（日経ビジネス人文庫）』，日本経済新聞出版社．
- 碓井誠(2009)，『セブン-イレブン流　サービス・イノベーションの条件』，日経BP社．

- 石川昭・根城泰(1998)，『セブン-イレブンだけがなぜ強い』，産能大学出版部．
- 小川進(2006)，『競争的共創論』，白桃書房．
- 小川進(2007)，『イノベーションの発生論理』，千倉書房．
- 勝見明(2002)，『鈴木敏文の「統計心理学」―「仮説」と「検証」で顧客のこころを掴む』，プレジデント社．
- 川辺信雄(2003)，『新版　セブン-イレブンの経営史』，有斐閣．
- 金 顯哲(2001)，『コンビニエンスストア業態の革新』，有斐閣．
- 国友隆一(1993)，『セブン-イレブン情報改革』，ぱる出版．
- 国友隆一(1994)，『セブン-イレブン 高収益システム』，ぱる出版．
- 国友隆一(1998)，『単品管理マニュアル』，ぱる出版．
- 国友隆一(2005)，『セブン-イレブン 高収益・高集客の法則』，ぱる出版．
- 坂口義弘(1989)，『ローソン，ファミリーマートがセブン-イレブンにどうしても勝てない事情』，あっぷる出版社．
- 新納一徳(1998)，『サバイバル時代のセブン-イレブンVSローソン』，ぱる出版．

- 田中陽(2006),『セブン-イレブン覇者の奥義』,日本経済新聞社.
- 田村正紀(2008),『業態の盛衰 現代流通の激流』,千倉書房.
- 田村正紀(2014),『セブン-イレブンの足跡 ― 持続成長メカニズムを探る』,千倉書房.
- 陳海権(2004),『日本流通企業の戦略的革新―創造的企業進化のメカニズム』,日本僑報社.
- 矢作敏行(1994),『コンビニエンス・ストア・システムの革新性』,日本経済新聞社.
- 山下剛(1987),『ローソンの挑戦』,ぱる出版.
- 山下剛(1995),『セブン-イレブンVSローソン―火花を散らす企業戦略・最前線』,ぱる出版.

上記の他に,『日経ビジネス』,『日経コンピュータ』,『日経ストラテジー』等の記事を参考にした。

b．ヤマト運輸の参考資料

- ヤマト運輸,ヤマトHD 有価証券報告書 1978年3月期〜2016年3月期.
- ヤマトHD アニュアルレポート 2003年3月期〜2016年3月期.
- ヤマトHD 株主向け事業報告書 2003年〜2016年.
- ヤマトHD ファクトデータ 2009年,2016年.
- ヤマトHD ニュースリリース 2000年4月〜2016年3月.
- SGホールディングス株式会社 決算報告 2007年3月期〜2016年3月期.
- SGホールディングス株式会社 「佐川の「歴史」をたどる軌跡」 http://www.sg-hldgs.co.jp/company/history/kiseki/(2015年9月アクセス).
- SGホールディングス株式会社 ニュースリリース 2010年1月〜2016年3月.
- 小倉昌男(1995),『経営学』,日経BP社.
- 小倉昌男(2003),『経営はロマンだ！私の履歴書・小倉昌男』,日経BP社.
- 木川眞(2013),『日経ビジネス経営教室 未来の市場を創り出す』,日経BP社.
- 石橋曜子・高尾恭介(2005),『クロネコヤマトの宅急便"NEKOシステム"開発ストーリー』アイテック情報処理技術者教育センター．

上記の他に,『日経ビジネス』,『日経コンピュータ』,『日経ストラテジー』等の記事を参考にした。

c. セブン-イレブンにおける世代別情報システム

世代	構築時期	システム	概要
第1次店舗システム	1978年8月	発注端末機「ターミナル7」の導入開始［日本電気(株)との共同開発］	● 発注端末機「ターミナル7」の導入開始。 ● ［日本電気(株)との共同開発］発注番号のバーコード化と，商品台帳兼発注表の作成。 ● 発注業務のコンピュータ化に伴い，会計処理の面では注文データを先行記録とするターン・アラウンド方式が可能となり精度および効率が大幅に向上。 ● 専用ネットワークの構築分散処理型ネットワークの構築。一部ベンダーにも接続。
第2次総合店舗情報システム	1980年	専用ネットワークの構築	● 分散処理型ネットワークの構築。一部ベンダーにも接続。
	1982年10月	TC（ターミナルコントローラー）［日本電気(株)との共同開発］POSレジスターの導入開始［(株) 東京電気との共同開発］	● 世界で初めてマーチャンダイズ・マーケティングにPOS情報を活用。 ● 発注精度の向上と欠陥防止，個店対応と単品管理の深耕，POS情報の活用，共同配送の推進等が大幅に進展。
	1982年11月	発注端末機EOB（エレクトリック・オーダー・ブック）の導入開始［日本電気(株)との共同開発］	
第3次総合店舗情報システム	1985年5月	グラフ情報分析コンピューターの導入開始［ロジックシステム・インターナショナル社との共同開発，日本電気(株)との保守契約］	● 販売データがグラフで表示できるようになり，イメージとして把握し易く，販売データが本格的に活用されるようになるとともに予約商品在庫問い合わせなどネットワーク活用ビジネスの可能性が開ける。
	1985年8月	双方向POSレジスターの導入開始［(株) 東京電気との共同開発］	

第4次総合店舗情報システム	1990年	GOT（グラフィック・オーダー・ターミナル），ST（スキャナー・ターミナル），SC（ストア・コンピューター）の導入開始 [日本電気(株)との共同開発]	● POSデータの分析情報に加えて，商品情報や催事・温度変化などに応じた商品の動きの変化を先行的にアドバイスする文字情報の提供等店舗内でレベルの高い発注・単品管理を行う仕組み作り。 ● 店舗－ベンダー－本部間でやり取りされる大量のデータをリアルタイムで伝達することにより本部が直近の情報を把握でき商品調達や店舗への情報発信の飛躍的な迅速化が可能。
	1991年4月	ISDN（総合デジタル通信網：NTT）の導入開始	● 店頭のサービスレベルの向上と情報サービスへの広範な活用。
	1992年3月	新型POSレジスターの導入開始 [(株)東京電気との共同開発]	
第5次総合店舗情報システム	1996年11月	「ネットワークシステム」，「発注・物流・取引先システム」の導入開始	● 衛星通信とISDNを統合した世界最大規模のネットワークを構築。 ● 動画，音声などのマルチメディア技術を本格的に活用。 ● 営業部門約1,500名全員へ携帯パソコンを配備。
	1997年5月	「グループウェアシステム」の導入開始	● オープンアーキテクチャへ全面移行。 ● 専用ハードウェア・ソフトウェアなどの共同開発による信頼性，メンテナンス性，サービスレベルの向上などを特徴とした世界でも最先端のシステム構築。 ● ECなどの新規ビジネスを支援する事業インフラを確立。 ● (株)野村総合研究所，日本電気(株)など12社のパートナーメーカーの協力により統合された総合システム。
	1997年6月	「マルチメディア情報発信システム」の導入開始	
	1997年11月	「店舗システム」の導入	
	1998年9月	「POS情報システム」の導入開始	
	1999年3月	「店舗POSレジスタム」の導入開始	
第6次総合店舗情報システム	2003年7月	「会計システム」の導入開始	● 伝票，帳票のペーパーレス化とデータの電子保存によるコスト削減。

	2004年11月	「ネットワークシステム」の導入開始	●店舗ネットワークを光ファイバに統合。 ●店内LANの無線化により，売場での商品情報やPOS情報の参照を実現。 ●「日本語入力キーボード」を新設し，店舗内コミュニケーション・情報共有を促進。 ●大規模データベース活用によるマーチャンダイジングの情報の充実。
	2006年3月	「マルチメディア情報発信システム」の導入開始	
	2006年5月	「店舗システム」の導入	
	2006年7月	「本部情報システム」の導入開始	

出所：沿革，HP，決算資料，社史をもとに筆者作成

d. ヤマト運輸における世代別情報システム

世代	構築時期	システム	概要
第1次NEKOシステム（路線事業）	1974年	運賃自動計算システム	●荷物の発地，着地を入力すると運賃が自動的に計算されるシステム。
		荷物追跡システム	●荷受時や発送積み込み時など5つのチェックポイントで伝票を確認するシステム。（荷物と伝票は必ずしも業務上同期がとれていないことがある）
		メッセージ交換システム（LINKER）	●専用回線網により，全国48か所の営業所でメッセージ交換。
		その他	●1973年4月に各営業所にオンライン推進委員会を設立。 ●ヤマトシステム開発（1973年設立）の社員がデータをパンチ入力。
第2次NEKOシステム（路線＋宅急便）	1980年	NEKO-POS	●バーコード専用端末による伝票入力（入力時間の短縮とミスの低減）。松下通信工業製ペン型入力。バーコードは物流業界初。業界の標準に。
		ホスト（荷物追跡システム）	●5ポイントから3ポイントの追跡へ。 ●2台の富士通製ホストを二重化（デュプレックスシステム）。
		クラスタ（中継サーバ）	●増加する荷物に対応するため，POS→中継サーバ（クラスタ）はオンライン，クラスタ→ホスト→クラスタはバッチ処理とする。ホストダウンでも業務を継続。
		その他	●営業所にシステムマネジャーを配置。

第3次NEKOシステム 増加する荷物・サービスに対応 携帯端末導入	1985年	NEKO-POS	● セールスドライバ全員が入力端末ポータブルポス保持し、集荷先で入力。
		ワークステーション（営業所に設置） 「ホストー中継サーバーワークステーションーPOS」という基本的な構成が出来上がる	● スキー宅急便，ゴルフ宅急便の対応。翌年のコレクト便にも対応。 ● 到着予定荷物情報の先送り。 ● NEKO-POSのプログラム変更。 ● 営業統計，実績資料の作成。
第4次NEKOシステム 多様化する商品と物量 事務処理コストの圧縮 ICカード導入	1993年	ポータブルポス	● タッチパネル式，対話型アプリケーション（初心者にもすぐに扱える）。 ● プリンタの内臓，コード番号シール出力。 ● 複数口への対応。
		ICカード（顧客，取扱店，社員）	● 国内でも事例の少ない中独自のカードシステムを開発。 （多様な運賃自動計算への対応）。
		ポータブルポス・ステーション	● 接続可能な台数の増（4台→最大48台）待ち時間の短縮。 ● 営業所のワークステーションを経由しないデータの伝送。
		キティーシステム	● 小規模な子店向ポータブルポス通信システム。親営業店に情報が連携される。
		事務系ワークステーションの改善 富士通社製MS-DOS	● 帳票の削減。 ● 顧客，取扱店の直接登録（申請書ベースの時間のかかるプロセスの改善）。
		B-CAT	● パソコンとプリンタを大口顧客にレンタル。 ● 出荷入力，伝票発行，請求書のチェックを支援。 ポータブルポス：18,000台 ポータブルポスステーション：1,000台 新品ワークステーション：50台 ワークステーションのアップグレード：800台 ISDN回線

第5次NEKOシステム Windows環境の整備 E-ビジネスへの展開	1999年	インターネットへの接続 EDIへの対応	●ホストと連動してインターネットへ接続。 ●ネットワークをISDNからADSLへ。
		ホストコンピュータのオープン化（UNIX）	●インターネットへの接続を意識した形でフロントエンド（WEBシステム）2001年，バックエンド2002年を段階的にオープン化。 ●インターネットを通じたE-ビジネス・3PL事業の礎へ。
		E-ビジネスの展開	●宅急便の荷物の集荷と再配達の予約を可能に。SDへの連絡。 ●インターネットを通じたサービス内容 　- 伝票番号による荷物の問合せ。 　- メールによるお届け通知サービス。 　- 送り状発行システムＣ２（B-CATのインターネット対応）。 ●新たなサービス 　- コレクトサービス（集金から決済まで）。 　- クロネコ探検隊（店舗，商品の紹介2015年終了）。 　- 宅急便エスクローサービス（オークション利用者向けサービス　現オークション宅急便）。
		ISMS認定取得	●個人情報取り扱いへの対応
		EDIサービス（VAN，Webサービス） 新事業	●３PLへの本格的な対応－出荷準備，送り状，請求などのデータ連携の実現。 ●通販支援（出荷委託），パーツ供給支援，修理品回収，販促品供給。 ●物流支援総合ASPサービス（宅急便荷物追跡，メール追跡，ギフト支援，ロジスティックスシステム）。
第6次NEKOシステム お客様起点へ PPとの通信ネットワーク	2005年	荷物情報リアルタイムシステム クロネコヤマトの荷物お問い合わせシステム	●KDDIの携帯電話とBrewアプリケーションを活用することによって，荷物情報の完全リアルタイム化を実現。 ●「宅急便コレクトお届け時カード払い」，「ご不在連絡eメール」などの『宅急便eお知らせシリーズ』，「宅急便店頭受取りサービス」。

			セールスドライバー（以下SD）の携行端末ビジネスケータイ「E03CA」	● 全SDが「PP（ポータブルポス）・プリンタ・携帯電話・ピンパッド（決済用端末）」の４つを携行。それぞれの端末ブルートゥース（Bluetooth）で結ぶ。 ● 軒先自動アップロード：携帯電話の無線経由でほぼリアルタイム（15分ごと）にWebに反映。「荷物お問い合せシステム」の情報が今まで以上に正確に。 ● 軒先カード決済：ピンパッド（決済用端末）により，軒先での「クレジットカード決済」「デビットカード決済」が可能に。 ● 新ご不在連絡票：ご不在連絡票に２次元コード（QRコード）を印字したシールを貼りつけ。２次元コードに対応したお客様の携帯電話で読み取って頂くと，簡単に再配達受付ページにつながる。
			ワークステーション（以下WS）	● 全国の宅急便センターに設置するWSでは，メニューをWeb化し，パソコン内にデータを保存しない。情報漏洩等のセキュリティ事故も防止。
第７次NEKOシステム 電子マネー決済,軒先クラウドコンピューティング		2010年	業務システムの一部をプライベートクラウド化 富士通	● 必要なシステムをスピーディーに追加，構築。 ● 必要分にコストを限定。 ● 三重化構成により高信頼なICT基盤を実現。
			ポータブル・ポス（53,000台）	● 業務用端末から，お客様とのコミュニケーションの接点となるツールに進化。軒先クラウドコンピューティング機能の搭載。 ● マルチ電子マネー決済機能搭載，携行機器数削減：業界初となるモバイル型マルチ電子マネー決済機能を搭載（「nanaco（ナナコ）」・「Edy（エディ）」・「WAON（ワオン）」での支払い対応）。従来のクレジットカード・デビットカード決済の専用端末もポータブル・ポスに一体化。機器の保守性も向上させた。 ● プリンタの印字速度の向上。

		携帯電話	● KDDIでは初となる，堅牢・防水・タッチパネルに対応したWindows Mobile搭載の次世代携帯電話を採用。同携帯電話は，音声通話と高速のデータ通信の同時利用に対応し，PP機能の一部を上位センターに肩代わりさせる「軒先クラウドコンピューティング」を実現することで，新サービスの提供基盤を構築。
		ワークステーション（5,000台）	● Windows 7の採用によるセキュリティ向上。
		未着・口割れ・早配警告システム	● デジタルデータ化した送り状の情報を「先送りデータ」として配達先エリアを担当するPPへ事前配信し，SDが入力した作業情報と差異が発生した場合はPP上に警告画面を表示。荷物の未着や口割れ，配達指定日の見落としを防止。
		車載情報システム「See-T Navi」	● デジタルタコグラフやドライブレコーダー機能を統合した情報端末を集配車両に設置し，運行の安全性向上やCO_2排出量削減に活用。 ● タッチパネル画面を搭載した車載情報端末，サービスドライバーが日報の出力や各種データの閲覧を行うソフトウェア，管理担当者が運転実績を分析するソフトウェアなどから構成。
		個人ポータルサービス＜軒先ネコピット＞	● クロネコメンバーズカードのQRコードをPPで読み取ることで，クロネコメンバーズデータベースにアクセス。お客様ごとのサービスメニューを玄関先でPP画面上に表示。 ● らくらく送り状発行サービス，クロネコメンバーズ即時登録。
		法人ポータルサービス＜クロネコマイページ＞	● 法人のお客様がインターネットを通じてご利用できる会員制ページ。 ● マルチキー荷物検索 お客様が独自に設定された「受注番号」や「店舗コード」などの項目や，「お届け先のお名前や電話番号」などの項目で該当する荷物を抽出し，配送状況をご確認。
		キオスク端末「ネコピット」	● 宅急便受取指定サービスの一つ。営業所，空港にある端末より送り状の発行。

出所：沿革，決算資料，各種資料をもとに筆者作成

〔索　引〕

●欧文

ATM（Automatic Teller Machine）…109
COBIT（Control OBjectives for Information and related Technology）……33
DWH（Data WareHouse）………………106
Enterprise Architecture……………………28
EOB（Electric Order Book）……………100
GOT（Graphic Order Terminal）……105
ICT（IT）以外との相乗効果……………22
ISDN回線…………………………………105
IT-CMF（IT Capability Maturity Framework）………………………………33
IT（Information Technology：情報技術）
　……………………………………………13
ITインフラ（インフラストラクチャ）
　………………………………13, 30, 76, 192
IT投資と戦略のアライメント……………27
ITと競争優位研究…………………………2, 25
ITと持続的競争優位………………………38
ITの進化……………………………………1
ITの戦略活用………………………………15
ITポートフォリオ…………………………26
nanaco……………………………………110
NEKO（New Economical Kindly Online）システム……………………144
NEKO-POS………………………………152
OFC（オペレーション・フィールド・カウンセラー，店舗経営相談員）……92
POS（Point Of Sales）…………………100
PP（ポータブルPOS）……………………152
Solow Paradox……………………………21

ST（Scaner Terminal）…………………105
VRIN（Value, Rareness, Imperfect-Imitability, Non-substitutability）
　………………………………………3, 38

●あ行

アジャイルソフトウェア開発……………34
荒利分配方式………………………………89
一時的な競争優位………………………2, 199
インターネット……………………………16
エリア・センター制………………………156
オープン化…………………………………15

●か行

「仮説－検証」発注………………………105
活動…………………………………………74
過程追跡……………………………………72
間接的・波及的効果………………………22
機会損失…………………………………105
企業間のネットワーク……………………99
企業情報システムの整備…………………28
機能的優位性……………………………3, 54
競争優位……………………………………1
競争力指標…………………………………79
共同配送………………………………90, 101
業務機能……………………44, 46, 47, 74, 75, 79
業務指標……………………………6, 76, 79
業務的な能力……………………………41, 50
グラフ情報分析コンピューター………102
クロネコメンバーズ……………………160
経営戦略と同期…………………………209

ケイパビリティ················41, 55
経路依存···················209
結合·······················67
高密度化·········6, 66, 183, 211, 218
コード体系··················192
コモディティ化················1

● さ行
差別化システム················73
シェア·····················149
仕組···············45, 55, 118, 167, 173
資源···············2, 38, 48, 55, 74, 75, 79
資源・活動の内部整合性···········6
資源セット···················79
資源探索····················50
資源の異質性·················38
資源の再構築·················49
資源ベース論···········2, 37, 38, 55
持続的競争優位················37
集荷〜配達ビジネスプロセス·······150
商品開発···················106
情報システム·········4, 6, 13, 44, 46, 76
情報システム設計方法論·······24, 26
情報システム部門の組織能力·····32, 35
情報システムへの依存度の高い業界
························4, 83
「情報」のシステム············29, 46
事例研究（ケース・スタディ）······71
ステージ····················80
生活サービス·················93
整合性（フィット）······2, 6, 43, 66, 118
世代別の情報システム···········80
セブン-イレブン・ジャパン········83
セブン-イレブンにおける高密度化···184

セブンプレミアム············92, 111
先進的なITの活用·············193
専用工場····················91
戦略的価値··················23
組織能力····················36

● た行
ターミナルセブン··············99
大規模ITインフラ·············107
ダイナミックケイパビリティ···49, 55, 209
タイムラグの問題··············21
宅配便個数··················145
単品管理···················101
チームMD················91, 111
直接コミュニケーション··········92
低価格化····················14
データ··············31, 44, 46, 76
データアーキテクチャ···········29
データ入力側面··············193
データの組織間利用範囲·········31
データ利用側面··············193
天候情報···················106
都市計画アプローチ············28
ドミナント出店···············90

● な行
日本デリカフーズ············91, 104
能力構築····················50

● は行
配送能力・不在対応力··········150
配達予定情報（先送り情報）·····160
発注精度················97, 185
発注〜販売ビジネスプロセス······97

ビジネスシステム……………2, 42, 55	●ま行
ビジネスシステム分析…………72, 77	模倣………………………………… 2
ビジネスプロセス……6, 45, 46, 47, 48, 55	模倣困難性（模倣・代替困難性）
ビジネスプロセス分析……………75, 77	………………………………38, 43, 129
普及………………………………… 14	
複線化……………………………198	●や行
不在対応力………………………190	ヤマト運輸における高密度化………189
不在連絡票の 2 次元コード（QRコード）	
………………………………………158	●ら行
フランチャイズ……………………89	リアルタイム結合…………6, 67, 116, 165
フルデジタル化……………………160	利便性の高いサービス……………97, 185
フレキシビリティ…………………30	料金収納……………………………103
平均日販……………………………94	歴史的分析…………………………80
	連鎖的課題……………………201, 209

[著者紹介]

向　正道（むかい　まさみち）

博士（商学）早稲田大学。1991年，京都大学工学研究科原子核工学修了。2007年，早稲田大学商学研究科（現・早稲田大学ビジネススクール）博士前期課程修了。2014年早稲田大学商学研究科博士後期課程単位取得退学。
新日鉄住金ソリューションズ株式会社ITインフラソリューション事業本部 専門部長。1991年，新日本製鐵株式会社（現新日鐵住金株式会社）入社。2001年に新日鉄ソリューションズ株式会社（現・新日鉄住金ソリューションズ株式会社）に転籍。2002年よりコンサルティング部門で，情報システムの構想や企業のIT戦略作成案件を多数推進。最近は，IT戦略に加え，企業の経営情報管理や，情報システム部門の組織運営等への助言も行う。
経営情報学会理事（2013年〜2017年）。（現在）経営情報学会IT資産価値研究部会主査，日本情報システムユーザ協会（JUAS）企業IT動向調査委員，立命館大学 OIC 総合研究機構 客員研究員。

著書：
根来龍之・経営情報学会編著『CIOのための情報・経営戦略』中央経済社（2010年），「第7章『仕組』と競争優位（共著）」，「第13章　情報処理活動による情報システム投資評価」担当。
『経営・事業・ITの三者で進めるITマネジメントの新機軸』日経BP社（2013年）。
IT資産価値研究部会編著『IT資産の価値と評価−IT資産がもたらす多面的価値の検討と評価手法の提案−電子出版』コンテン堂（2016年），「第1章 IT資産価値評価取り組みの概要」，「第3章　IT投資と事業の収益構造アプローチ」，「第5章　情報システム組織間移転可能性に見るIT資産価値評価方法の提案」，「第10章　情報システムの運用保守ライフステージ評価」担当。
日本情報システムユーザ協会（JUAS）編著『企業IT動向調査2015』「第5章IT人材（高齢化問題）」担当。
日本情報システムユーザ協会（JUAS）編著『企業IT動向調査2016』「第5章レガシーシステム」担当。
日本情報システムユーザ協会（JUAS）編著『企業IT動向調査2017』「第3章IT投資マネジメント」担当。
日本情報システムユーザ協会（JUAS）編著『企業IT動向調査2018』「第3章IT投資マネジメント」担当。
その他，経営情報学会，日本経営システム学会を中心に論文，研究大会報告。

セブン-イレブンとヤマト運輸のIT戦略分析
―― 業界リーダーが持続的競争力をつくるメカニズム

2018年9月10日　第1版第1刷発行

著者　向　　正道
発行者　山　本　　継
発行所　㈱中央経済社
発売元　㈱中央経済グループ
　　　　パブリッシング

〒101-0051　東京都千代田区神田神保町1-31-2
電話　03 (3293) 3371 (編集代表)
　　　03 (3293) 3381 (営業代表)
http://www.chuokeizai.co.jp/
印刷／文唱堂印刷㈱
製本／誠製本㈱

© 2018
Printed in Japan

＊頁の「欠落」や「順序違い」などがありましたらお取り替えいたしますので発売元までご送付ください。(送料小社負担)
ISBN978-4-502-27321-6 C3034

JCOPY〈出版者著作権管理機構委託出版物〉本書を無断で複写複製(コピー)することは,著作権法上の例外を除き,禁じられています。本書をコピーされる場合は事前に出版者著作権管理機構(JCOPY)の許諾を受けてください。
JCOPY〈http://www.jcopy.or.jp　eメール：info@jcopy.or.jp　電話：03-3513-6969〉

一般社団法人　　　　　特定非営利活動法人
日本経営協会[監修]　経営能力開発センター[編]

経営学検定試験公式テキスト

経営学検定試験（呼称：マネジメント検定）とは，
経営に関する知識と能力を判定する唯一の全国レベルの検定試験です。

 ① 経営学の基本（初級受験用）

② マネジメント（中級受験用）   ③ 人的資源管理/経営法務（中級受験用）

④ マーケティング/IT経営（中級受験用）   ⑤ 経営財務（中級受験用）

中央経済社